图书在版编目（CIP）数据

万历十五年／黄仁宇著．--北京：九州出版社，
2014.9（2022.8 重印）

（黄仁宇全集）

ISBN 978-7-5108-3249-9

Ⅰ.①万⋯　Ⅱ.①黄⋯　Ⅲ.①史评—中国—1573~
1620　Ⅳ.①K248.307

中国版本图书馆 CIP 数据核字（2014）第 212701 号

万历十五年

作　　者	黄仁宇　著	
出版发行	九州出版社	
地　　址	北京市西城区阜外大街甲 35 号（100037）	
发行电话	（010）68992190/3/5/6	
网　　址	www.jiuzhoupress.com	
电子信箱	jiuzhou@jiuzhoupress.com	
印　　刷	三河市九洲财鑫印刷有限公司	
开　　本	880 毫米×1230 毫米　　32 开	
印　　张	10.25	
字　　数	260 千字	
版　　次	2015 年 3 月第 1 版	
印　　次	2022 年 8 月第 14 次印刷	
书　　号	ISBN 978-7-5108-3249-9	
定　　价	32.00 元	

黄仁宇
全 集
Ray Huang
Works

黄仁宇 / 著

[增补本]

万历十五年

九州出版社 JIUZHOUPRESS ｜ 全国百佳图书出版单位

R　H
黄仁宇全集

出版说明

《黄仁宇全集》2007年由我社首次以平装16开本出版。

2012年，全集新增初版未收入的十余篇文章，重新编校后，以精装16开本出版。

为满足不同读者群体的需求，现将2012年精装本进行重新排校和设计，以32开平装本的形式出版。

本册《万历十五年》，新增《陶希圣读后记——君主集权制之末路》。本文系该书在台湾食货出版社出版时，应黄仁宇先生之请，著名学者陶希圣先生所写。

九州出版社

目　录

自 序

本书的英文版书名为"*1587, A Year of No Significance*：*The Ming Dynasty in Decline*"，作者的署名为 Ray Huang，1981 年美国耶鲁大学出版。初稿是用英文写的，写成后，出于向国内读者求教之忱，乃由笔者本人译为中文，并作某些修改润色，委托黄苗子兄和中华书局联系。承中华书局慨允，此书的中文版遂得以和读者见面。

我对明史感觉兴趣，说来话长。1959 年，我在密支根大学历史系读书，选定了"明代的漕运"作为博士论文的题目。这一研究过程花了五年。论文完成后，算是对明代的财政税收制度有了一知半解，然而遗留的问题仍然不少。为了解决自己的困惑，并图对明代的财政与税收窥其全豹，乃开始收集材料，撰写"*Taxation and Governmental Finance in 16th Century Ming—China*"一书。当时正值台北影印出版了《明实录》，此书为明代史料的渊薮，自然在所必读。全书一百三十三册，又无索引可资利用，所以只好硬着头皮，在教书之余每周阅读一册。这一走马观花式的阅览就花去了两年半。除此而外，参考奏疏笔记、各地方志，搜寻国内外有关的新旧著作，费时更多。此书从计划撰写到杀青定稿，历时七年，1974 年由英国剑桥大学出版。

结论从材料中来。多年以来摸索于材料之中，我对明史中的若干方面形成了自己的初步看法，开始摆脱了人云亦云的束缚。这些看法或有所不当，但多少总可以有助于学术界的探讨。

比如，过去关于明史的叙述，几乎无不有"税重民穷"的说法。如果意在说明当日的官僚贪污百出，无力的百姓被摊派的赋役过重，富者愈富，贫者愈贫，这可以言之成理。要是认为全国税收总额过高而导致百姓贫困，则与事实有所出入。16世纪末，全国田赋额最重的为南直隶苏州府，约占农村收入的百分之二十。此外各府县一般都在百分之十以下，其中又有轻重的不同，山东曹县全县的赋役约占农村收入的百分之九，去苏州不远的溧阳县，情形就更为奇怪，约在百分之一至百分之五之间。而以比例而言，与此同时的日本大名政权，税额占收入的百分之五十。以总额而言，17世纪末期的英国，人口为五百万，税收每年竟达七百万英镑，折合约银两千余万两，和人口为三十倍的中国大体相垺。据此而作进一步探索，可知"民穷"的根本原因不在国家的赋税过重，而端在法律的腐败和政府的低能。国家的税率低，受惠者并非农民，只是鼓励了大小地主加重剥削以及官僚乡里额外加征。

中国幅员广大，情形复杂。明朝采取严格的中央集权，施政方针不着眼于提倡扶助先进的经济，以增益全国财富，而是保护落后的经济，以均衡的姿态维持王朝的安全。这种情形，在世界史中实属罕见，在中国历史中也以明代为甚，而其始作俑者厥为明太祖朱元璋。下面一例可以作为管中窥豹。洪武二十一年（1388），朱元璋亲自指示，让人民纳税实物不入仓库，直接供应于军士的家庭，军士则不再发给军饷，并规定先在应天府抽派若干税民，和金吾卫的五千军士对口。试验一年以后，朱元璋认为成绩良好，乃通令全国一体施行。这一办法之脱离实际，窒碍难通，自不待言而自明，于是只好虎头蛇尾，销声匿迹。这种安排虽然不再执行，但与之相适应的其他经济措施，则依然危害极大。如果军需税收总收总发，国内的交通通讯必然相应而有较大的进步,次之则银行业、保险业就会应客观的需要而产生,商业组织和法律也会有所发展。各地区既互通有无,以后就可以分工合作,各按其本地的特殊情况而发展其生产技术。西欧各国在 14 世纪已经朝着这一方向前进,日本在德川幕府末期,亦复如是。而明代的财政税收制度则和民间经济的发展相脱节。万历二十年(1592),北京的宛平县知县沈榜声称,他每年要向 27 个不同的机构交款,总数则不出白银两千两。与此相似,全国布满了这短距离的补给线,此来彼往,侧面收受,既无架构,而提出的统计数字,经常为一纸具文,以致发生了上述税率参差不一的现象。这种维护落后的农业经济、不愿发展商业及金融的做法,正是中国在世界范围内由先进的汉唐演变为落后的明清的主要原因。1972 年,我去英国剑桥,参加李约瑟博士主持的《中国科学技术史》的工作,历时一年,兹后我又几次有机会旧地重游,向李公学习。上述看法,我们已写为"The Nature of Chinese Society:A Technical Interpretation"一文,曾在罗马和香港两处发表。李公 1974 年 4 月 30 日在香港演讲,也以此文为讲稿,后节译为中文,刊载于香港的《七十年代》杂志。

我们也很难同意这样一种看法,即认为在明代万历年间,中国的封建经济已向资本主义经济进展①。资本主义是一种组织,一种系统。即马克思在《资本论》第二卷中论述资本主义的流通方式,其公式亦为 C—M—C,即商品(Commodity)交换为货币(Money),货币又再交换为商品,川流不息。但是货币是一种公众的制度,它把原来属于公众的权力授予私人。私人资本积累愈多,它操纵公众生活的权力也愈大。

---

① 　今天通用的"封建"一词,是日本学者在一百年前从 Feudal System 翻译过来的。其实,中国的官僚政治,与欧洲的 Feudal System 差别很大。当时译者对中国明清社会的详情并不了解,而欧洲的 Feudal System 也只是在近三四十年来,经多数学者的苦心研究,才真相大白。本书的英文本论述明代社会,避免了 Feudal System 的字样,在中文本中也不再用"封建"一词来概括明代的政治与经济。

同时,商业资本又是工业资本的先驱,商业有了充分的发展,工业的发展才能同样地增进。这是欧美资本主义发展的特征。中国的传统政治既无此组织能力,也决不愿私人财富扩充至不易控制的地步,为王朝的安全之累。

明代张瀚①所著的《松窗梦语》中,记载了他的家庭以机杼起家的经过。中外治明史的学者,对这段文字多加引用,以说明当时工商业的进步及资本主义的萌芽。其实细阅全文,即知张瀚所叙其祖先夜梦神人授银一锭、因以购机织布云云,乃在于宣扬因果报应及富贵由命的思想。姑不论神人授银的荒诞不经,即以一锭银而论,也不足以购买织机,所以此说显然不能作为信史。同时代的书法家王世懋,在《二酉委谈》中提到江西景德镇烧造瓷器,火光烛天,因而称之为"四时雷电镇"。当代好几位学者据此而认为此即工业超时代发展的征象。实则王世懋的本意,是在于从堪舆家的眼光出发,不满当地居民穿凿地脉,以致没有人登科中举;而后来时局不靖,停窑三月,即立竿见影,有一名秀才乡试中式。

如是等等的问题,其症结到底何在,这是研治明史者所不能不认真考虑的。笔者以为,中国两千年来,以道德代替法制,至明代而极,这就是一切问题的症结。写作本书的目的,也重在说明这一看法。这一看法,在拙著《财政史》中已肇其端。本书力图使历史专题的研究大众化,因而采取了传记体的铺叙方式。书中所叙,不妨称为一个大失败的总记录。其中叙及的主要人物,有万历皇帝朱翊钧,大学士张居正、申时行,南京都察院都御史海瑞,蓟州总兵官戚继光,以知府身份挂冠而去的名士李贽,他们或身败,或名裂,没有一个人功德圆满。即便是侧面提及的人物,如冯保、高拱、张鲸、郑贵妃、福王常洵、俞大猷、卢镗、刘綎,也统统没有好结果。这种情形,断非个人的原因所得以解

---

① 此人官至吏部尚书,因张居正夺情一事去职,见本书第一章。

释,而是当日的制度已至山穷水尽,上自天子,下至庶民,无不成为牺牲品而遭殃受祸。

在上述前提之下,对具体历史人物的具体评论,就难免有与国内外明史研究专家有出入之处。例如万历皇帝,历来均以为昏庸,而读者在读毕本书以后,也许会认为笔者同情这位皇帝。如果真有这样的批评,笔者将不拟多作无益的辩解。本书论述万历,本在于说明皇帝的职位是一种应社会需要而产生的机构,而每一个皇帝又都是一个个人。又比如海瑞,这也是一个容易惹起是非的题目,十五年前的一段公案,至今人们记忆犹新。在本书中专设海瑞一章,并不是要在这段已经了结的公案再来画蛇添足,而意在向读者介绍当日地方政府的一些形态。有关16世纪地方行政的资料不多,沈榜的《宛署杂记》所载,为京师的情形而非一般概况,顾炎武的《天下郡国利病书》过于琐碎,唐鹤征的叙南直隶、归有光的叙浙江长兴县,也都有欠完整。相形之下,海瑞的遗墨,涉及当日地方政府的各个方面,最具参考价值。研究海瑞其人其文,可以使我们对当日的情形有更具体的了解。当然,问题还远不止此,比如何以万历的立储问题业已解决而争执却绵延不断?何以岛国日本可以侵犯中国而中国却不能远征日本?何以当日的西欧已经用火器改进战术而中国还在修筑万里长城?何以人人都说海瑞是好官而他却偏偏屡遭排挤?这些具体问题,无疑和上述总的症结密不可分,然而却各有其特殊的原因。笔者写作此书时,虽已不同于过去的暗中摸索,但下笔时仍然颇费踌躇。书中所提出的答案,均属一得之见,敬请读者批评指正。

中国的过去,禁忌特多,所以说话作文时有隐晦,或指彼而喻此,或借古以讽今,这在明朝人更为惯技。本书论述明朝时事,举凡有所议论臧否,都是针对16世纪的历史而发的。如果我要对今人今事有所议论,自当秉笔直书,决不愿学明朝人的办法,否则就是违反了自己写书的目的。当然,另一方面,以古为鉴,今人也未尝不能得到若干启示。这本《万历十五年》,意在说明16世纪中国社会的传统的历史背景,也就是尚未与世界潮流冲突时的侧面形态。有了这样一个历史的大失败,就可以保证冲突既开,恢复故态决无可能,因之而给中国留下了一个翻天覆地、彻底创造历史的机缘。

本书由英文译为中文,因为国内外情况的差别,加之所译又是自己的著作,所以这一翻译实际上是一种译写。笔者离祖国已逾三十年,很少阅读中文和使用中文写作的机会,而三十年来的祖国语言又有了不少发展,隔膜更多。幸经中国社会科学院文学研究所沈玉成先生将中文稿仔细阅读过,作了文字上的润色;又承中华书局编辑部傅璇琮先生关注,经常就各种技术问题与笔者书函磋商。所以,本书与读者见面时,文字方面已较原稿流畅远甚。其有创意遣辞方面根本性的不妥,当然仍应由笔者负责。又,廖沫沙兄为笔者年轻时的患难之交,蒙他在百忙中挥翰题签,为本书生色不少。谨此一并致衷心的谢意。

黄仁宇

1981年1月于美国

第一章

万历皇帝①

公元 1587 年，在中国为明万历十五年，论干支则为丁亥，属猪。当日四海升平，全年并无大事可叙，纵是气候有点反常，夏季北京缺雨，五六月间时疫流行，旱情延及山东，南直隶却又因降雨过多而患水，入秋之后山西又有地震，但这种小灾小患，以我国幅员之大，似乎年年在所难免。只要小事未曾酿成大灾，也就无关宏旨。总之，在历史上，万历十五年实为平平淡淡的一年。

既然如此，著者又何以把《万历十五年》题作书名来写这样一本专著呢？

1587 年，在西欧历史上为西班牙舰队全部出动征英的前一年。当年，在我国的朝廷上发生了若干为历史学家所易于忽视的事件。这些事件，表面看来虽似末端小节，但实质上却是以前发生大事的症结，也是将在以后掀起波澜的机缘。其间关系因果，恰为历史的重点。

由于表面看来是末端小节，我们的论述也无妨从小事开始。

这一年阳历的 3 月 2 日，北京城内街道两边的冰雪尚未解冻。天气虽然不算酷寒，但树枝还没有发芽，不是户外活动的良好季节。然而在当日的午餐时分，大街上却熙熙攘攘。原来是消息传来，皇帝陛

---

① 本书中所叙皇城及紫禁城的轮廓及各宫殿的名称，所据为《春明梦余录》。宫廷中的生活，以《酌中志》所记为最详，《宛署杂记》也有记载，《菽园杂记》所记各节，则在本书所叙述的时代之前。

下要举行午朝大典，文武百官不敢怠慢，立即奔赴皇城。乘轿的高级官员，还有机会在轿中整理冠带；徒步的低级官员，从六部衙门到皇城，路程逾一里有半，抵达时喘息未定，也就顾不得再在外表上细加整饰了。

站在大明门前守卫的禁卫军，事先也没有接到有关的命令，但看到大批盛装的官员来临，也就以为确系举行大典，因而未加询问。进大明门即为皇城。文武百官看到端门午门之前气氛平静，城楼上下也无朝会的迹象，既无几案，站队点名的御史和御前侍卫"大汉将军"也不见踪影，不免心中揣测，互相询问：所谓午朝是否讹传？

近侍宦官宣布了确切消息，皇帝陛下并未召集午朝，官员们也就相继退散。惊魂既定，这空穴来风的午朝事件不免成为交谈议论的话题：这谣传从何而来，全体官员数以千计而均受骗上当，实在令人大惑不解①。

对于这一颇带戏剧性的事件，万历皇帝本来大可付诸一笑。但一经考虑到此事有损朝廷体统，他就决定不能等闲视之。就在官员们交谈议论之际，一道圣旨已由执掌文书的宦官传到内阁，大意是：今日午间之事，实与礼部及鸿胪寺职责攸关。礼部掌拟具仪注，鸿胪寺掌领督演习。该二衙门明知午朝大典已经多年未曾举行，决无在仪注未备之时，仓猝传唤百官之理。是以其他衙门既已以讹传误，该二衙门自当立即阻止。既未阻止，即系玩忽职守，着从尚书、寺卿以下官员各罚俸两月，并仍须查明究系何人首先讹传具奏。

礼部的调查毫无结果，于是只能回奏：当时众口相传，首先讹传者无法查明。为了使这些昏昏然的官员知所儆戒，皇帝把罚俸的范围由礼部、鸿胪寺扩大到了全部在京供职的官员。

_____

① 见《神宗实录》页3398，《万历邸抄》卷1页349所记与《实录》稍有出入。万历并没有举行这次午朝。《大明会典》卷44页10所叙万历午朝，实际上是张居正当国时代召集少数大臣在御前询问，和一般的朝会不同。参见《实录》页1568。

由于工作不能尽职或者奏事言辞不妥,触怒圣心,对几个官员作罚俸的处分,本来是极为平常的事。但这次处罚竟及于全部京官,实在是前所未有的严峻。本朝官俸微薄,京城中高级官员的豪华生活,绝非区区法定的俸银所能维持。如各部尚书的官阶为正二品,全年的俸银只一百五十二两。他们的收入主要依靠地方官的馈赠,各省的总督巡抚所送的礼金或礼品,往往一次即可相当于十倍的年俸①。这种情况自然早在圣明的洞鉴之中,传旨罚俸,或许正是考虑到此辈并不赖官俸为生而以示薄惩。但对多数低级官员来说,被罚俸两月,就会感到拮据,甚至付不出必要的家庭开支了。

按照传统观念,皇帝的意旨总是绝对公允的,圣旨既下,就不再允许有任何的非议。这一事件,也难怪万历皇帝圣心震怒。从皇帝到臣僚都彼此心照,朝廷上的政事千头万绪,而其要点则不出于礼仪和人事两项。仅以礼仪而言,它体现了尊卑等级并维护了国家体制。我们的帝国,以文人管理为数至千万、万万的农民,如果对全部实际问题都要在朝廷上和盘托出,拿来检讨分析,自然是办不到的。所以我们的祖先就抓住了礼仪这个要点,要求大小官员按部就班,上下有序,以此作为全国的榜样。现在全体京官自相惊扰,狼奔豕突,实在是不成体统。

万历皇帝是熟悉各种礼仪的君主。1587年3月,他已年满二十三,进入二十四,登上皇帝的宝座也快有十五年了。他自然会清楚记得,在他八岁那一年的冬天,他的父亲隆庆皇帝为他举行了象征成为成人的冠礼。他被引导进入殿前特设的帷帐里,按照礼仪的规定更换衣冠服饰,前后三次都以不同的装束出现于大庭广众之中。既出帷帐,他就手持玉圭,被引导行礼,并用特设的酒杯饮酒。全部节目都有礼官的唱导和音乐伴奏,所需的时间接近半天。第二天,他又被引导

---

① 据《大明会典》卷39页1~7;《春明梦余录》卷27页5; *Taxation and Governmental Finance* p.48,184.

出来坐在殿前,以最庄重的姿态接受了百官的庆贺①。

几个月之后,隆庆皇帝龙驭上宾。这位刚刚九岁的皇太子,就穿着丧服接见了臣僚。按照传统的"劝进"程式,全部官员以最恳切的辞藻请求皇太子即皇帝位。头两次的请求都被皇太子拒绝,因为父皇刚刚驾崩,自己的哀恸无法节制,哪里有心情去想到个人名位?到第三次,他才以群臣所说的应当以社稷为重作为理由,勉如所请。这一番推辞和接受的过程,有条不紊,有如经过预习。

既然登上皇帝的宝座,他就必须对各种礼仪照章办理。在过去的十五年,他曾经祭天地,祀祖庙,庆元旦,赏端阳。他接见外国使臣、解职退休和著有勋劳的官员耆老。他还曾检阅军队,颁发战旗,并在一次战役获得胜利以后接受"献俘"。这种献俘仪式极为严肃而令人悚惧,皇帝的御座设在午门城楼上,他端坐其中,俯视着下面花岗石广场上发生的一切。他的两旁站立着授有爵位的高级军官,还有许多被称为"大汉将军"的身材魁伟的御前侍卫。在广场上大批官员的注视下,俘虏被牵着进来,手脚戴有镣铐,一块开有圆孔的红布穿过头颅,遮胸盖背,被吆喝着正对午门下跪。这时,刑部尚书趋步向前,站定,然后大声朗读各个俘虏触犯天地、危害人类的罪行。读毕他又宣布,这些罪人法无可逭,请皇上批准依律押赴市曹斩首示众。皇帝答复说:"拿去!"他的天语纶音为近旁的高级武官二人传达下来,二人传四人,而后八人、十六人、三十二人相次联声传喝,最后大汉将军三百二十人以最大的肺活量齐声高喝"拿去",声震屋瓦,旁观者无不为之动容②。

每年阴历的十一月,皇帝要接受下一年的日历,并正式颁行于全国。它的颁行,使所有臣民得到了天文和节令的根据,知道何时可以播种谷物,何日宜于探访亲友。翰林院官员们的集体著作,例如《实

---

① 《穆宗实录》页 1537~1543、1585~1586。

② 各种仪式的记述,可参阅《大明会典》及《春明梦余录》的有关章节。献俘的详情据《涌幢小品》卷 1 页 18~19 所记加以描述。该书所叙献俘的时间稍后于 1587 年。

录》之类，也在香烟、乐队的簇拥下，恭呈于皇帝之前。书籍既经皇帝接受并加乙览，就成为"钦定"，也就是全国的唯一标准①。

在同样庄严的仪式下，万历皇帝授予他的兄弟叔侄辈中的一些人以"王"的称号，封他们的妻子为"王妃"，批准他们子女的婚姻。而最隆重的仪式，却是把"仁圣皇太后"的尊号上赠给他的嫡母隆庆的皇后陈氏，把"慈圣皇太后"的尊号上赠给他的生母隆庆的皇贵妃李氏。

慈圣皇太后对万历皇帝有极大的影响，因为除了她，没有第二个人再能给他以真正的天性之爱②。但是在万历登基以后，根据皇家的习俗，一种无形的距离就存在于太后和皇帝之间，使母子之间的天性交流变得极为不便。例如前此不久万历曾下令修葺装潢慈圣所居住的宫室，竣工之后，她的感谢不是用亲切的口吻加以表达，而是请学士写成一篇文章，赞赏皇帝的纯孝，在他下跪时逐句诵读。这篇文章，因为能对全国臣民起表率和感化的作用，所以就成为本朝的重要文献。有时，万历用宫内的傀儡戏来讨取太后的欢心，在她下轿之前，他也必须跪在庭前恭候慈驾。但是母爱毕竟是一种最深刻的感情，在多年之后，尽管万历皇帝临朝的机会越来越稀少，每当11月慈圣的生辰，他却仍然亲临皇极门接受百官的庆贺。

也就是在此之前不久，万历册封他的爱妃郑氏为皇贵妃，并预先公布礼仪以便各有关衙门做必要的准备。消息传来，就有一位给事中上疏提出异议，其理由为：按照伦理和习惯，这种尊荣应该首先授予皇长子的母亲恭妃王氏，德妃郑氏仅为皇三子的母亲，后来居上，实在是本末颠倒。这一异议虽然引起万历的一时不快，但册封典礼仍按原计划进行③。谁也没有想到，这一小小的插曲，竟是一场影响深远的政治斗争的契机，导致了今后数十年皇帝与臣僚的对立，而且涉及到了整

---

① 《神宗实录》页 1432～1434、3339。
② 《酌中志》卷 16 页 112；《神宗实录》页 95～96、2900、4948。
③ 《神宗实录》页 3100～3101、3117～3118、3131。

个帝国。

参加各项礼仪,皇帝需要频繁地更换冠服,有时达一日数次。服饰中的皇冠有一种为金丝所制作,精美绝伦,而又不同于欧洲式的全金属皇冠。皇帝在最隆重的典礼上使用的皇冠是"冕",形状像欧洲学者所戴的"一片瓦",不过冕上布板是长方形而非正方形,前后两端各缀珍珠十二串。这种珠帘是一种有趣的道具,它们在皇帝的眼前脑后来回晃动,使他极不舒服,其目的就在于提醒他必须具有端庄的仪态,不能轻浮造次。和冕相配的服装是饰有豪华刺绣的黑色上衣和黄色下裙,裙前有织锦一片,悬于腰带之上而垂于两腿之间,靴袜则均为红色。

在次一级隆重的典礼上,皇帝服用全部红色的"皮弁服",实际上也是他的军装。其中的帽子,和今天体育家所用的瓜形圆盔极为相似,有带,系在脖子上。这种帽子和当时武将军士所用的头盔也并没有多大区别,不过将士的盔是布质内藏铁片,外装铁钉;皇帝的皮弁则以皮条折缀而成,外缀宝石以代铁钉。

黄色的龙袍,常常被看作中国皇帝的标准服装。其实在本朝,这种服装只在一般性的仪式上服用。在不举行仪式的时候,皇帝的常服则是青色或黑色的龙袍,上缀绿色的滚边①。

皇帝是全国臣民无上权威的象征,他的许多行动也带有象征性,每年在先农坛附近举行"亲耕"就是一个代表性的事例②。这一事例如同演戏,在"亲耕"之前,官方在教坊司中选取优伶扮演风雷云雨各神,并召集大兴、宛平两县的农民约二百人作为群众演员。这幕戏开场时有官员二人牵牛,着老二人扶犁,其他被指定的农民则携带各种农具,包括粪箕净桶,做务农之状,又有优伶扮为村男村妇,高唱太平

①　《大明会典》卷60页1～31。
②　《明史》卷49页555～556;《大明会典》卷51页1～6;《春明梦余录》卷15页16～18;《宛署杂记》页116。

歌。至于皇帝本人当然不会使用一般的农具,他所使用的犁雕有行龙,全部漆金。他左手执鞭,右手持犁,在两名耆老的搀扶下在田里步行三次,就完成了亲耕的任务。耕毕后,他安坐在帐幕下观看以户部尚书为首的各官如法炮制。顺天府尹是北京的最高地方长官,他的任务则是播种。播种覆土完毕,教坊司的优伶立即向皇帝进献五谷,表示陛下的一番辛劳已经收到卓越的效果,以至五谷丰登。此时,百官就向他山呼万岁,致以热烈祝贺。

　　但是皇帝所参与的各项礼仪并不总是这样轻松有趣的,相反,有时还很需要付出精神力气。譬如每天的早朝,即再精力充沛的政治家,也会觉得持之以恒是一件困难的事情,以致视为畏途。万历皇帝的前几代,已经对它感到厌倦,虽说早朝仪式到这时已大为精简,但对他来说,仍然是一副职务上的重担,下面的叙述就是这一结论的证明。

　　在参加早朝之前,凡有资格参加的所有京官和北京地区的地方官,在天色未明之际就要在宫门前守候。宫门在钟鼓声中徐徐打开,百官进入宫门,在殿前广场整队,文官位东面西,武官位西面东。负责纠察的御史开始点名,并且记下咳嗽、吐痰等以至牙笏坠地、步履不稳重等等属于"失仪"范围的官员姓名,听候参处。一切就绪以后,皇帝驾到,鸣鞭,百官在赞礼官的口令下转身,向皇帝叩头如仪。鸿胪寺官员高唱退休及派赴各省任职的官员姓名,被唱到的人又另行对皇帝行礼谢恩。然后四品以上的官员鱼贯进入大殿,各有关部门的负责官员向皇帝报告政务并请求指示,皇帝则提出问题或作必要的答复。这一套早朝节目在日出时开始,而在日出不久之后结束,每天如此,极少例外①。

　　本朝初年,皇帝创业伊始,励精图治,在早朝之外还有午朝和晚朝,规定政府各部有一百八十五种事件必须面奏皇帝。只是在第六代

---

①　《大明会典》卷44页11~12、22~32。

的正统皇帝登极时,由于他只有九岁,所以朝中才另作新规定,早期以呈报八件事情为限,而且要求在前一天以书面的方式送达御前。此例一开,早朝即渐成具文①。可是直到 15 世纪末期,早朝这一仪式仍然很少间断,即使下雨下雪也还是要坚持不辍,仅仅是由于皇恩浩荡,准许官员可以在朝服上加披雨衣,1477 年又下诏规定各官的张伞随从可以一并入宫。有时皇帝体恤老臣,准许年老的大臣免朝,但这又是属于不轻易授予的额外恩典了。

这种繁重的、日复一日的仪式,不仅百官深以为苦,就是皇帝也无法规避,因为没有他的出现,这一仪式就不能存在。1498 年,当时在位的弘治皇帝简直是用央告的口气要求大学士同意免朝一日,因为当夜宫中失火,弘治皇帝彻夜未眠,神思恍惚。经过大学士们的商议,同意了辍朝一日②。除此而外,皇帝的近亲或大臣去世,也得照例辍朝一日至三日以志哀悼。然而这种性质的辍朝,得以休息的仅是皇帝一人,百官仍须亲赴午门,对着大殿行礼如仪。

首先打破这一传统的是第十代的正德皇帝,即万历的叔祖。正德的个性极强,对于皇帝的职责,他拒绝群臣所代表的传统观念而有他自己的看法和做法。他在位时,常常离开北京,一走就是几个月甚至长达一年。而住在北京期间,他又打破陈规,开创新例,有时竟在深夜举行晚朝,朝罢后又大开宴席,弄到通宵达旦③。对这些越轨的举动,臣僚们自然难于和他合作,他也就撇开正式的负责官员而大加宠用亲信的军官和宦官。对负有主要行政责任的内阁,在他眼里不过是一个传递消息的机构而已。凡此种种,多数文臣认为迹近荒唐,长此以往,后果将不堪设想。

幸而正德于 1521 年去世,又未有子嗣。大臣们和皇太后商议的

---

① 邓之诚著《中华二千年史》卷 5 上,页 114。
② 《孝宗实录》页 2449。
③ 《武宗实录》页 3689。

结果,迎接万历皇帝的祖父入承大统,是为嘉靖皇帝。作为皇室的旁支子孙而居帝位,在本朝尚无前例。大臣们乘此机会,肃清了正德的亲信,其劣迹尤著的几个人被处死刑。嘉靖登极的前二十年可以算得上尽职。他喜欢读书,并且亲自裁定修改礼仪。可是到了中年以后,他又使臣僚大失所望。他对举行各种礼仪逐渐失去兴趣,转而专心致志于修坛炼丹,企求长生不死,同时又迁出紫禁城,住在离宫别苑。尤其不幸的是,这个皇帝统治了帝国达四十五年之久,时间之长在本朝仅次于万历。

万历的父亲隆庆,在本朝历史上是一个平淡而庸碌的皇帝。在他御宇的五年半时间里,开始还常常举行早朝,但是他本人却对国政毫无所知,临朝时如同木偶,常常让大学士代答其他官员的呈奏。后期的几年里,则索性把这如同具文的早朝也加以免除[①]。

1572年,万历皇帝即位,关于早朝这一仪式有了折中的变通办法。根据大学士张居正的安排,一旬之中,逢三、六、九日早朝,其他日子则不朝,以便年轻的皇帝可以有更多的时间攻读圣贤经传[②]。这一规定执行以来已近十五年,越到后来,圣旨免朝的日子也越来越多。与此同时,其他的礼仪,如各种祭祀,皇帝也经常不能亲临而是派遣官员代祭。实际上,万历皇帝的早朝,即使按规定举行,较之前代,已经要省简多了。首先,早朝的地点很少再在正殿,而且在一般情况下早朝人员都不经午门而集结于宣治门,所有骏马驯象的仪仗也全部减免不用。其次,御前陈奏也已流于形式,因为所有陈奏的内容都已经用书面形式上达,只有必须让全体官员所知悉的事才在早朝时重新朗诵一过。

万历登极之初,就以他高贵的仪表给了臣僚们深刻的印象。他的

---

①　《穆宗实录》页246;《春明梦余录》卷23页27。参见《病榻遗言》卷1页14、19。
②　《神宗实录》页145~146。

声音发自丹田,深沉有力,并有余音袅袅①。从各种迹象看来,他确实是一个早熟的君主。他自己说过他在五岁时就能够读书,按中国旧时的计算方法,那时他的实足年龄仅在三岁至四岁之间②。尽管如此,在他御宇之初,由于年龄太小,临朝时还需要在衣袖里抽出一张别人事先为他书写好的纸片,边看边答复各个官员的呈奏请示。他自然不能完全明白纸片上所写答语的含义,而只是一个尚未成年的儿童在简单地履行皇帝的职责。

他既为皇帝,在他的世界里没有人和他平等。在两位皇太后之外,他所需要尊敬的人只有两个:一个是张居正张先生,另一个是"大伴"冯保。这种观念,不消说是来自皇太后那里。张、冯两人结合在一起,对今后的政治形势产生了相当深远的影响。这一点,自然也不是当时不满十岁的万历皇帝所能理解的。

张居正似乎永远是智慧的象征。他眉目轩朗,长须,而且注意修饰,袍服每天都像崭新的一样折痕分明。他的心智也完全和仪表相一致。他不开口则已,一开口就能揭出事情的要害,言辞简短准确,使人无可置疑,颇合于中国古语所谓"夫人不言,言必有中"③。

万历和他的两位母亲对张居正有特殊的尊重,并称之为"元辅张先生",其原因说来话长。在隆庆皇帝去世的时候,高拱是当时的"首揆",即首席内阁大学士。高拱自以为是先皇的元老重臣,不把新皇帝放在眼里。新皇帝有事派人询问高拱的意见,他竟敢肆无忌惮地对使者说:"你自称奉了圣旨,我说这是一个不满十岁的小孩的话。你难道能让我相信他真能管理天下大事吗?"在他的眼里,天子不过是小孩子,太后不过是妇道人家,这种狂妄跋扈是和人臣的身份决不能相容的。幸而上天保佑,还有忠臣张居正在,他立即献上奇计,建议采取断

---

① 《神宗实录》页 3341、3375、3455。

② 《神宗实录》页 4104。

③ 《明史》卷 213 页 2479,参见《国朝献征录》卷 17 页 60。

然措施解决高拱。1572 年夏,有一天百官奉召在宫门前集合。一个宦官手执黄纸文书,这是两位太后的懿旨,也是新皇帝的圣旨。黄纸文书一经宣读完毕,跪在前列的高拱不禁神色大变。他已经被褫去官衔职位,并被勒令即日出京,遣返原籍。按照惯例,他从此就在原籍地方官的监视之下,终身不得离境。张居正在艰危之际保障了皇室的安全,建立了如此的殊勋,其取高拱而代之自属理所当然①。

除了首揆以外,张居正又兼管万历的教育事务。小皇帝的五个主讲经史的老师、两个教书法的老师和一个侍读,都是他一手任命的。他还编订了讲章作为万历的教科书,有机会还亲自讲授。

万历皇帝学习的地方是文华殿。1572 年秋天以后,他每天的功课有三项内容:经书、书法、历史②。学习完经书以后,授课老师可以到休息室小憩,但皇帝本人却并不能那么清闲。这时候就出现了大伴冯保和其他宦官,他们把当天臣僚上奏的本章进呈御览。这些本章已经由各位大学士看过,用墨笔作了“票拟”。在冯保和其他宦官的协助下,皇帝用朱笔作出批示。

中午功课完毕,小皇帝在文华殿进午餐。下半天的大部分时间都可以自由支配,不过他仍然被嘱咐要复习功课,练习书法,默记经史。小皇帝对这种嘱咐丝毫不敢忽视,因为第二天必须背诵今天为他所讲授的经书和历史。如果准备充分,背书如银瓶泻水,张先生就会颂扬天子的圣明;但如果背得结结巴巴或者读出别字,张先生也立即会拿出严师的身份加以质问,使他无地自容。

在1578 年大婚之前,万历和慈圣太后同住在乾清宫。太后对皇帝能否克尽厥职和勤奋学习均极为关怀,皇帝的其他行动也经常得到她的指导。至于冯保,当万历还是皇子的时候就是他的伴侣,提携捧

---

①　《明史》卷 14 页 1483;《明史纪事本末》卷 61 页 668;《神宗实录》页 1369、1529;《酌中志》卷 5 页 29、卷 22 页 195。

②　《神宗实录》页 151~153、1009、1040、1465;《大明会典》卷 52 页 5~6。

抱,兢兢业业地细心照护,所以后来才被称为"大伴"。到这时候,冯保已经擢升为司礼监太监,也就是宫内职位最高的宦官。他经常向慈圣太后报告宫内外、包括皇帝本人的各种情况,慈圣因此而能耳目灵通,万历却因此而渐生畏惧。因为慈圣太后教子极为严格,如果大伴作出对皇帝不利的报告,太后一怒之下,皇帝就会受到长跪的处罚,有时竟可达几个小时之久①。

在这样严厉的督导之下,万历的学习不断取得进步。他被教导说,做皇帝的最为重要的任务是敬天法祖,也就是敬重天道,效法祖宗。这种谆谆的教导在万历身上起到的作用很快就为一件事情所证明。当他登极还不满四个月,有客星出于阁道旁,其大如盏,光芒烛地。这颗被今天的天文学家称为 Supernova 或 Anno 1572 的出现,在当时被人们看成是上天将要降灾的警告。按照张先生的教导,万历赶紧检讨自己的思想、语言和行动,加以改正,以期消除天心的不快②。这次"星变"延续了两年之久,皇帝的"修省"也就相应地历时两年,并且在今后相当长的时间内,他不得不注意节俭,勤勉诚恳地处理政务和待人接物,力求通过自己的努力化凶为吉。

学习的进步更加突出地体现在书法上。慈圣太后和大伴冯保都是书法爱好者,他们对皇帝在这方面的进步时时加以鼓励。万历年方十岁,就能书写径尺以上的大字。有一次,他让张居正和其他大学士观看他秉笔挥毫,写完以后就赏赐给了这些大臣。张居正谢恩领受,但在第二天他就启奏皇帝:陛下的书法已经取得很大的成就,现在已经不宜在这上面花费过多的精力,因为书法总是末节小技。自古以来的圣君明主以德行治理天下,艺术的精湛,对苍生并无补益。像汉成帝、梁元帝、陈后主、隋炀帝和宋徽宗、宁宗,他们都是大音乐家、画家、诗人和词人,只因为他们沉湎在艺术之中,以致朝政不修,有的还身受

---

① 《酌中志》卷 16 页 112;《神宗实录》页 95~96,2990,4948。
② 《神宗实录》页 229~230;*Science and Civilization in China*,vol.3,pp.425~426.

亡国的惨祸。对于这忠心耿耿的进谏，小皇帝自然只能听从。在1578年之后，他的日课之中就取消了书法而只留下了经史①。

　　物力的节约也在宫内开始。过去一个世纪，每逢正月十五上元佳节，各宫院都有鳌山烟火和新样宫灯，辉煌如同白昼。在张居正的提议之下，这一铺张浪费的项目遂被废止。万历曾想为他母亲修理装潢宫室以表示孝思，张居正却认为各宫院已经十分富丽完美，毋须再加修饰。他又针对万历关心宫内妇女喜欢珠玉玩好一事，指出为人主者，应当随时注意天下臣民的衣食，至于珠玉玩好，饥不能食，寒不能衣，不值得陛下亲垂关注②。

　　和以前的各个朝代相比，本朝的宫廷开支最为浩大。紫禁城占地四分之三方里，各个宫殿上盖琉璃瓦，前后左右有无数的朱门和回廊，宫殿下面的台阶都用汉白玉石砌筑，真是极尽豪华。皇城环绕紫禁城，占地三方里有余。皇城内有驰道和人工开凿的湖泊，以备驰马划船和其他游览之用。建筑物除去皇家别墅之外，还有寺院、高级宦官的住宅。为皇室服务的机构，例如烤饼坊、造酒坊、甜食坊、兵胄坊、马房以至印书藏书的厂库也都集中在这里，使皇室所需的百物，都不必假手于外。各个厂库、寺庙、坊舍均由专任的宦官掌握，共有二十四个机构，习称二十四监③。到万历初年，宦官的总数已逾两万，而且还在不断膨胀。最高级的宦官，地位可与最高级的文武官员相埒。宫女的数字，至少也在三千以上。为这些人的死亡所准备的棺木，一次即达两千口之多④。

---

　　①　《神宗实录》页2、279、606、774、1737；《酌中志》卷7页30；《春明梦余录》卷6页13；《宛署杂记》页179。

　　②　《神宗实录》页520、778～779、1399；《明史纪事本末》卷61页661。

　　③　《春明梦余录》卷6页15～17；*Taxation and Governmental Finance* pp.8-9,256,359n.

　　④　Hucker, *Traditional State* p.11,31,56；"Governmental Organization" pp.24-25；又见《神宗实录》页186、392、3415、4172。

从本朝创业之君开始,就形成了如下的一种观念,即普天之下,莫非王土,不需要有专门的皇室庄园的收入,以供宫廷开支之用。宫廷所需的物品,来自全国税收中划出来的一大部分实物,包括木材、金属等各种原料,也包括绸缎、瓷器等制成品。皇家的开支可以不受限制,官员们却只能在极度节俭的原则下生活,更不必说这些宦官宫女。所以,本朝的官员、宦官的法定薪给都十分微薄。

这种不公平的现象当然不能持久。到 16 世纪初,大部分的高级官员和宦官都已经过着十分奢侈的生活。尤其是高级宦官更为人所艳羡,他们不但在皇城内筑有精美的住宅,而且根据传统习惯,他们也有相好的宫女,同居如同夫妇①。他们没有子女,但不乏大批干儿、侄子、外甥的趋奉,因而也颇不寂寞。至于招权纳贿,则更是题内的应有文章。

一般的宦官也有他们的额外收入。掌管皇家的各个仓库,就是他们的生财之道。各省上缴给皇室专用的实物,必须经过检验,认为质量合乎标准才能入库,否则就拒绝接受,解送实物的人员就会长期滞留在北京而不能回家。实际上,所谓质量并无一定的规格,可以由宦官及其中介人随心所欲地决定。如果解送实物的人员懂得其中的奥妙,赠送中介人以相当款项,中介人扣除佣金后再转手送给宦官,所缴实物就可以被接纳入库。

既然纳贿可以使劣质物品变为优质,所以,除了皇室成员自用的物品以外,以次充好的现象就不断发生。其中受到损害最大的是京军。按规定,他们的服装也是由宦官掌管的,以次充好的结果使他们获得的军服质量极为低劣。当时最有权威的仓库中介人名叫李伟,爵封武清伯,他是慈圣太后的父亲,当今皇帝的外祖父。劣质的棉布通过他而进入仓库,再发给军士,就势所必至地引起了无数的怨言和指

---

① 《春明梦余录》卷 6 页 60;《酌中志》卷 16 页 98、卷 22 页 198。参见丁易著《明代特务政治》;《野获编》卷 6 页 35~36。

责。万历皇帝接到臣僚们对此事的控告,亲自拿了一匹这种劣质棉布呈进于慈圣太后之前。太后既愧且怒,表示要按国法处置。这时,大学士张居正施展了他的政治才能,他出面调解,达成了一个保全太后一家面子的协议:李伟毋须向法庭报到,他所受的惩罚是被召唤到宫门外申饬一顿,保证不得再犯。事情告一段落以后,张居正又在冯保的合作下乘机大批撤换管理仓库的宦官,并很自信地向别人表示,这种需索"铺垫费"的陋习业已禁绝①。

总的来说,万历即位以后的第一个十年,即从 1572 年到 1582 年,为本朝百事转苏、欣欣向荣的十年。北方的"虏患"已不再发生,东南的倭患也已绝迹。承平日久,国家的府库随之而日见充实。这些超出预计的成就,自不能不归功于内阁大学士张居正。这就怪不得张先生偶感腹疼,皇帝要亲手调制椒汤面给先生食用。慈圣太后对张先生也是言听计从。她一向是一个虔诚的信神奉佛的女人,有一次曾准备用自己的私蓄修筑涿州娘娘庙,后来听从了张居正的劝告,把这笔钱改用于修筑北京城外的桥梁。万历皇帝出疹子痊愈以后,太后本来打算在宫内设坛拜谢菩萨的保佑,也由于张居正的反对而作罢。还有好几次,慈圣太后想在秋决前举行大赦,但是张居正坚持以为不可,太后也只能被迫放弃原来的意图②。在这些事例中,张居正的主张无疑都很正确,但是这种铁面无私的态度,在以后也并不是不需要付出代价的。

在平日,皇帝一天要批阅二十至三十件本章。这些本章都写在一张长纸上,由左向右折为四叶、八叶、十二叶不等,因而也简称为"折"。本章的种类很多,式样、字体大小、每叶字数以及行文口气等都因之而各不相同。但概括说来则可分为两种:其一,各衙门以本衙门名义呈

---

① 《明史》卷 300 页 3367;《神宗实录》页 838、1449;《张居正书牍》卷 4 页 18。参见 *Taxation and Governmental Finance* p.153,296.从这些记载来看,李伟事件之被揭露与处理,张居正是幕后的主持人。

② 《神宗实录》页 618、628、685~686、726、1461~1462、1753、1761、1784。

送的称为"题本"。题本由通政司送达宫中,其副本则送给给事中办事处,即六科廊房。题本中的内容大都属于例行公事,很少会引起争执。其二,京官以个人名义呈送的称为"奏本"。奏本所呈奏的事项十九在呈奏者的本职之外,例如礼部官员议论军政,军政官员批评礼仪。因为属于个人的批评或建议,所以事先不必通知自己的上级,也不必另备副本。奏本由呈奏者自己送到会极门,由管门太监接受。由于这样,奏本的内容,在皇帝批示并送交六科廊房抄写公布以前,别人是无从知悉的。在全体臣僚中引起震动的本章,往往属于这一类奏本①。

万历登极之初批阅本章,只是按照大伴冯保的指导,把张先生或其他大学士的"票拟"改用朱笔批写就算完成了职责。其中有些本章的批示极为简易,例如"如拟"、"知道了",简直和练习书法一样。而且按照惯例,皇帝仅仅亲自批写几本,其他的批写,就由司礼监秉笔太监用朱笔代劳。这朱笔所代表的是皇帝的权威,如果没有皇帝的许可而擅用朱笔,就是"矫诏",依律应判处死刑。

但即使是这些例行的批语,不到十岁的万历皇帝恐怕还是无法理解它的全部含义的。例如"知道了",实际的意义是对本章内的建议并未接受,但也不必对建议者给予斥责。这些深微奥妙之处也只有随着他年龄的增长而逐渐加深理解。

重要官员的任命,即人事大权,也是决不容许由旁人代理的。作出这一类决定,总是先由张居正和吏部提出几个人的候选名单,而由皇帝圈定其中之一。万历皇帝虽然年幼,他已经懂得排在第一的是最为称职的人选,只要拿起朱笔在此人的名字上画上一圈就可以体现他的无上权威。他从即位以来就不断受到这样的教育:他之所以能贵为天子乃是天意,天意能否长久保持不变则在于人和。要使百姓安居乐业,他应当审慎地选择称职的官吏;而要选择称职的官吏,他又必须信

---

① 《春明梦余录》卷 13 页 2 和 23、卷 28 页 30、卷 25 页 1、卷 49 页 1~4;《酌中志》卷 16 页 97;《野获编》卷 2 页 46。

任张先生。

上述情况表明,张居正在人事任免中起着实际上的决定作用,这就理所当然地招致了不满。在万历十二岁的那一年,他几次接到弹劾张居正的本章。有人说张居正擅作威福,升降官员不是以国家的利益为前提而是出于个人的好恶。有人更为尖锐,竟直说皇帝本人应对这种情况负责,说他御宇三年,听信阿谀之臣,为其蒙蔽,对尽忠办事的人只有苛求而没有优待,这不是以恕道待人,长此以往,必将导致天意的不再保佑。

本朝有一个习惯,以气节自诩的大臣,如果遭到议论攻击,在皇帝正式表明态度之前,自己应该请求解职归田,以示决不模棱两可,尸位素餐。张居正既然受到直接间接的攻击,他就立即向皇帝提出辞呈,说他本人的是非姑且不论,但有人说他成了皇帝陛下和舆情之间的障碍,他在御前所能起到的作用已被这种议论一扫而光。既然如此,留亦无益①。

万历当然不会同意张先生的请求。他向张先生和大伴冯保表示,奏事的人必须受到惩处。张居正于是面奏说,任何人替陛下做事,都免不了作威作福。因为误事的官员必须降黜,尽职的官员必须提升,所以不是威就是福。二者之外,难道还有其他?张居正的慷慨陈辞和冯保的支持加强了皇帝的决心。他于是决定,第一个攻击张居正的官员褫夺官阶,降为庶人。第二个攻击者已经明知朕意,仍然执迷倔强,即是蔑视君上,应该押至午门外,脱去袍服,受廷杖一百下。廷杖是本朝处罚文臣的标准刑具,很多人在受刑时被立毙杖下,幸而得存者也在臀部留下了永久性的伤痕。

这时张居正显示了他的宽容。他恳请对犯官免加体罚,改为流放到边远省份,受当地官吏的监视。这种雅量使万历极为感动,无端遭

---

① 《神宗实录》页 810～811、814～815,1017、1023、1043～1044、1051～1053。参见《明史》卷 229 及富编《明代名人传·刘台》。

受别人的攻击,还要代这个人说情,可见他确实是不计个人恩怨,有古大臣之风。然而万历所不会理解的是,权倾朝野的张居正,他的作威作福已经达到了这样的程度:凡是他所不满的人,已经用不着他亲自出面而自有其他的内外官员对此人投井下石,以此来讨好首辅。果然,在几年之后,万历皇帝获悉当日免受杖刑的这位官员,竟在流放的地方死去,其死情极端可疑。

经过这种种争论,加上年事日长,每天攻读史书也可以从中借鉴前代的教训,万历皇帝终于逐渐理解了问题的症结。

本朝的君主制度有一点与历朝不同①。以前各个王朝,凡君主年幼,必定有他的叔父、堂兄这样的人物代为摄政,而这恰恰为本朝所不能容许。按照规定,所有皇室的支系,包括皇帝的叔父、兄弟以至除皇太子以外的儿子,一到成年就应当离开京城到自己的封地,谓之"之国"。之国也就是就藩,其居于各省,有极为富丽闳大的王府和丰厚的赡养,但不得干预地方政事,而且非经皇帝同意,不得离开他的所在地。这种类似放逐和圈禁的制度,目的在于避免皇室受到支系的牵制和干涉。

与此相类似的制度是防止母后引用家人干政。后妃选自良家,但多非出自有声望的巨家大族。以万历的外祖家族为例,李伟家境贫寒,直到女儿被封为皇妃,他才得到了伯爵的封号。但所谓伯爵,不过是军队中的一个名誉军官,除了朝廷举行各项礼仪时位居前列以外,并没有任何特殊的权利,而且俸给甚低,甚至不敷家用。李伟在京城中大做揽纳物资于仓库的经纪,原因之一即在于此。他还有一个儿子,即慈圣太后的弟弟,身份却是宦官②。

本朝在开国之初曾经设立过丞相的职位,但前后三人都为太祖洪

---

① 《春明梦余录》卷6页51;Hucker, *Traditional State* pp.8—9,13;Hucker, "Governmental Organization" p.28.

② 《国朝献征录》卷3页47。

武皇帝所杀,并下令从此不再设置,以后有敢于建议复设丞相者,全家处死。经过一个时期,内阁大学士在某种程度上就行使了丞相的职权。但从制度上来说,这种做法实有暧昧不明之处。

大学士原来属于文学侍从之臣。由于殿试时文理出众,名列前茅,就可以进入翰林院,给予博览群书的深造机会。翰林几经升转,其中最突出的人物就可以被任命为大学士,供职于文渊阁,其职责为替皇帝撰拟诏诰,润色御批公文的辞句。由于文渊阁是皇帝的文书机构,和皇帝最为接近,在不设丞相的情况下,这个机构的职权就由于处理政事的需要而越来越大,大学士一职也变成了皇帝的秘书而兼顾问,虽然他们并不负有名义上的行政责任①。

在万历的祖父嘉靖皇帝以前,内阁大学士为三至六人,皇帝可能对其中的一人咨询较为频繁,但从名义上说,他和另外的几位大学士仍然处于平等的地位。这以后情况发生了变化,张居正名为首辅,或称元辅,其他大学士的任命则出于他的推荐,皇帝在圣旨中也明确规定他们的职责是辅助元辅办事②。大学士之中有了主次之分,造成了今后朝臣之间的更加复杂的纠纷局面。

本朝这种以阁臣代行相职的制度,来源于开国之君为了巩固政权而做出的苦心设计,目的是使皇权不被分割,也不致为旁人所取代。这种皇帝个人高度集权的制度在有明一代贯彻始终。从理论上讲,皇帝的大权不应旁落,但这种理论并不总是能和实际相一致的。万历皇帝九岁临朝,又如何能指望他乾纲独断,对国家大事亲自来作出决定?多年之后,万历皇帝回顾当时的情形,也会清楚地记得他不过是把大伴冯保的指示告诉元辅张先生,又把元辅张先生的票拟按照大伴冯保的建议写成朱批。对于年幼的万历皇帝,张、冯二人都不可或缺。但

---

① Hucker, "Governmental Organization" p.29;杜乃济著《内阁制度》页197~198;邓之诚著《中华二千年史》卷5上,页164~170。

② 《神宗实录》页933。王世贞曾批评这一做法,见《嘉靖以来内阁首辅传》。

在他冲龄之际,自然也绝不可能预见到内阁大学士和司礼太监的密切合作,会给今后的朝政带来多么严重的后果。

一般人往往以为明代的宦官不过是宫中的普通贱役,干预政治只是由于后期皇帝的昏庸造成的反常现象,这是一种误解。诚然,有不少宦官出自贫家,因为生活困难或秉性无赖而自宫,进入内廷。但如果把所有的宦官统统看成无能之辈,不过以阿谀见宠,因宠弄权,则不符事实。从创业之君洪武皇帝开始,就让宦官参与政治,经常派遣他们作为自己的代表到外国诏谕其国王,派遣宦官到国内各地考察税收的事情也屡见不鲜①。中叶以后,宦官作为皇帝的私人秘书已经是不可避免的趋势。皇帝每天需要阅读几十件奏章,这些奏章文字冗长,其中所谈的问题又总是使用儒家的传统观念和语言来加以表达,很不容易弄清其中问题的主次和它的真正含义,更不用说还夹杂了极多的专门名词和人名地名。所以皇帝必须委派五六名司礼监中的太监作为"秉笔太监",由他们仔细研究各种题本奏本,向自己作扼要的口头汇报。秉笔太监阅读研究这些奏章需要付出很大的耐心和花费很多的时间,他们轮流值班,有时要看到夜半,才能第二天在御前对奏章的内容作出准确的解释。经过他们的解释,皇帝对大多数的奏章就只需抽看其中的重要段落、注意人名地名就足够了②。皇帝阅读过的奏章,通常都要送到文渊阁由内阁大学士票拟批答。从道理上说,皇帝可以把大学士的票拟全部推翻而自拟批答。但这并不是常见的现象,因为这种做法表示了他对大学士的不信任,后者在众目睽睽之下会被迫辞职。按本朝的传统原则,为了保持政局的稳定,如果没有特殊事故,大学士决不轻易撤调,所以上述情况是必须尽量加以避免的。一个精明

---

① 《明史》卷 304 页 3417~3418。参见《太祖实录》页 1848,《神宗实录》页 2821。以宦官参与税收见 *Taxation and Governmental Finance*, p.47.

② 《酌中志》卷 13 页 67~68、卷 16 页 97、101、卷 19 页 161、卷 22 页 193、卷 23 页 301。

的皇帝能够做到让大学士的票拟永远体现自己的意图而不发生争执，这种微妙的关系又少不了秉笔太监的从中协调。

仅凭皇帝的宠信，目不识丁的宦官被擢升为御前的司礼太监，在本朝的历史上虽非绝无仅有，但也屈指可数。一般来说，秉笔太监都受过良好的教育。当他们在十岁之前，就因为他们的天赋聪明而被送入宫内的"内书堂"，也就是特设的宦官学校。内书堂的教师都是翰林院翰林，宦官在这里所受的教育和外边的世家子弟几乎没有不同；毕业之后的逐步升迁，所根据的标准也和文官的仕途相似。有些特别优秀的秉笔太监，其文字水平竟可以修饰出于大学士之手的文章辞藻。所以他们被称为秉笔，在御前具有如上述的重要地位，决非等闲侥幸。

他们和高级文官一样服用绯色袍服，以有别于低级宦官的青色服装。有的人还可以得到特赐蟒袍和飞鱼服、斗牛服的荣宠。他们可以在皇城大路上乘马，在宫内乘肩舆，这都是为人臣者所能得到的最高待遇。他们的威风权势超过了六部尚书。但是这种显赫的威权又为另一项规定所限制：他们不能走出皇城，他们与文官永远隔绝，其任免决定于皇帝一个人的意志，他们也只对皇帝直接负责。

这种秉笔太监的制度及其有关限制，如果执行得当，皇帝可以成为文臣和太监之间的平衡者，左提右挈，收相互制约之效。然而情况并不能经常如此，前几十年就曾出现过刘瑾这样权倾朝野、劣迹昭著的太监。到此时，冯保既与张居正关系密切，而唯一足以驾驭他的皇帝又正值冲龄，因时际会，他就得以成为一个不同于过去"无名英雄"式的宦官。当然，在小皇帝万历的心目中，绝不会想到他的大伴正在玩弄权力，贻害朝廷。冯保给人的印象是平和谨慎，虽然算不了学者，但是喜爱读书写字，弹琴下棋，有君子之风。他之得以被任为司礼太监，也有过一段曲折。原来的嘉靖时期，他已经是秉笔太监之一。隆庆时期，他被派掌管东厂。东厂是管理锦衣卫的特务机构，乃是皇帝的耳目，根据过去的成例，管厂者必升司礼太监。而由于他和大学士高拱不睦,没有能够升任这个太监中的最高职位。直到万历即位,高拱被逐,他才被太后授予此职①。

1577年秋天,朝廷上又发生了一起严重的事件。大学士张居正的父亲在湖广江陵去世,按规定,张居正应当停职,回原籍守制,以符合"四书"中所说的父母三年之丧这一原则②。张居正照例报告丁忧,这使得万历大为不安。皇帝当时虽然已经十五岁,但是国家大事和御前教育仍然需要元辅的不可缺少的襄助。再说过去由于地位重要而不能离职的官员,由皇帝指令"夺情"而不丁忧守制,也不是没有先例。于是皇帝在和两位皇太后商量之后,决定照此先例慰留张先生。在大伴冯保的协助之下,皇帝以半恳请半命令的语气要求张先生在职居丧。张居正出于孝思,继续提出第二次和第三次申请,但都没有被批准。最后一次的批示上,皇帝还说明慰留张先生是出于太后的懿旨。这些文书从文渊阁到宫内来回传递,距离不过一千米内外,但是有意思的是,不论是奏章或者朱批还都要送到午门的六科廊房发抄,使大小官员得以阅读原文,了解事情的全部真相③。

然而官员们的反映并不全如理想。他们不相信张居正请求离职丁忧的诚意,进而怀疑夺情一议是否出自皇室的主动。翰林院中负责记述本朝历史的各位编修均深感自身具有重大的责任,因为他们的职责就是要在记述中体现本朝按照圣经贤传的教导办事的精神,如果没有这种精神,朝廷就一定不能管理好天下的苍生赤子。统治我们这个庞大帝国,专靠严刑峻法是不可能的,其秘诀在于运用伦理道德的力量使卑下者服从尊上,女人听男人的吩咐,而未受教育的愚民则以读书识字的人作为楷模。而这一切都需要朝廷以自身的行动为天下作

---

① 《明史》卷213页2479、卷309页3422、卷305页3427;《国朝献征录》卷17页65;《酌中志》卷5页29。

② 《大明会典》卷11页2。

③ 《神宗实录》页1473~1476、1524~1525、1506;《明史》卷213页2480、卷225页2595;《国朝献征录》卷17页77~78;《明史纪事本末》卷61页622。

出表率。很多翰林来自民间，他们知道法治的力量有一定的限度，但一个人只要懂得忠孝大节，他就自然地会正直而守法。现在要是皇帝的老师不能遵守这些原则，把三年的父母之丧看成无足轻重，这如何能使亿万小民心悦诚服？

在万历并未与闻的情况下，翰林院的几十名官员请求吏部尚书张瀚和他们一起去到张居正的私邸向他当面提出劝告，想让张居正放弃伪装，离职丁忧。他们还认为，即使为张居正个人的前途着想，他也应当同意大家的意见居丧二十七个月，以挽回官员们对他失去的信心。但是劝说不得结果。张居正告诉他们，是皇帝的圣旨命令本人留在北京，你们要强迫本人离职，莫非是为了想加害于本人？

吏部尚书张瀚，一向被认为是张居正的私人。他在张居正的破格提拔下身居要职，在任内也唯文渊阁的指示是听。当他参加了这次私邸劝告以后，就立即被人参奏，参奏中一字不提他和元辅的这次冲突，而是假借别的小事迫使他下台。这一参奏引起了官员们更大的愤怒，因为他们清楚地知道，朝廷的纠察官员即一百一十名监察御史和五十二名给事中，都属于张居正夹袋中的人物，他们从来只纠察对张居正不利的人而不顾舆论。

官员们的愤怒使他们下定决心采取另一种方式，他们直接向万历参奏张居正。严格地说来，翰林编修上本是一种超越职权的行为，遭到反击的机会极大。但是他们熟读孔孟之书，研究历史兴亡之道，面对这种违反伦常的虚伪矫情，如果不力加净谏而听之任之，必然会影响到本朝的安危。而且，本朝历史上集体上书的成例具在，最先往往由职位较低的人用委婉的文字上奏，以后接踵而来的奏章，辞句也会越来越激烈。皇帝因此震怒，当然会处分这些上奏的人，但其他的高级官员会感到这是公意之所在，就要请求皇帝的宥免，同时又不得不对问题发表公正的意见。这样就迫使整个朝廷卷入了这场争端，即使抗议失败，鼓动舆论，发扬士气，揭发纠举的目的已经达到。哪怕有少数人由此牺牲，也可以因为坚持了正义而流芳百世。

纠举张居正的事件按照这一程序开始。最先由两名翰林以平静的语调在奏章中提出：因为父丧而带来的悲痛，使张居正的思想已不能如以前的绵密。强迫他夺情留任，既有背于人子的天性，国家大事也很难期望再能像从前那样处理得有条不紊，所以不如准许他回籍丁忧，庶几公私两便。在两名翰林之后，接着有两个刑部官员以激烈的语气上书，内称张居正贪恋禄位，不肯丁忧，置父母之恩于个人名利之下。如果皇上为其所惑，将带给朝廷以不良的观感，因此恳请皇上勒令他回籍，闭门思过，只有如此，才能对人心士气有所挽回。

张居正既被参奏，就按照惯例停止一切公私往来，在家静候处置。但是暗中的活动并没有停止，他的意图会及时传达到冯保和代理阁务的二辅那里。个中详情，当然没有人可以确切叙述。我们所能知道的就是严厉的朱笔御批，参张的官员一律受到严惩。他们的罪名不在于触犯首辅而在于藐视皇帝。

圣旨一下，锦衣卫把四个犯官逮到午门之外。两个翰林各受廷杖六十下，并予以"削籍"，即褫夺了文官的身份而降为庶民。另外两个官员因为言辞更加孟浪，多打二十下。打完以后再充军边省，终身不赦。掌刑人员十分了然于犯官的罪恶，打来也特别用力。十几下以后，犯官的臀部即皮开肉绽，继之而血肉狼藉。受责者有一人昏死，嗣后的复苏，也被公认为是一个奇迹；另一人受刑痊愈之后，臀部变成了一边大一边小。刑罢以后，锦衣卫把半死半活的犯官裹以厚布，拽出宫门之外，听凭家属领回治疗。有一些官员向犯官致以慰问，被东厂的侦缉人员一一记下姓名，其中的某些人且在以后被传讯是否同谋[①]。

皇帝的行动如此坚决而且迅速，无疑大出于反张派的意料之外。皇帝紧接着又降下敕书，内称，参奏张居正的人假借忠孝之名掩盖一

---

① 《神宗实录》页1480~1486、1490~1491、1501~1502、1506~1507；《明史》卷243。

个大逆不道的目的,即欺负朕躬年幼,妄图赶走辅弼,使朕躬孤立无援而得遂其私。此次给予杖责,不过是小示儆戒,如果有人胆敢继续顽抗,当然要给予更严厉的处罚。这样严肃的语气,等于为再敢以行动倒张的官员预定了叛逆罪,使人已无抗辩的余地。这一恐吓立即收到应有的效果。除了一名办事进士名叫邹元标的又继续上疏弹劾以外,没有别人再提起张居正的不忠不孝。事情就此结束。最低限度在今后五年之内不再有人参劾元辅,非议夺情。至于那个邹元标,由于奏章呈送在敕书传遍百官之前,因此加恩只予廷杖并充军贵州。此人在以后还要兴风作浪,这里暂时不表。

张居正用布袍代替锦袍,以牛角腰带代替玉带,穿着这样的丧服在文渊阁照常办事。皇帝批准了他的请求,停发他的官俸,但同时命令宫中按时致送柴火油盐等日用品,光禄寺致送酒宴,以示关怀优待。倒张不遂的官员大批挂冠离职,他们推托说身体衰弱或家人有故,所以请求给假或退休。此时北京城内还发现传单,内容是揭露张居正谋逆不轨。东厂人员追查传单的印制者没有结果,只好把它们销毁,不再呈报给皇帝,以免另生枝节。

次年,即1578年,张居正服用红袍玉带参与了皇帝的大婚典礼。礼毕后又换上布袍角带回籍葬父。他从阳历4月中旬离京,7月中旬返京,时间长达三个月。即使在离京期间,他仍然处理重要政务。因为凡属重要文件,皇帝还要特派飞骑传送到离京一千里的江陵张宅请张先生区处。

张居正这一次的旅行,排场之浩大,气势之煊赫,当然都在锦衣卫人员的耳目之中。但锦衣卫的主管者是冯保,他必然会合乎分寸地呈报于御前。直到后来,人们才知道元辅的坐轿要三十二个轿伕扛抬,内分卧室及客室,还有小僮两名在内伺候。随从的侍卫中,引人注目的是一队鸟铳手,乃是总兵戚继光所委派,而鸟铳在当日尚属时髦的火器。张居正行经各地,不仅地方官一律郊迎,而且当地的藩王也打破传统出府迎送,和元辅张先生行宾主之礼。

队伍行抵河南新郑县,张居正见到了被废乡居的故友高拱。两人相见,恍如梦寐。张居正尽力弃嫌修好,指着自己的鬓边白发,对高拱感慨不已。高拱当时已经老病,两人见面后仅仅几个月,他就与世长辞了。张居正绝对没有预料到,他和高拱之间的嫌隙,不仅没有随着这次会面而消弭,而且还在他们身后别生枝节,引出了可悲的结果①。

1578年前后,年轻的皇帝对张居正的信任达到最高点。这种罕见的情谊在张居正离京以前的一次君臣谈话中表现得最为充分。张先生启奏说,他前番的被攻击,原因在于一心为朝廷办事,不顾其他,以致怨谤交集;万历则表示他非常明白,张先生的忠忱的确上薄云天。说完以后,君臣感极而泣。张居正回籍葬父,这三个月的暌违离别,是他们一生中唯一的一次,所以更显得特别长久。待至元辅返京,万历在欣慰之余,更增加了对张先生的倚重。这年秋天,张居正的母亲赵氏,经由大运河到达北京。不久她就被宣召进宫与两位太后相见,加恩免行国礼而行家人之礼,并赠给她以各项珍贵的礼品②。在接受这些信任和荣宠之际,张居正母子不明白也不可能明白这样一个事实:皇室的情谊不同于世俗,它不具有世俗友谊的那种由互相关怀而产生的永久性。

1578年皇帝的大婚,并不是什么震撼人心的重大事件。当时皇帝年仅十四,皇后年仅十三。皇后王氏是平民的女儿,万历和她结婚,完全是依从母后慈圣的愿望。她望孙心切,而且是越早越好,越多越好。皇后一经册立,皇帝再册立其他妃嫔即为合法,她们都可以为皇帝生儿育女。

---

① 《神宗实录》页1476、1555、1586、1640;《国朝献征录》卷17页85;《张居正书牍》卷4页16、卷6页17。

② 《明史》卷213页2481;《神宗实录》页1051、1586、1631~1632、1640;《国朝献征录》卷17页88。参见朱东润著《张居正大传》有关章节。

王皇后是一个不幸的女性,后来被谥为孝端皇后。她享有宫廷内的一切尊荣,但是缺乏一个普通妻子可以得到的快乐。实际上,她只是一种制度的附件。按照传统的习惯,她有义务或者说是权利侍候皇帝的嫡母仁圣太后,譬如扶持太后下轿;皇帝另娶妃嫔,她又要率领这些女人拜告祖庙。这种种礼节,她都能按部就班地照办不误,所以被称为孝端。但是,她也留给人们以另一种记忆,即经常拷打宫女,并有很多人死于杖下①。

万历并不只是对皇后没有兴趣,他对其他妃嫔也同样没有兴趣。在他生活中占有重要地位的女人还要在几年之后才与他邂逅。这时,他感到空虚和烦躁。宫廷固然伟大,但是单调。即使有宫室的画栋雕梁和其他豪华装饰,紫禁城也无非是同一模式的再三再四的重复。每至一定的节令,成百成千的宦官宫女,把身上的皮裘换成绸缎,又换成轻纱;又按照时间表把花卉从暖房中取出,或者是把落叶打扫,御沟疏通,这一切都不能改变精神世界中的空虚和寂寞。在按着固定节奏流逝的时光之中,既缺乏动人心魄的事件,也缺乏令人企羡的奇遇。这种冷酷的气氛笼罩一切,即使贵为天子,也很难有所改变。

大婚之后,年轻的皇帝脱离了太后的日夜监视。不久,他就发觉大婚这件事,在给予他以无聊的同时,也带给了他打破这单调和空虚的绝好机会。他完全可能获得一种比较有趣的生活。事情是这样开始的。有一个名叫孙海的宦官,引导皇帝在皇城的别墅"西内"举行了一次极尽欢乐的夜宴。这里有湖泊、石桥、宝塔,风景宜人,喇嘛寺旁所蓄养的上千只白鹤点缀其间,使得在圣贤经传的教条之中和太后的严格管教之下长大的皇帝恍如置身于蓬莱仙境。新的生活天地既经打开,万历皇帝更加厌倦紫禁城里的日月。在西内的夜游成了他生活中不可或缺的部分。他身穿紧袖衣衫,腰悬宝刀,在群阉的簇拥之下,

---

① 《神宗实录》页1430、1528、1556;《明史》卷114页1483;《酌中志》卷22页196。

经常带着酒意在园中横冲直撞。1580 年，万历已经十七岁，在一次夜宴上，他兴高采烈地传旨要两个宫女歌唱新曲。宫女奏称不会，皇帝立即龙颜大怒，说她们违抗圣旨，理应斩首。结果是截去了这两名宫女的长发以象征斩首。当时还有随从人员对皇帝的行动作了劝谏，此人也被拖出来责打一顿。全部经过有如一场闹剧。

这一场闹剧通过大伴冯保而为太后所知悉。太后以异常的悲痛责备自己没有尽到对皇帝的督导教育，她脱去簪环，准备祭告祖庙，废掉这个失德之君而代之以皇弟潞王。年轻的皇帝跪下恳请母后开恩。直至他跪了很久以后，太后才答应给他以自新的机会，并且吩咐他和张先生商量，订出切实的改过方案。

元辅良师责令皇帝自己检查过失。引导皇帝走上邪路的宦官被勒令向军队报到，听候处理。经和冯保商议之后，张居正又大批斥退皇帝的近侍，特别是那些年轻的活跃分子。他还自告奋勇承担了对皇帝私生活的照料，每天派遣四名翰林，在皇帝燕居时以经史文墨娱悦圣情[1]。

但是不论张居正如何精明干练，皇帝私生活中有一条他是永远无法干预的，这就是女色。皇宫里的几千名宫女都归皇帝一人私有，皇帝与她们中的任何一个发生关系都合理合法。作为法定的妻子，天子有皇后一人，经常有皇贵妃一人，还有数量更多的妃和嫔。有鉴于正德皇帝死而无后，朝廷内外都一致认为皇帝应该拥有许多妃嫔，以广子嗣。万历一天而册封九嫔，就得到过张居正的赞助[2]。

大量的宫女都出身于北京及附近郊区的清白之家。经过多次的

---

[1] 《神宗实录》页 2052~2054、2081~2083；《明史》卷 114 页 1483、卷 305 页 3428；《酌中志》卷 5 页 29；《明史纪事本末》卷 61 页 666。张居正责成万历悔过的两件奏疏载《张文忠公文集》，《皇明经世文编》卷 326 曾加收录。

[2] 《大明会典》卷 46 页 24~36；《神宗实录》页 2276；参见 Hucker, "Governmental Organization" p.10.

甄别与淘汰,入选者被女轿夫抬进宫门,从此就很难跨出宫门一步①。这些女孩子的年龄在九岁至十四岁之间,她们的容貌和生活经常成为骚人墨客笔下的题材。其实以容貌而论,一般来说仅仅端正,惊人的美丽并不是选择的标准。至于她们的生活,那确实是值得同情的。皇宫里真正的男人只有皇帝一个,得到皇帝垂青因而风云际会,像慈圣太后的经历一样,这种机会不是没有,但毕竟是极为罕见的。绝大多数的宫女在使婢生涯中度过了青春,中年以后也许配给某个宦官作伴,即所谓"答应",也可能送到紫禁城的西北部养老打杂。经历过这可悲可感的一生,最后老病而死,还不许家属领取尸体。她们的尸体经过火化后,埋葬在没有标记的坟墓里②。

极为罕见的机会居然在 1581 年来到。这一年冬天,慈圣太后跟前的一个宫女偶然地被皇帝看中。这个年轻的宫女就是后来所称的孝靖王娘娘,万历称之为恭妃王氏。她在和万历发生关系以后不久就有了身孕。万历起初还不敢让母后知道这件事,所以到 1582 年阳历 3 月,他一日而娶九嫔的时候,她还不在其选。等到后来太后发现了这件事,不仅没有发怒,反而因有了抱孙的机会而大为高兴。王氏在 7 月被封为恭妃,8 月生子,就完全合法。此子被命名为常洛,是万历的长子。当时宫廷内外喜气洋洋,诏告全国减税免刑,而且特派使节通知和本朝关系友好的朝鲜国王③。但在各种正式文书之中,常洛的头衔只是皇长子而不是太子。太子或任何"王"的头衔必须经过正式的仪式郑重册封。

1582 年可谓多事之秋。朝廷上另一件惊天动地的大事接着发生,元辅张居正没有来得及参与这次大庆,竟溘然长逝。开始得病,据说

① 《宛署杂记》页 125。
② 《春明梦余录》卷 6 页 61;《宛署杂记》页 77~78;《酌中志》卷 16 页 114。
③ 《明史》卷 114 页 1483;《先拨志始》页 1;《神宗实录》页 2332、2364、2373、2389、2397;《光宗实录》页 1。王氏于 1582 年阳历 7 月 3 日册封恭妃,8 月 28 日生常洛。

万历长子朱常洛，即明光宗。

只是腹疾，有的医生建议用凉药下泄即可痊愈。但不久即病情转剧而至不治，这实非意料之所及。张先生一心想整理全国赋税，曾于1580年终以万历名义实施全国耕地丈量。量后统计还未开始，而他竟然赍志以没，抱恨终天。像他这样具有充沛精力的活动人物享年仅五十七岁，使很多人为之惊悼，但也有很多人在私下额手相庆。在他去世前九天，万历加封他以太师衔，这是文臣中至高无上的官衔，在本朝二百年的历史中从未有人在生前得到这个荣誉。但是由于疾病很快夺去了他的生命，他已经无法利用这个新的荣誉再来增加自己的权威①。

在这里，我们暂且放下万历皇帝失去了张先生的悲痛而接着叙述他和女人的关系。在九嫔之中，有一位后来被封为皇贵妃、当时被称为淑嫔的郑氏。万历时年已经十八岁，但对这一个十四岁的小女孩一往情深。当她一经介入万历的生活之中，就使皇帝把恭妃王氏置于脑

①　《神宗实录》页2797；《酌中志》卷22页186~187、196。

后。更不寻常的是,他们的热恋竟终生不渝,而且还由此埋伏下了本朝的一个极重的政治危机。

但是热恋并不等于独占皇帝的枕席。万历共有八子十女,为八个不同的女人所生①。郑氏之所以能赢得万岁的欢心,并不是具有闭月羞花的美貌,而是由于聪明机警,意志坚决,喜欢读书,因而符合皇帝感情上的需要。如果专恃色相,则宠爱决不能如此的历久不衰。

自从张居正去世以后,万历脱出了翰林学士的羁绊;而自从他成为父亲以来,慈圣太后也不再干预他的生活。但是,我们的皇帝在这个时候确实已经成年了,他已经不再有兴趣和小宦官去胡闹,他变成了一个喜欢读书的人。他命令大学士把本朝祖宗的"实录"抄出副本供他阅读,又命令宦官在北京城内收买新出版的各种书籍,包括诗歌、论议、医药、剧本、小说等各个方面②。

据说,淑嫔郑氏和万历具有共同的读书兴趣,同时又能给万历以无微不至的照顾。这种精神上的一致,使这个年轻女人成了皇帝身边一个不可缺少的人物。可以说,她是在最适当的时机来到了他的生活里,填补了他精神上的缺陷。凭着机智和聪明,她很快就理解了命运为她所作的安排,因而抓住现实,发挥了最大的能动性,从而达到自己预期的目的。她看透了他虽然贵为天子,富有四海,但在实质上却既柔且弱,也没有人给他同情和保障。即使是他的母亲,也常常有意无意地把他看成一具执行任务的机械,而忽视了他毕竟是一个有血有肉、既会冲动又会感伤的"人"。基于这种了解,她就能透彻地认清了作为一个妻子所能够起到的作用。别的妃嫔对皇帝百依百顺,但是心灵深处却保持着距离和警惕,唯独她毫无顾忌,敢于挑逗和嘲笑皇帝,同时又倾听皇帝的诉苦,鼓励皇帝增加信心。在名分上,她属于姬妾,但是在精神上,她已经常常不把自己当作姬妾看待,而万历也真正感

① 《酌中志》卷1页1~2;《神宗实录》页3683~3684、4104。
② 《酌中志》卷1页1~2;《神宗实录》页3683~3684、4104。

当时的一幅版画表明,在 16 世纪晚期的明代中国,罗曼蒂克的爱情越来越流行。

到了这种精神交流的力量。据宦官们私下谈论,皇上和娘娘曾经俪影双双,在西内的寺院拜谒神佛,有时还一起作佛前的祈祷。她对万历优柔寡断的性格感到不快,并且敢于用一种撒娇讥讽的态度对他说:"陛下,您真是一位老太太!"①

　　万历决心破除他带给别人的这一柔弱的印象。在这忙碌的 1582 年,他励精图治,一连串重要的国家大事,尤其是有关人事的安排,都由他亲自作出决定②。可能就在这个时候,他观看了宫廷内戏班演出的《华岳赐环记》,戏里的国君慨叹地唱着《左传》中的"政由宁氏,祭则寡人",意思是说重要的政事都由宁氏处理,作为国君,他只能主持

---

① 《先拨志始》页 1、2、27;《野获编》卷 3 页 39。
② 《神宗实录》页 2404。

祭祀一类的仪式。当日伺候万历看戏的人都会看到他的反应，戏台下的皇帝和戏台上的国君同样地不舒服①。

但是如何才能成为大权独揽的名副其实的君主？对万历来说，第一件事情是使他的朝廷摆脱张居正的影响。那张居正的躯体已经离开了这个世界，但他的影子仍然笼罩着这个朝廷。朝中的文武百官根据对张居正的态度而分为两派，要么就是拥护张居正，要么就是反对张居正。拥张派的官员过去依靠张太师的提拔，他们主张夺情留职，在张太师得病期间公开出面为他祈祷；反张派则认定张居正是巨奸大猾、伪君子、独裁者。在1582年，当皇帝本人还没有对过去的种种彻底了解的时候，朝廷里的钟摆已经摆到了有利于反张派的一边。皇帝也还没有明白，继张居正而为首辅的大学士张四维，虽然也出于"大张"的提拔，但和自己的外祖父武清伯李伟相善而与大伴冯保有隙。他更没有想到，这时的张四维还正在利用反张的情绪来巩固自己的地位②。

大风起于青萍之末，故太师张居正的被参是从一件事情开始的。皇帝下了一道诏书，内称，过去丈量全国的土地，出现过许多不法行为，主要是各地强迫田主多报耕地，或者虚增面积，或者竟把房屋、坟地也列入耕地，而地方官则以此争功。鉴于弊端如此严重，那一次丈量不能作为实事求是的税收依据③。年轻的皇帝认为，由于自己敏锐的洞察力而实施了一大仁政，给了天下苍生以苏息的机会。他没有想到，这道诏书虽然没有提到张居正的名字，但一经颁布天下，过去按照张居正的指示而严格办理丈量的地方官，已一概被指斥为佞臣；没有彻底执行丈量的地方官，却被田主颂扬为真正的民之父母。反张的运

---

① 《酌中志》卷16页112。

② 《明史》卷219页2534；《国朝献征录》卷17页104。参看《明代名人传·张四维》。

③ 《神宗实录》页2378、2530、2732；《明史》卷77页819；《涅林续纪》页30；*Taxation and Governmental Finance* p.301.

动由此揭开了序幕。大批严格办理丈量的官员被参劾,他们都直接或间接与故太师张居正有关。他们劣迹多端,而细加推究,其所以胆大妄为,后边盖有张居正的支持。这一运动慢慢地、但是有进无退地蔓延开去,而参与者也清楚地知道现在和当年劝谏夺情的时候,政治形势已经大不相同,他们揭发事实,制造舆论,使张居正的形象逐步变得虚伪和毒辣。到1582年年底,张居正去世仅仅半年,他已经被盖棺论定,罪状有欺君毒民、接受贿赂、卖官鬻爵、任用私人、放纵奴仆凌辱缙绅,等等,归结到最后,就是结党营私,妄图把持朝廷大权,居心叵测云云①。

这一切使年轻的皇帝感到他对张居正的信任是一种不幸的历史错误。张先生言行不一,他满口节俭,但事实证明他的私生活极其奢侈。他积聚了许多珠玉玩好和书画名迹,还蓄养了许多绝色佳人,这些都是由趋奉他的佞幸呈送的②。得悉了此项新闻,万历又感到十分伤心。这十年来,他身居九五之尊,但是被限制到没有钱赏赐宫女,以致不得不记录在册子上等待有钱以后再行兑现③;他的外祖父因为收入不足,被迫以揽纳公家物品牟利而被当众申饬。但是,这位节俭的倡导者,以圣贤自居的张居正,竟如此口是心非地占尽了实利!

从1582年的冬天到1583年的春天的几个月之间,皇帝的情绪陷于紊乱。大学士张四维提议建造寿宫,即预筑皇帝的陵墓,以此来分散皇帝对张居正事件的不快④。1583年春,适逢三年一度的会试。按照传统,皇帝以自己的名义亲自主持殿试,策文的题目长达五百字。他询问这些与试举人,为什么他越想励精图治,但后果却是官僚的更加腐化和法令的更加松懈?这原因,是在于他缺乏仁民爱物的精神,

---

① 《神宗实录》页2435、2436、2438、2440、2454、2460。参见《明代名人传·张四维》。

② 《国朝献征录》卷17页75。

③ 《神宗实录》页1884。

④ 关于陵墓的详细情况,见本书第四章。

还是在于他的优柔寡断？毫无疑问,这样尖锐的试题,如果不是出于皇帝自己的指示,臣下是决不敢擅拟的①。

如果说万历确有优柔寡断的缺点,他的廷臣却正在勇往直前。清算张居正的运动继续发展;事情一定要弄到水落石出。这几个月之中,几乎所有因触犯故太师而得罪的官员一律得到起复,降为庶民的复职,充军边地的召回。至于这些人所受的处分是否咎由应得,则不在考虑之列②。但是清算运动还有一大障碍,就是司礼监太监冯保。他和张居正串通一气,至今还掌握着东厂的锦衣卫特务,如果不加翦除,毕竟后患无穷。于是又由冯保的下属,两个司礼监宦官出头直接向皇帝检举:万岁爷的亲信之中,以冯保最为狡猾。他假装清廉,但前后接受的贿赂数以亿万计。甚至在张居正去世之日,他还亲自到张家取出珠帘五副、夜明珠九颗,都是无价之宝③。万岁爷理应把他的罪状公布于天下,并籍没其家产。他们的说辞娓娓动听,除了冯保的遗缺司礼监太监和东厂应由他们两人分别接替以外,所有想说的话都已说尽。但是皇帝还在犹豫:

"要是大伴上殿吵闹争辩,又当如何应付？"

宦官启奏:"万岁爷,冯保纵有天大的胆子也不敢如此妄为!"④

于是依计而行,下诏宣布冯保有十二大罪,欺君蠹国,本应判处极刑,姑念尚有微功,从宽发往南京闲住。这位大伴从此终身被软禁于南京孝陵,死后也葬在孝陵附近。他的财产全部被没收。从法律观念上来说,皇帝拥有天下的一切,私人之所以得以拥有财产,这是出于皇帝的恩典和赏赐。皇家的恩典在冯保身上一经撤去,抄家即为应有的文章,无须多作解释。没收所得的财产,虽然不能像别人所说的那样

① 《神宗实录》页2520~2522。
② 《神宗实录》页2442、2451、2471、2489,并参看页2393。
③ 《神宗实录》页2438。
④ 《酌中志》卷5页29~30;《明史》卷305页3428。

骇人听闻,但也极为可观。万历皇帝对此既喜且怒:当时皇弟潞王成婚在即,这批珠玉珍异正好用得其所;而一个宦官居然拥有如许家财,可见天子的大权旁落到了什么程度①!

依此类推,还应该没收张居正的财产,因为他比冯保罪恶更大而且更富。但是万历一时下不了这个决心。一提到张居正,各种复杂的记忆就会在他的心头涌集。所以,在冯保被摈斥后,有一位御史继续上本参奏张居正十四大罪,皇帝用朱批回答说,张居正蔽主殃民,殊负恩眷,但是"侍朕冲龄,有十年辅理之功,今已殁,姑贷不究,以全始终"②。

然而在两年之后,即1584年,万历就改变态度而籍没了张居正的家。这一改变的因素可能有二,其一为郑氏的作用,其二为慈圣太后的干预。郑氏在1583年由淑嫔升为德妃,1584年又进为贵妃,这几年间已经成为皇帝生活中的重心③。在朝臣的心目中,她不是一个安分守己的妇女,万历的种种重大措施,很难说她未曾与闻,因为对皇帝,在当时没有人比她有更大的影响。也许正是在她的影响之下,皇帝的心肠才陡然变硬。至于慈圣太后家族和张居正之间的嫌隙,已如上文所述。张居正在世之日,武清伯自己曾被申饬,受到监视,对自己的言行不得不十分谨慎检点。等到张居正一死,情况就急转直下。三个月之后,武清伯被提升为武清侯,整个朝廷的倾向,由于对张居正的怨毒而转到了对他有利的方面。他如何利用这种有利的形势而向慈圣示意,这同样也非外人所能获悉④。

在上述两个因素之外,高拱遗著的出现,在彻底解决张居正问题中起了重要的作用。高拱生前,曾经暗中和李伟结纳,希望通过李伟

---

① 《神宗实录》页2436、2438、2473;《明史》卷305页3428。冯保积赞巨万,王世贞《弇州史料后集》记其事,傅衣凌著《商业资本》页23~24曾加引用。

② 《神宗实录》页2440。

③ 《神宗实录》页2607、2814、3117。

④ 《国朝献征录》卷17页89。

向皇室婉转陈辞，说明加在他身上的罪状属于"莫须有"，全系张、冯两人所构陷。当时李伟自身难保，高拱这一愿望因此无由实现。现在张居正已经死后倒台，但皇帝还没有下绝情辣手，这时高拱的遗著《病榻遗言》就及时地刊刻问世。书中历数张、冯的罪恶而为自己洗刷，主要有两大问题①。

第一，高拱坚持他在隆庆皇帝驾崩以前就已看出了冯保的不端并决意把他摈斥。冯保一贯卖官鬻爵，但最为不可忍受的是，当1572年皇太子接见百官时，他竟利用扶持之便，站在宝座旁边不肯退走。百官向皇太子叩头行礼，也等于向阉人冯保叩头行礼②。这种做法充分暴露了他的狼子野心。书中接着说，当著者摈斥冯保的行动尚未具体化之前，冯保抢先下了毒手，和张居正同谋，骗得了皇太后的懿旨，把自己逐出朝廷。著者承认，他当时确实说过皇上只有九岁，但并没有任何不敬的话，而只是说新皇帝年轻，怕为宦官所误，有如正德皇帝十四岁登极后的情况一样。张、冯二人却把他的话故意歪曲，以此作为诬陷的根据③。

第二，即所谓王大臣的案件。1573年阳历2月20日，也就是万历登极、高拱被逐以后半年，当日清晨有一个人乔装宦官在宫门前为卫士拘留。经讯问，此人供称名王大臣，以前在别人家里充当仆役，现在没有雇主。这种闲杂分子在禁卫森严的宫门口出现而被拘留询问，过去也不止一起地发生过，但这个王大臣究竟目的何在，则始终没有弄清楚。

---

① 《明史》卷305页3428。

② 高拱的《病榻遗言》，有《纪录汇编》本。《四库全书总目提要》谓"以史考之，亦不尽实录"，见子部小说家存目一，卷27页2929。

③ 高拱自述其与张居正的冲突，见《病榻遗言》页32，参见《国朝献征录》卷17页23；《明史》卷213页2478~2479；《明史纪事本末》卷61页654。高拱免职经过，见《神宗实录》页34。申时行当日曾目击其事，《赐闲堂集》卷40页22于高拱之骄慢与冯保之恶毒均有批评，但未归罪于张居正。

《病榻遗言》的作者高拱，坚决声称王大臣来自总兵戚继光的麾下。戚继光当时正在张居正的提拔下飞黄腾达，要是这个莫名其妙的王大臣果如高拱所说，岂不要招来极大的麻烦？经过一番策划，冯保等人定下了反守为攻之计，决定借用王大臣作为把高拱置于死地的工具。于是冯保就将两把精致的短剑放在王大臣衣服内，要他招认是受高拱派遣，前来谋害当今皇帝。如果王大臣的口供得以成立，他可以无罪并得到一大笔报酬。张居正则运动鞫讯此案的文官，要他们迅速结案，以便处死高拱灭口①。

冯、张的计划没有实现。负责审讯的文官不愿参与这项阴谋。王大臣也觉悟到如果供认谋刺皇帝，下场绝不能美妙到不仅无罪，而且领赏，于是在东厂主持的初步审讯中翻供，暴露了冯保的教唆和陷害。这时冯保陷入困境，乃以毒药放在酒内，逼令王大臣喝下去，破坏了他的声带。两天之后公开鞫问，由于犯人已经不能言语，无法查出真正的结果。王大臣仍然被判死刑，立时处决，以免牵累这项阴谋的参与者。

皇帝听到这一故事，距离发生的时候已有十年。他虽不能判断这一切是否全系真实情况，但至少也不会毫无根据。他还模糊地记得，十年以前，宦官告诉他有坏人闯进宫内，而且张先生叮嘱皇帝要谨慎地防备这种图谋不轨的报告，还仍在文书档案之内。他满腹狐疑，立即命令有关官员把审讯王大臣的档案送御前查阅。查阅并无结果。因为审讯记录上只写着王大臣胁下藏有短剑两把，别无详情。此案的结果则是王大臣经过审讯后在1573年阳历3月25日处决。这一重案竟如此不了了之，使已经成年的皇帝大为不满。他一度下旨派员彻底

---

① 《神宗实录》页332、338、356、2494。此事高拱于《病榻遗言》中曾详加说明，见该书页37~42。参见《国朝献征录》页17、24、39；《明史》卷213页2478、卷214页2487、卷305页3428；《赐闲堂集》卷40页23。据史料所载各种迹象，张居正曾间接牵入。高拱墓志铭为郭正域所撰，见《国朝献征录》卷17页26~40。

追查全案,后来由大学士申时行的劝告而中止。申时行说,事情已经过去十年,除了冯保以外,所有与本案有关的重要人物都已去世,如果再作清查,不仅水落石出的可能性甚少,于事无补,反而会有不少人无端被牵连,引起不安。

高拱在生前就以权术闻名于朝官之间。这一《病榻遗言》是否出自他的手笔还大可研究。即使确系他的手笔或系他的口述,其中情节的真实性也难于判断。但当日确有许多人坚信书中所述真实不虚,许多证据十分可靠。遗憾的是此书问世之时,差不多所有能够成为见证的人都已离开了尘世。

此书内容的可靠程度可以另作别论,但至少,它的出版在朝野都产生了极大的影响,成为最后处理张居正一案的强烈催化剂。在这以后,在万历皇帝对张先生回忆之中,连勉强保留下来的一部分敬爱也化为乌有。他发现,他和他的母后曾误信张居正的所作所为是出于保障皇位的忠诚,而现在看来,张居正不过是出于卑鄙的动机而卖友求荣,纯粹是一个玩弄阴谋与权术的人。

更加严重的问题还在继续被揭发。有一种说法是张居正生前竟有谋反篡位的野心,总兵戚继光的精锐部队是政变的后盾。持这种说法的人举出两件事实作为根据。其一,一次应天府乡试,试官所出的题目竟是"舜亦以命禹",就是说皇位属于有德者,应当像舜、禹之间那样,实行禅让。这样居心险恶的题目,对张居正为劝进,对天下为舆论的准备。其二,张居正经常处于佞幸者的包围之中,他们奉承张居正有人主之风,而张居正竟敢含笑不语。对于前者,即使真像旁人所说,过错也并不能直接归于张居正;对于后者,不妨目之为骄奢僭罔,这些都还可以容忍。最使万历感到不可饶恕的是张居正对别人奉承他为当今的伊尹居然安之若素。伊尹是商代的贤相,辅佐成汤取得天下。成汤去世,又辅佐他的孙子太甲。太甲无道,伊尹就废之而自代。经过三年,直到太甲悔过,伊尹才允许他继续做商朝的君主。由于十年来的朝夕相处,万历对张居正毕竟有所了解,他并不相信张居正真有谋逆篡位的野心,然而张居正以师尊和元辅的身份经常对皇帝施加压力,难道不正是当年伊尹的翻版吗?张居正成了伊尹,皇帝自己又岂非无道的太甲?

对于张居正及其遗属的处理,在1583年夏季以前,万历已经褫夺了张居正三个儿子的官职,撤销了张居正本人生前所得到的太师头衔。尽管情况仍在进展,但是他仍想适可而止,以全始终。又过了一年,即1584年阳历5月,辽王的王妃控诉张居正生前出于个人恩怨,又为了攘夺府邸而蒙蔽圣聪,废黜辽王,理应籍没。这时万历觉得张居正竟敢侵犯皇室以自肥,实属罪无可逭,因此下决心同意了这一请求①。

张居正死后两年再被抄没家财,在技术上还造成了一些更加复杂的情况。按本朝的习惯,所抄没的家财,应该是张居正死后的全部家财,这两年之内被家属花费、转移的物资钱财必须全部追补,即所谓"追赃"。而应该追补的数字又无法有确切的根据,所以只能根据"情理"的估计②。张居正生前毫无俭约的名声,负责"追赃"的官员即使意存袒护,也绝不敢把这个数字估计过低。张居正的弟弟和儿子在原籍江陵被拘留,凑缴的各种财物约值白银十万两以上。这个数字远不能符合估计,于是执行"追赃"的官员对张居正的长子张敬修严刑拷打。张敬修供称,确实还有白银三十万两寄存在各处,但招供的当晚他即自缢身死,几天之后,张家的一个仆人也继而自杀③。

抄没后的财物一百一十台被抬进宫门,其中包括御笔四纸,也就是当年皇帝赏赐的、称颂张先生为忠臣的大字。财物中并没有值得注

---

① 《神宗实录》页 2440、2460、2509、2610、2713~2714、2756~2759、2771、2778~2779、2797~2798、2802、2805、2816~2817、2819。

② 明代"追赃"的程序,详 *Taxation and Governmental Finance* pp.247-249.

③ 《明史》卷 213 页 2482;《国朝献征录》卷 17 页 104;《明史纪事本末》卷 61 页 668。

意的珍品。万历皇帝是否亲自看过这些东西或者他看过以后有无反应，全都不见于史书的记载。当日唯一可能阻止这一抄家措施的人是慈圣太后，但是她并没有这样做，也许她正在为她父亲武清侯李伟的去世伤悼不已而无心置问。李伟死后被封为国公，并允许长子袭爵。要是张居正还在，这种本朝前所未有的殊荣旷典是绝不可能被授予的，他一定会用爱惜朝廷名器这一大题目出而作梗。仅凭这一点，慈圣太后也不可能再对张居正有任何好感①。

在抄家之后，有两个人呈请皇帝对张居正的老母额外加恩。万历一面批准以空宅一所和田地一千亩作为赡养，一面又指责了这两个呈请者。大学士申时行遭到了温和的申诫，刑部尚书潘季驯则由于夸大张氏家人的惨状而被革职为民②。

事态既然发展到这一地步，万历已经无法后退。对这两年的一切措施，也有必要向天下臣民作出交代。要说张居正谋逆篡位，一则缺乏证据，二则对皇室也并无裨益，所以，在抄家四个月之后，即1584年阳历9月，才正式宣布了总结性的罪状："诬蔑亲藩，侵夺王坟府第，箝制言官，蔽塞朕聪，专权乱政"，本当剖棺戮尸，仅仅因为他多年效劳，姑且加恩宽免。他的弟弟和两个儿子被送到烟瘴地面充军。

元辅张居正死后被清算，大伴冯保被驱逐出京，皇帝至此已经实际掌握了政府的大权。但是不久以后，他就会发觉他摆脱了张、冯之后所得到的自主之权仍然受到种种约束，即使贵为天子，也不过是一种制度所需要的产物。他逐渐明白，倒掉张居正，真正的受益者并不是他自己。在倒张的人物中可以分为两类。一类人物强硬而坚决，同时又顽固而拘泥。张居正的案件一经结束，他们立即把攻击的目标转向皇帝。在劝谏的名义下，他们批评皇帝奢侈懒惰，个人享乐至上，宠

---

① 《神宗实录》页 2756~2759、2771、2819。

② 《神宗实录》页 2778、2796、2801、2859、2975。参见《明代名人传》页 1109~1110。

爱德妃郑氏而冷落恭妃王氏，如此等等。总而言之，他们要把他强迫纳入他们所设置的规范，而不让他的个性自由发展。另一类人物则干脆是为了争权夺利。他们利用道德上的辞藻作为装饰，声称只有他们才能具有如此的眼光及力量来暴露张冯集团的本质。而张冯被劾之后在朝廷上空出来的大批职务，他们就当仁不让，安排亲友。

现在到了1587年，万历皇帝还只有二十四岁，但登上天子的宝座却已经十五年了。对他来说，这十五年似乎显得特别漫长，因为有许多重复的事件和不变的礼仪要他去应付，即使是一年以前，他的爱妃郑氏生下皇子常洵，也并不能给他多少安慰。接近他的人可以看出，皇帝陛下正在越来越感到生活的单调和疲劳。上一年，他主持殿试，试题的内容是"无为而治"，他对生活的厌倦已经越出了内心世界而要开始见诸行动了。

然而万历陛下的一朝，是本朝历时最长的一朝。此后还有很多的事情要在他当政的年代里发生，1587年不过刚刚是一个契机。这一年阳历7月，正当元辅张居正先生去世五周年，皇帝端坐深宫，往事又重新在心头涌现。他降谕工部，要工部如实查报，张居正在京内的住宅没收归官以后作何区处：是卖掉了，还是租给别人了？如果租给别人，又是租给谁了？工部的答复没有见于记录①。大约史官认为记载了这道上谕，已经可以表明皇帝当时微妙复杂的思绪，至于房屋或卖或租，对国家大事则无关紧要，就不必琐碎饾饤地加以记录了。

---

① 《神宗实录》页3491。

第二章

首辅申时行

　　每当大学士申时行走到文华殿附近,他就自然而然地感到一种沉重的负担。这是一种道德观念的负担。

　　文华殿坐落紫禁城东部,皇帝在此就读。1574 年,万历鬐龄十岁的时候,他就能挥笔写作径尺大字。写下了"责难陈善"四个字当场赐给申先生①,意思是希望他的老师能规劝他的过失,提出有益的建议。这四个字的含义是这样深邃,书法的笔力也很劲拔,申时行接受这样的赏赐不能不感到极大的荣幸。十三年之后,申时行所深感不安的乃是他所尽的心力,并没有达到预期的效果。一个"万历之治"的灿烂理想,也许至今已成泡影。

　　申时行不是皇帝五个蒙师之一,但他所担任的功课最多,任课时间也至久②。现在身为首辅,他仍然担负着规划皇帝就读和经筵的责任。因之皇帝总是称他为"先生"而不称为"卿",而且很少有哪一个月忘记了对申先生钦赐礼物。这些礼物有时没有什么经济价值,而纯系出于关怀,诸如鲤鱼二尾、枇杷一篮、折扇一把、菖蒲数支之类;但有些礼物则含有金钱报酬的意义,例如白银数十两、彩缎若干匹③。不论

---

　　①　《神宗实录》页 611。

　　②　《穆宗实录》页 1597~1598;《神宗实录》页 153、927、1435、9877;《国朝献征录》卷 17 页 145。《明史》卷 218 及《明代名人传》页 1118 只说明了申时行在翰林院的官职,而未提及他与万历间长期的师生关系。

　　③　万历赏赐给申时行礼物,《神宗实录》中屡有记载,如页 3458、3473、3549、3565。

属于哪一类,这都足以视为至高的荣誉,史官也必郑重其事,载于史册。

得任为皇帝的老师是一种难得的际遇,也是"位极人臣"的一个重要阶梯。固然并不是既为老师就可以获得最高的职位,但最高的职位却经常在老师中选任。在皇帝经筵上值讲,必然是因为在政治、学术、道德诸方面有出类拔萃的表现。值讲者即使还不是卓有成就的实行者,至少也是众所推服、彻底了解国事的思想家。

根据传统习惯,皇帝为皇太子时即应就读,受傅于翰林院诸学士,称为东宫出阁讲学。登基之后,除继续就读而外,他还要出席另一种形式的讲学,即所谓经筵。经筵于春秋两季气候温和之时举行,每月三次。每次经筵,所有六部尚书、左右都御史、内阁大学士和有爵位的朝臣勋戚都要一体参加,还有给事中、御史多人也在听讲的行列中出现①。

经筵举行的时间一般在早朝之后,皇帝在大汉将军二十人的保卫下首先驾到。在这文质彬彬的场合中,大汉将军也免除甲胄而穿上袍服,但仍携带金瓜等等必不可少的武器。皇帝在文华殿面南坐定,传谕百官进入,行礼如仪。至此,鸿胪寺官员将书案一张摆在御座之前,专供圣鉴;另一张摆设在数步之外,为讲官所用。参加听讲的官员鱼贯而入,分列书案左右。

经筵和其他所有的仪式一样,必有其目视耳听的对称均衡。先一日用楷书恭缮的讲义此时已经陈列于案几之上。在赞礼官呼唱之下,两员身穿红袍的讲官和两员身穿蓝袍的展书官出列。他们都是翰林院中的优秀人员。讲官面对皇帝,展书官在书案两侧东西对立。接着是讲官叩头,叩头毕,左边的展书官膝行接近书案,打开御用书本讲义,用铜尺压平。此时左边的讲书官也已经趋前,站在中央的位置上,

---

① 《大明会典》卷 52 页 1~5;《春明梦余录》卷 9 页 1~22、卷 32 页 11~18。

萬曆元年正月壬午朔
上御皇極殿受天下朝賀免宣表文
三日甲申
上御皇極殿太常寺奏孟春時享事
日丙戌
命為閣初七日開日講諭卿等知之依例節假
至正月二十一日始開令
上於假內即
御講煒可謂好學之篤矣

《万历起居注》书影。万历元年正月初五日，小皇帝传谕内阁提前举行日讲。

开始演讲。讲完后，书本盖覆如前，讲官及展书官退列原位，以便右边的同僚履行任务。左边讲官所讲授的是"四书"，右边讲官所讲授的则为历史。此种节目，历时大半天只有讲官可以口讲指划，其他全部人员都要凝神静听，即在皇帝亦不能例外。如果当今天子偶然失去了庄重的仪态，把一条腿放在另一条腿之上，讲官就会停止讲授而朗诵："为人君者，可不敬哉?"这样的责难不断重复，决无宽贷，一直到这个为人君者突然发现自己的不当而加以改正，恢复端坐的形态为止①。

　　这种繁文缛节乃是当日国家中一种重要制度。经筵的着眼点在发挥经传的精义，指出历史的鉴戒，但仍然经常归结到现实，以期古为今用。称职的讲官务必完成这一任务，如果只据章句敷衍塞责或以佞

---

　　①　有关经筵的各种故事，可参看《春明梦余录》卷9。本文的叙述是关于经筵的一般情况，有的且发生在万历朝之后，如皇帝交膝即为崇祯的事情，当日讲官为文震孟。

辞逢迎恭维,无疑均属失职,过去好几个讲官就曾因此而被罢免①。

在正面阐述圣贤之道的时候,讲官可用极委婉的言辞,在不妨碍尊严的条件下对皇帝作必要的规劝。皇帝在经筵上可以提出问题,甚至说明他不同的观点,但是责问或指斥讲官,则属于失礼。即便讲官准备不充分,讲辞前言不对后语,皇帝感到不快,也不能当场流露,而只能在事后间接提出②。执行任务时讲官所受的优礼乃是长期历史的产物;即在正德皇帝,那位大有离经叛道意味的人君,也没有废止这种优礼。这位不平常的皇帝,他对讲官接二连三地影射批评自己,另有报复的妙法,即"一脚踢到楼上"——这些尽忠的讲官经常被升迁;其所任新职,则十九又在边区远省③。

申时行现在不是讲官,而是经筵负责人,执掌全盘的计划。他的办公地点是文渊阁,坐落在午门之内。在办公时间内,皇帝和他的首辅相去不过一千米。但是这一千米,也是全世界距离最长的一千米。这种距离不在于宫寝和文渊阁之间有重重叠叠的门墙和上上下下的台阶,而在于除了早朝和讲读外,皇帝已极少接见大学士。他们之间的交往差不多全部出于纸头书面。偶尔皇帝也派宦官口传圣旨;直接宣召大学士面商国事,但在申时行任首辅期内,已属绝无仅有,平均一年不过一次。至于皇帝亲临文渊阁,在本朝历史上则已经是一百六十年前的事情了。

文渊阁的正厅供奉孔子像。两侧有官舍四间,另有阁楼,乃是保存书籍档案的地方。阁前不远有东西两排平房,是为书记人员抄缮文件的办公室。以这些房屋作为我们庞大帝国的神经中枢,似乎过于朴素;但是和国初相比,则已有了长足的发展。当年草创伊始,文渊阁真

① 《春明梦余录》卷9页8~10。
② 《神宗实录》页336~337、342、3669;郑晓著《今言》卷147页14;《春明梦余录》卷9页8~9;《倪文正公年谱》卷4页25~26;de Bary, *Self and Society in Ming Thought* p.441.
③ 正德对付讲官的方法,见《继世纪闻》卷91页10。

的是一间亭阁，为皇帝职掌御前文墨各官等候召见时歇足之处。以后扩充官舍，增加图籍，又辅之以吏员，才规模大备，可是它的性质仍非片言只语所能概述。它既像皇帝与文官集团间的联络处，也像各部院以上的办公厅；有时又像皇帝的顾问室，或是调解纠纷的超级机构①。总而言之，它所做的事，就是以抽象的原则，施用于实际问题，或者说把实际问题抽象化。例如经过皇帝批准，人事有所任免，文渊阁公布其原因，总是用道德的名义去掩饰实际的利害。因为本朝法令缺乏对具体问题评断是非的准则，即令有时对争执加以裁处，也只能引用经典中抽象道德的名目作为依据。

在文渊阁办公的首辅申时行的内心深处，不可能对经筵产生与众不同的兴趣。讲书的时间既长，典礼也过于呆板。参加这种仪式，他要在天色未明之前起床，熬过一段悠长枯燥的时间，等到经史讲完，书案依次撤去，参加的人员鱼贯下殿，在丹墀上向御座叩头如仪，然后才能盼来这经筵之"筵"。此即在左顺门暖房内所设的酒食。这酒食为光禄寺所备，各官按照品级职务就座；其中的讲官、展书官及抄写讲义的人员，则又就座于同阶官员之上。

身为首席大学士、经筵监督者，申时行有责任使全部程序和谐地演出。要是皇帝出现倦容，或是讲官失言以至其他官员失礼，他都要引咎自责。有时候他自己也不能理解，为什么他一个人要继续坚持经筵必须不断举行？难道他不像其他人一样憎恨这令人折骨伤筋的节目？按理说，他对经筵的反感，不可能在旁人之下，因为他就任今上讲官之前，早就担任过先皇隆庆的讲官。在文华殿前的花岗石上，他匍匐了这么多次，以至熟悉了每一石块的特点。经筵的令人厌倦之处，他比别人有更多的体会。然而首辅申先生忠于职守，仍然在兢兢业业

---

① 《春明梦余录》卷9页2、卷23页1；《震泽长语摘抄》卷125页10；彭时著《笔记》卷126页8；Hucker, *Censorial System*, p.109; "Governmental Organization" p.22.内阁职责亦见于 *Taxation and Governmental Finance*, p.7.

地维护这个传统节目。在对待早朝的问题上,他也持同样的态度,坚持不应断辍。早朝本是苦事,而在寒风凛冽的严冬为尤甚①。前一年冬天,申时行就听到过官员在早朝时互相讪笑,说是某人的白脸已冻成大红,另一人的红脸又变为漆黑②。申阁老深知他在这种情形下,坚持早朝的不断举行,必将使自己成为朝廷上不受欢迎的人物。

公历1587年,时为万历十五年,申时行五十二岁,他已感到未老先衰。几年之前,他即已鬓发苍苍③,现在身为首辅,位极人臣,又有张居正前车之鉴,为什么他对一切还要那么认真而不听其自然呢?

这又是说来话长。

本朝治理天下,礼仪所起巨大的作用,已略如前述。皇帝以一人而君临天下,具有最高的权威,实因天意之所归。天意必须通过亿万臣民的信念而体现出来。皇帝和他的大臣,经常以庄严美观的形式举行各式各样的礼仪,又为巩固这种信念不可或缺。无数次的磕头加强了皇帝神圣不可侵犯的意义;而他亲自主持各种礼仪,更表明他也同样受上天的节制,即受传统的道德所节制。儒家经典的教条愈简单平淡,就愈要加强学习,接二连三地听来讲去,借此加强我们理智的主宰。越是地冻天寒,溽暑蒸人,我们的早朝也更可以收到锻炼身心之效。就是皇帝的亲耕,看来有很明显的象征成分,但象征不一定就是虚伪。如果所有参加典礼的人都相信这种象征,而决心以行动促其成为现实,这又是何等壮大的力量!一月三次的经筵,其目的更直截了当,它表现了皇帝和大臣们坚决地在经典和史籍中寻觅最有效的方法,以达到大同之治。

正是对上述意义有了深切的理解,申时行更不能无愧于中,因为他所尽的心力,并未达到预期的效果,这有事实为证:1586年的新秋,

---

① 例如本书第七章所提到的耿定向,即以早朝为苦,见《明儒学案》卷35。
② 《涌幢小品》卷1页19,所记虽非万历朝事,但此种情形则属普遍。
③ 《神宗实录》页3718。

二十三岁的皇帝降下谕旨，说他早晨起床后突然感觉头晕脑涨，需要停止早朝和出席经筵、日讲；而且所谓停止，又无时日的限制。十二个月以后，这头晕脑涨，又奇妙地重复出现①。更令人感到不安的是，皇帝刚刚说完精力不支，宦官却传出了万岁爷在紫禁城内骑马驰骋的消息；接着又有人说他试马伤额，不想让廷臣看见②。消息传开，礼部的一位官员就奏上一本，规劝皇帝保重玉体，并注意他身为天子的职责。不想一波方息，皇帝又来一套不能临朝的谕旨，据他自己说，其原因乃是心中火气过旺，服用凉药，凉药压火抵于足部，发生奇痒，因之搔破皮肤，行走不便。然而与此同时，宫内却又传出皇上饮酒过多，夜间游乐过度，与妃嫔交往过切如此等等的消息③。

　　这自然会使申时行感到伤心。他曾写信给朋友诉苦，说他处于无可奈何的境地。他还写诗责备自己的无能："王师未奏康居捷，农户谁占大有年？衮职自惭无寸补，惟应投老赋归田！"④

　　意思说军队没有打胜仗，农民没有享丰年之福，可见他自己位居高官，对国事毫无贡献，自应退休，返里归乡。然则申时行并不真是一个容易灰心的人。在发完牢骚之后，他仍然抖擞精神，继续执行他首辅的职责，摊开奏本，用楷书端端正正地写上，请求陛下以社稷为重，保养玉体，但是经筵决不可长期停止，太祖洪武皇帝，经筵讲到七十岁仍然坚持不息。他同时又和朋友通信，指出局势艰难，"上下否鬲，中外暌携，自古国家未有如此而能长治久安者"⑤。

　　申时行是一个富有现实感的人，他懂得为臣之道。如果皇帝说他的问题在脚痒，首席大学士就一定要相信这问题在脚痒。更应该欣幸的是，皇帝陛下竟用了这么多的语句细诉他的困难，这就不失为可喜

---

①　《神宗实录》页 3328、3418、3460、3572。

②　《神宗实录》页 3333~3336。

③　《神宗实录》页 3369、3376、3441。

④　《赐闲堂集》卷 4 页 8。

⑤　《皇明经世文编》卷 380 页 11。

的现象。所以看来皇帝的病源不深,早朝和经筵不致耽搁太久。好在新的讲官和展书官都已派定,只要皇帝能够出席,经筵可以立即继续举行。而且他还考虑,如果皇帝觉得早起困难,则不妨把早朝和经筵的时间稍稍推迟。这些问题都属于可以通融之列①。

申时行之被任为首辅,似为一串意料之外的机缘所促成。

1582年张居正逝世之后,继任者为张四维。但是不出一年,第二位张阁老的父亲也不幸去世。当时自然不能再来一次"夺情",张四维只能离职丁忧。在此离职期间,申时行代理首辅。但是张四维本人在居丧将要满期的时候又突然患病,而且一病不起②。以前较申时行资深望重的大学士马自强和吕调阳也已病死,这样,命运就把资格最浅的大学士申时行推到了最前面。

1587年,申时行官居首辅已四年。他自称未老先衰,其实精力正旺。他的父母去世多年,所以没有丁忧的顾虑。他为人温和谦让,没有几位前任那种趾高气扬的姿态。王世贞所作《内阁首辅传》称他"蕴藉不立崖异",就是说他胸中富有积蓄,但是不近悬崖,不树异帜③。这一评价在恭维之中寓有轻视的意味。而申时行的温和谦让,却也始终没有能使他能在政治风浪之中置身事外。他以后被卷入争端,进退维谷,直到提出解呈十一次之多,才能奉准退休。

申时行由张居正的推荐而入阁,表面看来,这一点对他关碍不深,因为1582年前后,在中枢出任要职的几乎全部为张居正的私人。申时行和张四维不同,他以才干取得张居正的信任,而不是以谄媚见用。在张居正死后,他承认张居正的过错,但并不借此夸大前任的过失,作为自己执政的资本。其间差异既为同僚所深知,也为皇帝所了解。

---

① 《神宗实录》页3633～3634。

② 《神宗实录》页2531、3032;《明史》卷219页2534。

③ 《国朝献征录》卷17页83～107;《明史》卷218页2525～2526。《赐闲堂集》卷19页5,申时行也自称其为人易于和人相处。

申时行和其他绝大多数的大学士一样,出身于政府中执掌教育和文墨的部门。1562 年,他在二百九十九名殿试及第的进士中名列第一,即得中状元,并按例授翰林院修撰①。此后他在翰林院任职达十五年,官至侍读,并升转兵部及礼部侍郎,在职仅七个月,即被命为大学士。他和张居正、高拱一样,未曾就任北京以外的官职。

难道一个人熟读经史,文笔华美,就具备了在御前为皇帝做顾问的条件？难道学术上造诣深厚,就能成为大政治家？二十五年前,翰林院修撰徐时行(当时他尚未姓申,仍袭用外祖徐姓)也曾对这些问题发生疑惑。但是今天的大学士申时行对此早已涣然冰释,理解了其中的精微奥妙。因为我们的帝国在体制上实施中央集权,其精神上的支柱为道德,管理的方法则依靠文牍。

多年的翰林生活更使申时行对这些问题的理解逐渐加深。翰林院的官员替皇帝撰写诰敕,诰敕的接受者总是孝子贤孙,同时也是眼光远大的父母或是能够周济邻里领导地方的正人君子。执掌文墨与教育的官员也向皇帝反复说明,为人君的职责是在使人民在丰年得以温饱,凶年不致填于沟壑。他们也要阐明三代以来的王道至今依然适用,即一个良好的政府务必选贤任能,同时在社会上提倡诚信与和谐。总而言之,道德至高无上,它不仅可以指导行政,而且可以代替行政。至于具体的技术问题,例如一个蛮夷酋长当抚当剿的得失,使黄河水道南移或北迁的利弊,边区茶马交易折换率的调整,等等,自然也很重要,但这是属于各地总督巡抚的范围,他们理应提出建议。按本朝传统,所有的建议仍当奏请皇帝批准。然则用人适当,各地总督巡抚都是众望所归,他们的建议,也必为上策佳计,所有奏请,必然会得到批准。所以归根结底,技术问题仍与道德问题不可分离。

翰林学士在执行职务期间,既已接受道德伦理的熏陶,而有条件

---

① 《世宗实录》页 8366、8369。

精研各种档案,则为增进技术能力的捷径。在 1578 年被任为大学士之前,申时行参与修撰嘉靖和隆庆两朝实录和《大明会典》①。这种编撰工作,必须要把历年所有因革的文件逐月逐日地排比整理并加检讨,正是训练培养内阁大学士的最好方法。现在的首辅申时行,被同僚一致誉为"老成"。这种概念与实际年龄无关。他五十二岁,比次辅许国小八岁,也比三辅王锡爵小一岁。他的老成来自长期处理各种人事经验;这种经验,使他深知我们这个帝国有一个特点:一项政策能否付诸实施,实施后或成或败,全看它与所有文官的共同习惯是否相安无扰,否则理论上的完美,仍不过是空中楼阁。这一帝国既无崇尚武功的趋向,也没有改造社会、提高生活程度的宏愿,它的宗旨,只是在于使大批人民不为饥荒所窘迫,即在"四书"所谓"黎民不饥不寒"的低标准下以维持长治久安。这种宗旨如何推行?直接与农民合作是不可能的,他们是被统治者,不读书,不明理,缺乏共同的语言。和各地绅士合作,也不会收到很大的效果,因为他们的分布地区过广,局部利害不同,即使用文字为联系的工具,其接触也极为有限。剩下唯一可行的就是与全体文官的合作,如果没有取得他们的同意,办任何事情都将此路不通。例如就在这 1587 年,山东省的三千农民,由于饥荒铤而走险,丛聚为盗;各地白莲教的信徒也大有增加②。局势令人惊骇。但仅是惊骇于事无补,解决问题的关键仍在于全体文官的互相合作,互相信赖,以致于精诚团结,众志成城。如果不是这样,则全国一千一百多个县,其中万别千差,又何能由朝廷训令,使得一千一百多个县令个个做事符合机宜?所以说来说去,施政的要诀,仍不外以抽象的方针为主,以道德为一切事业的根基。朝廷最大的任务是促进文官之间的互相信赖与和谐。此亦即鼓舞士气,发挥精神上的力量。

①　《国朝献征录》卷 17 页 83、145。钱穆著《国史大纲》页 493 曾对翰林院的工作有所叙述。

②　《神宗实录》页 3392~3399。

在首辅申时行看来,纵使举步艰难,政府的办事能否收效,仍可以常识判断。如果各部院寺的文官几个月都见不到皇帝一面,他们就很难维持信心,认为皇帝陛下对各种事情仍能充分掌握。此念一开,他们即会怀疑他对是非善恶可能已经置之度外。信念既失,疑窦即生,他们就很难再尽忠竭力。这也就是"四书"劈头所述的"诚意"至此已经不能维持。这种情况,就是所谓"上下否鬲,中外睽携",如果继续下去,铤而走险的农民决不会止于三千,白莲教徒也一定会越来越多了。

要影响全体文官,申时行必须首先提供自己的诚意①。他宁可被目为大和事佬,甚至被批评为牺牲原则的政客,但他坚持他调剂折中的原则。他确实看透了国家为解决问题而设立文官,但国家的最大问题也就是文官。而奇怪的是,以张居正的精明练达,竟忽视了这样基本而简单的事实。

在本朝历史上除草创时期的洪武永乐两朝外,文官凌驾于武官之上,已成为绝对趋势②。多数的武官不通文墨,缺乏政治意识,他们属于纯技术人员。即使是高级武官,在决定政策时,也缺乏表示意见的能力,偶或有所陈献,也绝不会受到文官的重视。

在申时行充当首辅的年代,全国文官的总数约为两万人,其中京官约占十分之一③。当他们朝会集合时,就出现一片令人眼目昏眩的现象。他们的朝服为纻丝罗绢所制,四品以上为红色,五品以下为蓝色。朝冠系纱制,侧带两翅;朝靴黑色,靴底边上涂以白色的胶漆。腰带并不紧束而是轻松地悬在腰间,上镶玉、犀角以及金银等方块,所以在阳光之下闪烁不已。

官员们的品级由"文官花样"表示。此亦即西方人所称 Mandarin

---

① 《神宗实录》页 3392~3399。

② Hucker, "Governmental Organization" p.19; *Censorial System* p.34, 35.

③ 文官的员额总数,据《今言》卷 145 页 41 所记 16 世纪上半世纪的情形估计,京官数额则据各项报告、杂记由笔者估计。

补子缀于每个文官的胸前,表明他的等级地位。一品官的补子,图案为两只仙鹤翱翔于云中;九品官的补子,则是两只鹌鹑,觅食于草丛。

square。文官的花样总是绣着两只鸟,鸟的品格和姿态则因级别的高低而异。如一品官的花样为仙鹤翱翔于云中;三品官的为孔雀,一只着地,一只冲天;至九品官则为鹌鹑二只,彼此都在草丛中觅食。武官的袍服形色和文官相似,但品级不用鸟而用猛兽来表示,依次为狮子、虎豹、熊罴等等。监察官员亦称"风宪官",虽然也是文官,但是花样却不标品级而绣以"獬豸"。这是传说中的一种猛兽,能辨善恶。它对好人完全无害,但当坏人接近,它就一跃而前将其撕为碎块。还有极少数的文武官员,包括宦官在内,可以由皇帝特赐绣有蟒、飞鱼、斗牛等形象的袍服,其尊贵又在其他花样之上,这是一种特殊的荣誉①。申时行于1585年即由万历赐予蟒袍。

文官绝大多数由科举出身。最低级的考试合格者称为生员;生员应三年一度的乡试,合格者称为举人;举人参加在北京的会试殿试,合格者称为进士。举人得授九品官职;进士得授七品官职。此外尚有监生、贡生等名称,也都可以经过一定的途径得到官职。总之,科举制度

----

① 关于官员的服饰,见《大明会典》卷61页12~13。申时行赐蟒,事见《神宗实录》页2449。

以各种考试的办法选拔人才,考来考去,全国的读书人被网罗而应试的总数当在百万以上,其中文理通达的即可由此而登仕途①。

科举制度的重要性又在社会风气中得到反映。一个读书人如果不入仕途,则极少有机会表现他的特长,发挥他的创造能力;也极少有机会带给一家、一族以荣誉。所以一个人的进学中举,表面上似乎只是个人的聪明和努力的结果,实则父祖的节衣缩食,寡母的自我牺牲,贤妻的茹苦含辛,经常是这些成功的背景。无数的祭文和墓碑,可为例证。这些文章多有出自儿子或丈夫的手笔,其中歌颂母亲或妻子给他们的赞助扶持,文句悱恻动人,情节也真实可信。皇帝赐给臣下的诰命,也针对这种感情上的需要,恩赐荣典,大多包括妻子以及祖宗三代。此外还有规定:本人可以辞去诰命而转封他们的妻子和祖宗三代②。即使获得诰命的先辈早离人世,也无碍于授予。旧的墓碑可以取去,而代之以镌刻着新的荣誉的墓碑;画师可以根据生者的口述画出死者的遗容,画上的袍服,像主可能一生未曾经眼。这样对祖先表扬,也是对子孙的策励。这些诰命又可以传之百世,作为后人楷模。所以辞去自身的恩命而转封于先辈,实为一举两得。首辅申时行深深了解其内情,在不久之前就替二辅许国代呈,辞去他本人应得的升迁,而以相等的荣誉表扬他的亡妻及父母③。

基于这些社会背景,文官们自应形成一个具有共同思想的集团。京官为文官中的优秀分子,自然更不必说。他们无例外地从小熟读"四书"。宋代大儒朱熹的注释,既为官方确定,奉为正宗,则他们也早全盘接受,因之对一切事物的看法,也更为一致。他们都知道施政出于仁民爱物之心,亦即同情和怜恤之心。一个有教养的人知道他自己

---

① 何炳棣,*Ladder of Success*。参见 Hucker,"Governmental Organization" pp.13–15; *Traditional State*, pp.15–16.

② 《大明会典》卷 6 页 11。

③ 《神宗实录》页 3296~3298。

有生活上的需要，又对家人父子具有感情，推己及人，就不能不想到其他人也有这些需要和感情，那么他也不得不尽力使其他人能获得他们的需要和发挥他们的情感了。

天下的大道理都可以用常情来度量。即便是最为严格的教条，也承认因情理而发生的例外。譬如说一个人对自己的嫂嫂应当敬爱而又经常保持距离，但是当嫂嫂掉进水里，那就不是再保持距离的时候，而一定要用手拉她。这种原则和例外，亦即古人所说经和权。这些关系，文官们也无疑地了如指掌。

因为他们都是读书明理之人，他们也具有无背于圣贤之道的幽默感。这种爱好幽默的情趣，尤其在他们谈论揶揄鸿胪寺礼官时表现无遗。他们所谓"元哭王唱，姜辣李苦"，对于这几位赞礼官古怪的声调作了很准确的描写①。虽然在行礼时候，他们个个一本正经，散班之后却总是有很多令人捧腹的故事在他们中间流传，譬如说礼官自己忘了转弯，唱转而不转，武臣不等赞礼官唱跪而先行下跪等②。

这些为数两千的京官，是否都能具备上述的品德，因而形成一个巩固的集团呢？如果事情真是这样，则他们身为文官中的优秀分子，自应感化其他文官，而后者也就应该具有移风易俗的能力，使全国一千一百多个县的民风杜绝刁顽而日臻淳厚；本朝刑法中所有骇人听闻的处罚如凌迟处死，也应当早已废止了。如果事情真是这样，这么多身穿獬豸服饰的文官监视其他百官也就毫无必要，皇帝也无须乎赫然震怒，廷杖百官了。可见理想与事实，常常不能相符。否则申时行在执行职务时一定会大感轻松，而以下所叙的事情也不至发生了。

首辅申时行虽然提倡诚意，他对理想与事实的脱节，却有一番深切的认识。他把人们口头上公认的理想称为"阳"，而把人们不能告人的私欲称为"阴"。调和阴阳是一件复杂的工作，所以他公开表示，他

---

① 《治世余闻》卷89页2、7。
② 《神宗实录》页2871。

所期望的不外是"不肖者犹知忌惮,而贤者有所依归"①。达到这个低标准,已经需要一番奋斗,如果把目标定得更高,那就不是实事求是了。

要消除文官中不愿公开的私欲是不可能的。因为整个社会都认为做官是一种发财的机会,不少的小说和笔记都写到,一个人得中进士,立即有人前来出谋划策,如何买田放债,如何影响诉讼,如何利用权势作额外收入的资本②。北京的一些放债人,经常借钱给穷困的京官,一旦后者派任地方官,这些债主就随同任所,除了取回借款以外,还可以本外加利,利又成本③。地方官综揽民政与财政,致富的机会至多。至于官员本身,向这种社会风气投降的程度则各有不同。大多数人觉得在似合法又似非法之间取得一部分额外收入,补助官俸的不足,以保持他们士大夫阶级的生活水准,与情操无损。另有相当数量的官员,则声名狼藉,其搜刮自肥的劣迹令人愤慨。再有一部分极端人物,则属清高自负,一介不苟取于人,这绝对的道德观念,可以由古怪的南京都御史海瑞作为代表。这三者的差别,也就是文官之间不能和谐的一大原因。

中枢的管理又被官僚习气所掣肘,这是中央集权很难避免的结果。中央对很多边远县份的实际情形无法直接获知,只能依赖地方官的报告。这种文书从地方送达中枢就常常需要一个月。执笔者铺陈情事,动辄使用自古以来最为华丽的辞藻,可是他们却足不出户,所引用的统计资料也许已经一百年没有修订过④。中枢的大厦坐落在无数含糊暧昧所叠砌的基础之上,于是就必须找出自己的行政管理办法。

这种办法,即以"责任"二字为交代。一个地区发生了问题,府县

①　《皇明经世文编》卷 380 页 10~11。

②　《四友斋丛说摘钞》卷 178 页 92。

③　《宪宗实录》页 1499,《日知录集释》卷 3 页 85。

④　*Taxation and Governmental Finance* p.60,64.

官自然责无旁贷。例如三千亡命之徒,丛聚为盗,当地地方官必受检举。他可以被指责为因循贻误,缺乏胆识,以致事态不可收拾;有时被检举的罪名,也可以完全相反,而被论为浮躁轻率,以致迫使亡命之徒铤而走险。这样,凡是发生事故,中枢之是否能作深入的调查研究已无关宏旨,上级总可以归罪于下级地方官。周密的调查既费周折,而如果受罚者又提出证据为自己辩护,如所出事情,在他到任之前滋生,或者其差错在于邻府邻县,或者由于上级指示错误,则法庭也无法结案。案悬不结,责任不明,必将破坏全部文官机构的规律,失去以后赏罚的标准。

因之我们的政事,注重体制的安定,而不计较对一人一事的绝对公允。牺牲少数人,正是维持大局的办法。人事考察条例,也就从这里着眼。按照规定,四品以下的地方官三年任满应当入京朝觐述职,由皇帝及有关部门核定他们政绩的优劣。但是全国有一千一百多个县,任何精明强干的人事官员也无法详细知道他们的具体成绩,而只能在大节目上斟酌一二。如果一个地方官所统辖的地区安静无事,税收没有多大亏欠,该地区的民风就是"淳厚"而并非"刁顽",这一位地方官必为好官而非"浮躁"或"才力不及"。京官六年一考核,名为"京察",考察也很难根据实际能力和成绩,而大抵是视其人事应付能否得宜而有其上下高低①。京官对这种考核总是战战兢兢,因为一旦得到一两个不良的评语,则一生事业可能立即付诸东流。本朝历史上最严格的数次考察,曾使两千多文官停职降级。在当政者来说,没有这样的办法,朝廷上就无法去旧迎新;在被考核的文官来说,这样大批的斥退的确令人寒心,于是他们更要互相照顾,以作为保护安全的必要手段。

各式各样的社会关系也使他们结成小集团。出生于一省一县,是

① 《大明会典》卷12、13;《春明梦余录》卷14,Hucker, "Governmental Organization" pp.15–16.

为"乡谊"。同一年考中举人或进士,是为"年谊";同年的举人或进士就像学校里的同班一样,在原则上有彼此关照的义务,他们的考官则不消说是终身的恩师。婚姻关系,包括男女双方的远亲近属,是为"姻谊"。这多种的"谊"是形成文官派系的一个主要原因。各派系的主要人物亦即后台老板就有提拔新进的义务;私人的困难,可以协助解决,错误也可以掩饰。被提拔的和被帮助的当然会对后台老板效忠卖力,终生不渝。

申时行既然身居首辅,他不能不感到这种局势的危险。文官名义上任职于各部院寺,各有其官方的组织,但是背后又有他们私人派系。他有一次在给朋友的信内提到这个问题,深深感叹这种公私"阴阳"的区别。可是他有什么办法? 他自己还不是依靠张居正的栽培才有今天的地位? 申时行不是理想家,他深知人类的弱点不能完全避免。张居正一案已成过去,他现在的任务是要竭诚帮助年轻的皇帝治理国家大事,当务之急是增加文官之间的互相信赖。与其暴露各人的阴,毋宁提倡他们的阳。正因为如此,他被很多人目为放弃理想以妥协为前提的政客。然而还有人比他更为务实,认为所有伦理道德全是空中楼阁,最多也不过是一种理想和一种装饰。对这种看法,申时行也不能同意。理想与装饰究竟不同于虚伪,一个人仍能以此作为起点去推行他的诚意。

即算本朝推行伦理道德以作为治国的标准,收效不如理想,可是也别无更好的办法。假如没有这些观念和原则,我们政府靠什么而存在? 如果放弃"四书"上说的正心诚意,仁民爱物,嫂溺则手援,如何能使两千名京官对事情有一致的看法? 又如何能使一万八千名地方官和衷共济,或者无端受罚而仍然歌颂"皇恩浩荡"? 我们还有什么更好的标准去教育全国约一百万的读书人,还有什么更好的标准去表彰他们的祖先、寡母、贤妻? 个人的私心会随时随地变迁,只有伦理道德永恒不变。古代的圣贤写作"四书"的时候如此,朱熹注解"四书"的时候如此,今日仍然如此。正因为如此,它才可以在经筵上被讲解者发挥,也可以在墓志上被镌刻,以为后人的典范。

这种伦理教育所收到的效果,可以用前面提到的邹元标为例。邹元标在 1577 年得中进士,时年二十六岁。当时他还没有任何官职,然而根据圣贤的教导,他竟上书指出张居正的不肯丁忧的可耻可恶。这一封奏章使他在午门外受到廷杖,进士的头衔革去,降为士兵,流放于贵州的穷乡僻壤。一去五年,直到 1583 年冤案昭雪,他才被召回北京,任命为给事中,职司监察,穿上了绣有獬豸的袍服。到任不久,他又上书直接批评万历不能清心寡欲。皇帝用朱笔在奏章上批"知道了"三个字,给他面子,免予追究文句的唐突。然而邹元标不识抬举,过不多久,他二次上书,奏章上的用语更无忌讳,竟说万历扯谎,有过不改,而且引用"欲人勿闻,莫若勿为"的谚语,揭穿皇帝的装腔作势,说他没有人君风度。这就不能不使万历勃然震怒,准备把这个不知感恩的谏官再次廷杖[1]。

一个从七品的下级文官,过去对朝廷的唯一贡献只是检举了张居正,今天居然具有这种道德上的权威,敢于直接指斥皇帝,其凭借者安在?万历的看法是,邹元标和其他诤谏者并非对他尽忠,而是出于自私自利,即所谓"讪君卖直"[2]。这些人把正直当作商品,甚至不惜用诽谤讪议人君的方法作本钱,然后招摇贩卖他正直的声望。

这种看法不无事实上的根据。有些文官熟读诗书,深知百世流芳之说。他们可以找到一个题目,宁可在御前犯不敬之罪,今日受刑,明日名扬史册。这样的做法,说明了忠臣烈士的名誉,确乎是一种高贵的商品。否则,何以有许多人愿意付出这样昂贵的代价,放弃经过千

---

[1] 《神宗实录》页 2645~2646,2711;《明史》卷 243 页 2764。《明代名人传·邹元标》称邹之去职系得罪申时行之故,此系据《明史》,与其他资料不符,参见《神宗实录》页 2712。

[2] 《神宗实录》页 3435。

辛万苦挣来的进士出身,继之以血肉甚至生命去追求?

既有这种人物具有这样的看法,则内阁首辅虽然承认现实,却又不能放弃理想。

申时行决心做和事佬,他的诚意得到了某些文官的尊重,但并不能为全部人士所谅解。他有时被批评为张居正的循吏,有时则被指责为"首尾两端",即遇事左顾右盼,缺乏决心①。但是申时行却并不因这些批评而改变作风。旁人处在他的地位上,可能采取比较直截了当的硬性办法。申时行之"蕴藉",半由天赋,另一半则因为在前任和后台那里得到的教训。张居正死后被参,家产籍没,子弟流放,如果他仍然按照张的作风办事,至少也是没有头脑。今日他端坐在文渊阁中张居正留下的公案后边,当然不能忘怀张居正当年的神情气概。这位烜赫一时的首辅,确乎把他申时行当作门生和属吏。但也正因他申时行能够虚心下气,才有进步成长的机会,而终于成为张居正的继任人。

申时行的前任和后台是一个聪明绝顶的人物,能够记忆千头万绪的详情末节,同时又极能了解各种人事的机微。在隆庆皇帝去世的时候,几乎所有的廷臣都厌恶高拱,而对张居正却表示好感②。甚至他为了获取首辅的地位,不惜与大珰冯保周旋,并以此得到慈圣太后的垂青种种情节,也得到同僚的谅解。1572 年他开始为文渊阁主人,确实是一帆风顺。然而在十年之后竟身败名裂,成为历史上一大悲剧的主角。申时行对这一悲剧的内容十分了然,张居正的根本错误在自信过度,不能谦虚谨慎,不肯对事实作必要的让步。申时行生平不愿宣扬别人的缺点,对于提拔自己的人,更不会妄加批判。他只是从这悲剧的内幕中得到了教益。

张居正的十年新政,其重点在改变文官机构的作风。这一文官制度受各种环境之累,做事缺乏条理。张居正力图振作,要求过于严厉,

---

① "首尾两端"的批评,原见于《赐闲堂集》,此据谢国桢《党社运动考》页 28 转引。
② 《国朝献征录》卷 17 页 67;《赐闲堂集》卷 40 页 21;《明史》卷 213 页 2479。

以至抗拒横生。在他有生之日,他犹可利用权势压制他的批评者,可是一旦身故,他的心血事业也随之付诸流水。

加强行政效率乃是一种手段,张居正的目的,在于国富兵强。理财本来也是他的专长,但就是在此专长之中,伏下了失败的种子。这其中有很多复杂情况,是为外人所未能深悉的。

这种复杂性首先见于税收。本朝一千一百多个县,表面上看来都是相等的行政单位,但实际每县税粮总数不仅不同,而且相去极远。在多种情形下,总数一经规定,就因袭而不加修改。一个富裕的县份,其税粮总数可以是一个穷僻县的三百倍到五百倍之间①。

当一个县官详细察看他的辖区时,他更可以发现很多难于置信的事实。这足以证明我们所称为制度,往往只是一个理想。比如说,官方所用度量衡和民间所用的就有大小的不同。又比如,很多县份的耕地几个世纪都没有做过系统的丈量,其间有的增加,有的减少,甚至该地区的地形都有了改变,过去所定税粮数额,可能已与现在实际情形大相径庭。至于土地的所有权,经过几易其手的典押,有时也难认清谁是真正的地主。

有些县份的税额很低,粗粗一看,似乎必须提高税额,至少这样的县份再也不应该有税粮的积欠。但实际情形是,由于原来税额低,不少农民已升为地主,而这些小地主,多系自耕农或半自耕农,仍去饥饿线不远,他们的生活与农村富裕的地主和居住在城市的地主当然不可同日而语。这也就是说,低税的实惠,早已为当地人视作当然,成为生活中不可缺少的因素,欠税欠粮的事情,不能因全县税低而遏止。

有些县份的税粮比较高,这就更不可能如数进入仓库。在一般情况下,收税达到一定的税额,例如某县已征收了税额的百分之六十,则再催征其余的百分之四十极端困难。即使富裕的地主也会仿效贫穷

①《日知录集释》卷3页62~63;*Taxation and Governmental Finance* p.155.

的自耕农拒不纳粮。他们根据多年经验，知道一个县官无法长期和成百成千以拖拉方式拒不纳粮的户主抗衡。旧税未清常常是新税之累，所以官方只好用种种名义把未收的部分减免，其后果就等于鼓励拖欠而拒不纳税。县官对欠税的户主没有别的办法，只能拘押一些人在官衙前拷打，以为其他欠税者戒。然而这些欠税人也另有对付的办法，他们可以贿赂衙役，雇佣一批乞丐代他们挨打，称为"倩人代杖"[1]。南直隶苏州府向称鱼米之乡，就是这样一个典型的地区。申时行生长于苏州吴县，对这些情况已司空见惯。张居正自然也深知此中积弊，所以他给别人的一封信说苏州以赖粮著名，"其乡人最无赖"，此地可称"鬼国"[2]。

百姓缴纳税粮，在规定数字外尚有所谓"常例"，即各地方官按照习惯收入私囊的附加，县官如此，以下村长里长甲长也无不如此。地方官向上缴纳税金税粮，总是先扣常例，至于税额是否如数，则是另一回事[3]。

张居正担任首辅的时候，他用皇帝的名义责令各府各县把税收按照规定全部缴足，这一空前巨大的压力为全部文官所终身不忘。批评张居正的人说，他对京城和各地库房中积存的大批现银视而不见，而还要用这样的方式去敛财，必然会逼致地方官敲扑小民，甚至鞭挞致死。这种批评也许过于夸大，但是张居正的做法和政府一贯所标榜的仁厚精神相背，却也是事实，同时也和平素利用乡村耆老缙绅所行"间接管制"的形式不符。这种间接管制虽然行政效率极低，实际上却为事势所需，它在成万成千农民之间解决了官方鞭长莫及的难题。

张居正还有一个错误，则是他忽视了文官集团的双重性格。固然有很多官僚凭借特权，引用私人，扶植地主和高利贷者的利益。但是

---

[1] 《天下郡国利病书》卷 6 页 89；*Taxation and Governmental Finance* p.147.

[2] 《张居正书牍》卷 3 页 21。

[3] 《海瑞集》卷 48 页 9；*Taxation and Governmental Finance* p.152,185.

"四书"所揭橥的、为文官集团所标榜的宗旨,也并不全是口头禅。如导之以诚意,一些有责任感的年轻人如邹元标辈,又真能不顾一己安危荣辱,为仁民爱物的宗旨拼命。这种自我牺牲的精神,能在存亡于肤发之间击退北方游牧民族的内犯,也能在万苦千辛中修复黄河的决堤。他们经常批评万历皇帝,其用心也未必真是"沽名卖直",而是他们深知自我牺牲,必须得到皇帝的肯定和合作,才能使亿万百姓沾惠受益。他们之所以攻击张居正,也正因为在他们心目中,张居正的措施放弃了古圣先贤的宗旨,而是急功好利,企图以世俗的行政效率来代替这种伟大的精神,最终必然窒碍难行,落一个引用私人的下场。

从客观条件来看,张居正之引用私人,是无法避免的。以我国幅员之大,交通通信又极落后,任何有能力的内阁,也不能对各种地方官有周密的了解和实际的控制。张居正一心改弦更张,十年"专政"之后,各地税额并没有调整;地方政府仍然无法管理农村,官吏薪给之低,依然如故。总之,这种维新不过是局部的整顿,而非体制上的变革。张居正本人认真办事,一丝不苟,他亲自审核政府的账目,查究边防人马的数额,下令逮捕犯法的官吏,甚至设计各种报表的格式,规定报告的限期。他所派遣的总督和任命的尚书个个精明能干,然而他们的诚信仍有问题。因为撇开他们本身不说,他们属下的低级机构,依然处于各种各样不合理条件之下,离开了权术,这些高级官员也无精明能干之可言,而权术又总是和诚信背道而驰的①。

在名义上,张居正是皇帝的顾问,并无决策和任免的权力。为了贯彻自己的意图,他经常以私人函件的形式,授意于他亲信的总督巡抚,要他们如此如此地呈奏皇帝,然后他以内阁大学士的身份票拟批准他自己的建议。为了鼓舞亲信,他有时还在函件上对他们的升迁作出暗示。这种做法,实际上是以他自己做中心,另外形成一个特殊的

① 关于张居正执政的情形,可参看《明代名人传》,《明史》卷213,《明史纪事本末》卷61,朱东润著《张居正大传》,唐新著《张居正新传》。

行政机构,以补助正常行政机构之不及。这在旁人看来,就是上下其手;以气节自负的人,自更不愿向他低头,以免于趋附权势的讥讪。

张居正的全套措施,彻底暴露了这一大帝国中央集权过度的不良后果。在下层行政单位间许多实际问题尚未解决以前,行政效率的增进,必然是缓慢的、有限度的。强求效率增高,超过这种限度,只会造成行政系统的内部不安,整个文官集团会因压力过高而分裂;而纠纷一起,实际问题又会升级成为道德问题。

张居正既不能撇开文官集团而自起炉灶,他的所作所为也就无法避免矛盾。举一个例子说,他个人物质生活的奢华惹人议论至多。数年之前,小皇帝万历听说张先生要改建住宅,增修一座阁楼以便悬挂御笔,于是就亲自下令由内库拨发白银一千两以为资助①。因为在小皇帝的心目中,他的老师官俸并不丰厚。但是张居正去世之后,万历皇帝才听说北京张宅的增修费用,竟为白银一万两。更令人惊讶的是北京张宅刚刚修造完毕,湖广的江陵立即出现了一座规模相同的张宅,主其事者是锦衣卫的一个庞姓军官,建造的费用不消说来自官库。张居正获悉此事,自称于心不安,但并没有毅然拒绝这些小人的阿谀奉献。接踵而来的就是湖广的地方官动用公款先后建造三座石坊以颂扬张居正的功业。次之则张居正以整理驿传作为他自己的一大政绩:当时政府设立的各个驿站,照例对来往官员供应车马食宿,他花费了很大的心血,务使真正有公事的人,才受驿站接待。凡家属旅行,或以私藉公,需索驿站者,查出后立加严惩。但是张家的仆人甚至亲友的仆人却可以任意向地方官需索车马船只,并及于扛抬行李的夫役。张居正要求其他官员厉行节俭,但是他却不能以身作则,这当然不能不贻人以口实。上述情形,也许可以推说为下人蒙蔽;然而他在私人函件中屡次提到他亲信的文官曾向他赠送贵重的"礼物",包括现金和

---

① 《神宗实录》页442。

田地,这就不仅使他无法自解,也使对他同情的人不能置辩①。也许在他看来,他自己的奢华和别人的节俭不过是因地位不同因而各有本分。但是在他的政敌的心目中,这就是言行不一的一大证据;即在一般人看来,这至少也是道德上的瑕疵。这些地方也使万历丧失对元辅老师的一番尊敬,因为事实俱在,不像"谋逆篡位"一套罪状,虽然严重,却令人难于置信。

张居正的最后几年里,对他的批评者非常敏感,而对有名的文士尤甚。这些名士生平只知用华美的文章大言欺人,决不会对他崇实的作风起好感;因之他也就视此种人为寇仇。如果申时行有机会对他前任和后台老板发牢骚,他一定会指出张居正对待这般人的态度未免过分,而且由此而牵累了自己。因为在这些人眼中,他总是张居正的私人。平心而论,张居正对待一般文人,确乎过于偏激而有失宽厚。这些撰写文章的专家根据"学而优则仕"的原则,认为他们的诗词歌赋是赢得厚禄高官的资本。张居正纵使因为他们没有济世之才而加以摈斥,也不妨采用比较温和的方法敬而远之,不去触怒他们。例如王世贞,是本朝数一数二的散文大家,又和张居正同年得中进士,按理说应该情谊深厚,然而情形却不是这样。王世贞一心想做尚书,多次主动向张居正表示亲近,替他的父母作寿序,又赠送了许多礼物,包括一件极为名贵的古人法书。但是张居正却无动于衷,反而写信给王世贞,说什么"才人见忌,自古已然。吴干越钩,轻用必折;匣而藏之,其精乃全"②。前两句恭维,其后则把王比作脆弱而不堪使用的武器看待,只能摆在盒子里让人赞赏他雕铸之美,却不能用以斩将夺旗。王世贞当然不曾忘记这段羞辱,他日后为他的同年作《张公居正传》时,也就以牙还牙,行间字里,酸辣兼备;其中提及申时行,也多轻蔑之语。

还有一个文坛健将汪道昆,凑巧也是张居正的同年,他官至兵部

---

① 《张居正书牍》卷 1 页 9、卷 2 页 5、卷 3 页 2、卷 4 页 15、卷 5 页 7。
② 《张居正书牍》卷 6 页 21～23。

侍郎,有一笔由他经手的边防公款,经监察官查核认为账目中有不实之处;而汪提供的报销,却用华丽动人的散文写成。张居正对此事极感不满,他铁面无私地在一封信上指出"芝兰当路,不得不锄"①。汪侍郎虽有芝兰之美,然而却开放在众人行经的道路上,管理公路的员工张居正也不得不把这名花异卉一锄斫去。这封信刚刚写完,汪道昆就被迫退休。

张居正开罪于文人有如上述二例。这也表现出他虽为首辅,却没有认清文官集团还有另一种双重性格。在他执政的时代,在名义上说,文官还是人民的公仆,实际上则已包罗了本朝的出色人物,成为权力的源泉,也是这一大帝国的实际主人。张居正按照过去的眼光仍然把文官集团当作行政工具,对其中最孚众望的人物不加尊敬,就使自己陷于孤立的地位。直到危机四伏之际,他才发现了这一点,并且引用佛家经义,作为自己精神上的解脱,说是:"如入火聚,得清凉门。"②既能在狂燎烈焰之中有冰凝水静的感觉,则他虽尚在人间身居首辅,却已经把自己当作烈士看待了。

申时行没有做烈士的决心。他坐在前任的书案之后,认为张居正当年如能避免各种错误,他就没有自我牺牲的必要。申时行记得清楚:在万历初年大家对张居正还心存钦慕,他们没有责成这个首辅舍弃旧章,创造一个新的行政系统。他们心目中的大政治家,应当以个人的声望来调和各种极端。在一般情形之下,他需要用明确而坚定的态度处理公务;但这标准只能维持到一定的限度。事态的发展逾于限度之外,则就要用恕道来原谅各人的过失。首辅的最大贡献,则在于使各种人才都能在政府中发挥长处。大才小才,庸才劣才,全部如是。

① 《张居正书牍》卷2页17。
② 《张居正书牍》卷2页16。

对他们起感化和领导的作用,即为申时行所称的"诚意"①。

除非把全部文官罢免,而代之以不同的组织和不同的原则,身为首辅的人只能和文官合作,按照他们的共同意志办事。申时行没有忽略文官的双重性格:即虽称公仆,实系主人;有阳则有阴。他必须恰如其分地处理此中矛盾。时势要求申时行充当和事佬,他就担任这样角色,至于别人的评论如"首尾两端"之类,就只能付诸一笑。

申时行下决心当和事佬,固然有以上的理论及经验作背景,但也与个人利害有关。

他在初任首辅的两年内,曾一再感到风雨飘摇。当日凡被目为张居正的私人,都要费一番心力,为自己洗刷。申时行固然有忠厚长者的声名,但是他与张的密切关系,也早为人所共知。纵使他是当今皇上老师,亦于事无补。这时候万历皇帝年已十九岁左右,嘴唇上和颔下已长出了稀疏的短须,俨然一个成年人了。他声称过去被人愚弄,今后当彻底地独立自主。皇上要振作,当然是好事;然则他的动机却出于疑忌。这又增加了左右大臣职务上的危险性。申时行也很清楚地看到,在他前任八个首辅中,只有李春芳和张四维可谓能全始终,其他翟銮、夏言、严嵩、徐阶、高拱和张居正六人,或遭软禁,或受刑事处分,或死后仍被追究②。表面看来,所有处分出自皇帝的旨意,其实所有案件,无一不产生于文官集团中的矛盾。首辅或是在政策上遭到多数人的反对,或是个性太强而引起嫉妒和仇视。技术上的争端,一经发展,就可以升级扩大而成道德问题,胜利者及失败者也就相应地被认为至善或极恶。

在1583年的夏天到1585年的夏天,申时行似乎感觉到有一个政治上的黑箍套在自己脑袋上,而且一天比一天加紧。反对他的以年轻

---

① 申时行的这种态度,他的书牍中即有所反映,见《皇明经世文编》卷 380 页 10~11、卷 381 页 9。

② 《明史》卷 110 页 1376~1379;《神宗实录》页 4100。

的京官居多,只是因为他们还没有完全摸清皇帝对申先生的真实态度,一时不敢造次,但是攻击已经逐渐展开。他们首先质问:张居正的四个儿子,三个得中进士,其中两个入翰林院,申时行当日为会试时主试官之一,难道和他没有关系?这一质问没有动摇申时行的地位,他们接着又建议,今后大学士的儿子一律不得参加会试,这矛头显然是针对申时行的长子申用懋。再接着他们又弹劾吏部尚书杨巍,说他用人办事都逢迎内阁旨意,言外之意乃是首辅专权跋扈。这两次攻击依然无效,但是他们参劾礼部尚书徐学谟却取得成功,徐被迫去职。参劾者表面上的理由是他在选择皇帝陵墓的地址时,没有广泛地听取堪舆专家的意见,以致没有选到一个真正的吉穴,但真正原因乃是徐学谟已被视为张居正的私人,而他在最近又把女儿嫁给了申时行的次子申用嘉①。

这种攻击是经过深思熟虑,按照预定步骤进行的。整个方式可以称为"去皮见骨"。攻击者常常从一些小事开始,诸如一句经书的解释,一种谐音的讽刺,一张不署名传单的内容,一个考题的不当等等。有时也可以在奏章上提出一个冤案,参劾一个不知名小官的家庭琐事,或者以论水利和研究马尾巴发难引出本题。利用这些小事可以促使公众注意,引起文官参加,假以时日,使小事积累而成大事,细枝末节的局部问题转化而成为整个道德问题。在程序上讲,发展中的步伐则须前后衔接,第一步没有收到效果之前决不轻率采取第二步。而且出场交锋的人物起先总是无名小卒,直到时机成熟才有大将出马。这种方式,大凡久在政治圈子里的人物,都已看透,他们可以从青萍之末,预测大风暴的来临。

面对着这布置周详的攻击,申时行险些垮台;再加以高启愚一案,他更是被拖到了悬崖边上。然而出人意料之外的乃是他顶住了这种

---

① 《神宗实录》页 2511、2514、2517、2618、2653、2747～2748、2751～2754、2806～2807、2986～2989。

攻击。在这危机中摇而不坠,以后重又站稳了脚跟。这是申时行生活史上的一大胜利,使他的政治地位更趋巩固。

高启愚出身翰林院,曾任南京和北京的国子监祭酒,相当于国立大学校长。由于申时行的推荐,他以礼部右侍郎的身份充任皇帝的经筵讲官。按照过去成例,他之被任为大学士已是指日间事。和申时行一样,他还很可能为来日之首辅。只是高启愚命运乖违,正在官运亨通之际,忽然被人检举。几年之前他主持应天府乡试所出试题"舜亦以命禹",这时被认为宣扬禅让,即是恭维张居正有神禹疏凿之功;在有德者则君临天下的前提内,这也就是向张劝进。这一攻击既阴险又毒辣,因为它正中了皇帝心理上的要害。攻击者预料,高启愚为申时行提拔,在这严重罪状面前,申必然要出面为高辩护,于是就可以顺水推舟地搞垮申时行。

果然计出如神,案件一发动,申时行出而为高启愚辩护。攻击者按照原定部署参劾申时行,又如预料申被参离职家居待勘,二辅许国代理阁务。许国又为申时行辩护,过几天也被参劾,也同样在家听候处理。

只是攻击者没有预料,这一场大风浪,使万历皇帝作了长时间上的考虑。他把种种迹象联系起来,逐渐明白了这些检举参劾的真实用意。何以这群"保皇党"当初在高启愚出题劝进的时候一言不发,今日张居正已经倒台则又振振有辞?可见他们也另有其"阴"。他们好几个组织者都是三辅王锡爵主持会试的门生,如果搞垮申时行和许国,即可以拥护王锡爵担任首辅。事不凑巧,王锡爵表示了充分的明智和冷静,他不接受这样的拥戴,反而向万历皇帝上书称赞首辅申时行"泊然处中,重国体,惜人才"。

于是圣意乃决,申时行和许国都被挽留。皇帝特遣的宦官到两位阁老家里央请他们出来视事。攻击者因之不能再加置喙。但是为了保持文官间的平衡,也为了继续鼓励监察官尽忠报国,对攻击首辅的人也不便过重处罚。直到数月之后风波平息，万历才把其中最激烈的分子各降三级，首先参劾高启愚的御史，也调到外省；至于高启愚为生事之端，即便从轻处理，也不能认为全无过失，可以令之置身事外，乃以"出题谬妄"的罪名，被褫夺文官身份和以前恩赐的祖先诰命。

张居正一案的余波，到此才完全结束。故太师的头衔既然被褫，家产也已没收，儿子进士翰林的名称又经一笔勾销，今后即再暴露他所培植的私人亦不能使皇帝激动，自此朝廷内的文官还要互相攻击，则必须另找新的题目来做文章，而不能再在张居正的骄奢无道或者窥窃神器上大加发挥了。

等到这一案完全结束之后，申时行才有机会平心静气地研究事情的真相。在所有反对他的人中，真正关心张居正的儿子如何进入翰林院以及皇帝陵墓风水好坏的恐怕很少，甚至借这个题目可以拥戴首辅以便自己升官的也不能太多。应当注意的仍是张居正本身是一个令人感情激动的题目。只要一提起他的名字，就立刻引起很多人气愤，因此反对者不一定要费很大的气力，即可以利用各文官间对故太师的反感，排斥他所接近的人，如侍郎兼讲官高启愚、礼部尚书徐学谟和申时行自己。

为什么张居正这样令人痛恨？原因在于他把所有的文官摆在他个人的严格监视之下，并且凭个人的标准加以升迁或贬黜，因此严重地威胁了他们的安全感。这些官员之间关系复杂，各有他们的后台老板以及提拔的后进。他们又无一不有千丝万缕的家族与社会关系，因之得罪了一个人，就得罪了一批人；得罪了一批人，也就得罪了全国。这正如他同年王世贞所说，张居正一套偏激的办法，是和全国的读书人作对①。

张居正又错误地使用了獬豸这一动物。监察官是征集舆论、平衡

---

①　《国朝献征录》卷17页69、75、87、94；*Taxation and Governmental Finance* p.299.

阴阳、在公益和私利中找到折衷的工具，元辅张先生却用它来推动自己的政策。御史和给事中只检举对他不利的人物，不纠察他的行政，这种情况使他们与特务警察无异。因之张居正虽没有独裁者的权位，却有了独裁者的神通。要不是在他执政之日有这种普遍被压抑的恐惧和怨恨，以后的反张运动就不会引起这么多的同情，动员这么多的力量，产生这么多的枝节。

1585 年，万历皇帝决心将张居正一案作为历史看待。申时行也决心防止这样的政治波澜再来掀动本朝的上下机构，他呈请皇帝停止张居正所制定的考成法。为了有效地管制全国各府县，这一考成法规定各科给事中按年月记载各地方官的政绩，其标准为欠税是否能够追缴，盗匪是否能够擒获。官员前案未结，就不许升迁离职，甚至有些已经退休或正在养病的官员还要被传询答复问题。现任首辅申时行认为这种方法有欠公允。因为税收能否如额征足，有其多方面的原因，而不完全决定于县令府尹的能力和办事精神；匪盗就擒或漏网，更多出于偶然的机会，如果上官不顾困难，一味逼迫下属，下属又逼迫兵丁捕快，就会促成许多嫌疑犯屈打成招，这也不是清明宽厚的本朝所宜有。万历听罢首肯①。这样，张居正时代唯一有组织性的条例也就此撤销。

为了表示胸襟开阔，申时行对参劾过自己的官员概不追究，甚至还建议其中的几位官员晋级。另一件出人意外之事则是他替邹元标说好话。这一位邹元标，除了上书触怒圣颜以外，还帮助反对申时行的一派逐走了他的儿女亲家徐学谟。万历本来想重办邹元标，申时行出来讨价还价，终于使邹没有受到廷杖，仅以除籍了事。而在邹元标离职以后，申时行还在设法使他能第二次被召复职。

1587 年又值京察之年，这是一个极好的机会可以宣扬他作为大政

---

① 《皇明经世文编》卷 324 页 22~24；《神宗实录》页 3084~3085。

治家的诚意。京察每六年举行一次,全部京官都将被考核。各地巡抚由于带有都察院御史的头衔,所以也同于京官在考核之列。与他前任1581年的原则相反,申时行力主人事上的稳定。随即消息传来,政府让大小官员各安其位,于是众心欣慰。京察的结果,凡由进士出身的职官只有三十三人降级或罢免,而且这三十三人①,没有一个出于吏部、都察院或翰林院这些传统上最富敏感的机关。这种恕道稳定了文官集团的情绪,也稳定了首辅自己的地位,他被众口交誉为老成持重,有古君子之风。

他和万历之间的关系也越来越好,概言之,即已经由协调进而为亲密。册封万历的宠妃郑氏为皇贵妃时,他被委为正使之一。申时行又奉派为总揽大峪山今上陵寝的建筑工程,并已到施工之处巡视多次,一次在严寒,一次在酷暑。1587年,他报告一切进行都很顺利。万历龙颜大悦,特赏首辅申先生织有双喜字的锦缎一匹,让他制成新衣,以供阅陵时服用。

在皇帝的心目中既已取得了很高的信用,申先生又能以他高超的劝说能力,委婉地请求今上放弃他禁中内操,即在皇城中训练以宦官编成的军队,并同意不再随便出城巡阅,管束职掌特务的宦官张鲸。这些事情,如果不是申时行采用恰当的方式调停,很可能造成皇帝与百官间的冲突。因为在这些地方文官们有他们坚定强硬的看法,要是他们一定要以道德的名义在御前净谏,言语冲突之余,万历一动反感,很可能导致一意孤行。申阁老防患于未然,确已尽到从中调济的职责。

反对申时行的人则仍称他为妥协,一味只顾目前适用,放弃原则。申时行当然有他的办法答辩。他表示,要是不恢复百官间的彼此信赖,怎么可以使他们大有作为,为皇上推行开明的政治?

---

① 《神宗实录》页3395、3456,《明史》卷285页2597;谢国桢著《党社运动考》页29~30;《春明梦余录》页34、55。

　　管理我们这样一个大帝国，在许多问题上一定是要生罅隙的。张居正以整饬纪律自居，而实际上他是强迫要求各人保证不生罅隙。申时行用恕道待人，又鼓励诚信，就是期望各人自动地各尽其能地补救罅隙。申时行的立论并非没有理由，但是从他四年内在文渊阁执政的记录上看，其成功的希望至为微小。

　　推广诚意的方式是经常不断地举行礼仪，讲解"四书"和其他经史，然而最近以来，申时行已经不能劝说万历皇帝出席他应该主持的礼仪，经筵也久被搁置。申先生内心明白，经过张居正事件之后，皇帝对各种告讦、争论和答辩已经不感兴趣，他对一切都取怀疑的态度。皇帝从小束发受教，就听说"王者无戏言"，天子应对一切事物认真，更要在一句一语之间，相信亲信人的话。而现在看来，每个人都是说管说，做管做，两不相干，这又何怪乎他怀疑一切？他之所谓"讪君卖直"，就表示他已经知道凡事都有其明暗阴阳。他对廷臣要求他为尧舜之君的说法不加反对，因为这是"四书"中的准则，又是祖先的训示，不容置辩。可是以他的聪明敏感，谁又能够保证他在内心深处，没有把这种要求当成臣下为他设置的羁绊？

　　皇帝放弃诚意，使申时行至为不安。然而他没有更好的办法，只好自己坚持信心，静待时机的好转。可是无情的时光，究竟还有多少让申时行来安排和等待呢？1587年，即万历十五年的秋天，他作为首辅已四年有半，今后还有四年，他仍为文渊阁的首长。在他不知不觉的用尽了命运为他安排做首辅的全段时间，那么太傅兼太子太师左柱国中极殿大学士申时行即想在文渊阁再多留一天，也是不能为时势所容许的了。

第三章

世间已无张居正

张居正的不在人间,使我们这个庞大的帝国失去重心,步伐不稳,最终失足而坠入深渊。它正在慢慢地陷于一个"宪法危机"之中。在开始的时候这种危机还令人难于理解,随着岁月的流逝,政事的每况愈下,才真相大白,但是恢复正常步伐的机会却已经一去而不复返了①。

以皇帝的身份向臣僚做长期的消极怠工,万历皇帝在历史上是一个空前绝后的例子。其动机是出于一种报复的意念,因为他的文官不容许他废长立幼,以皇三子常洵代替皇长子常洛为太子。这一愿望不能实现,遂使他心爱的女人郑贵妃为之悒郁寡欢。另外一个原因,则是他在张居正事件以后,他明白了别人也和他一样,一身而具有"阴"、"阳"的两重性。有"阳"则有"阴",既有道德伦理,就有私心贪欲。这种"阴"也决非人世间的力量所能加以消灭的。于是,他既不强迫臣僚接受他的主张,也不反对臣僚的意见,而是对这一切漠然置之。他的这种消极怠工自然没有公然以圣旨的形式宣布,但在别人看来则已洞若观火。

---

① 以下叙述的万历与群臣的嫌隙,有关的通史或者专著都曾作过论述。例如孟森著《明代史》第五章《万历之荒怠》,钱穆著《国史大纲》则以为制度之不良甚于个人之过失,并引用顾炎武的意见,指出明末道德不振,见册2页501~502。其实,长期的道德沦亡,即已标志社会形态和其组织制度的脱节。参见《明代名人传·朱翊钧》。

皇帝决心以顽强的意志和臣僚们作持久的对抗,臣僚不让他立常洵为太子,他也不立常洛为太子,甚至不让常洛举行冠礼以便向翰林院的官员就读。像这样双方坚持达十年之久。

迫于强大的舆论压力,他不得不放弃自己的打算。但是他的屈服是带着仇恨的。皇长子被封为太子,皇三子被封为福王到河南之国,从此皇帝的心灵上就留下了永久的伤痕,他的臣僚也再没有机会能使他按照他们的意志执行他的任务了。皇帝仍然是皇帝,但是再也不愿意做任何事情使他的文官快意。像这样又二十年。

各种法定的礼仪在照常举行,但是皇帝已经不再出席。高级的职位出缺,他宁可让它空着而不派人递补,使那些文官们除了极少数的人以外已不再有升迁到最上层的希望。臣僚们抗议的奏章不断向他提出,他也不加答辩。因为他知道,只要在奏本上一加朱批,不论是激烈的驳斥还是冷静的辩说,这些朱批和原来的奏折都要送到给事中的办公室里传抄公布,这就正好中了那批抗议者的下怀,使他们达到了沽名买直的目的而暴露了自己缺乏雍容的气度。最合适的办法就是把这些可恶的奏本留中,即扣押在宫内不加批示。

于是有良心的官员觉得无法执行他们的任务,只好提出辞呈。万历以同样的态度对付这些辞呈,既不援例慰留,也不准离职。有的官员在愤怒之余径自挂冠而去,吏部建议对他们追捕而加以究问,万历同样还是置之不理。到他临朝的后期,一个文官自动离职就意味着一个名位已被废革,因为不再有人补缺。

皇帝和他的臣僚熟读诗书,知道经典史籍赞成臣下向无道之君造反。但这无道必须达到桀、纣的程度,即以极端的残暴加之于臣僚和百姓。现在的万历皇帝却并非如此,而且除了不理上述性质的文件以外,他照常批阅其他奏章。也就是说,他的消极怠工,放弃自己的职责,是有所选择的。他自己可以理直气壮地表示,他是在奉行道家“无为而治”的宗旨。对于这种情况,臣僚们是找不到任何经典中的训示来造反的。所以,不满甚至愤激的情绪尽管不断滋长,却始终没有发展成为"诛独夫"或者"清君侧"的内战。

皇帝的放弃职责并没有使政府陷于瘫痪。文官集团有它多年来形成的自动控制程序。每到属牛、龙、羊、狗之年,北京的会试、殿试照旧举行;地方官和京官按时的考核也没有废止。派遣和升迁中下级文官,用抽签的方法来决定。吏部把候补人员的名单全部开列,一个官员除了不得出任原籍的地方官或其父子兄弟的上下级以外,他将要出任什么官职,决定的因素不是他的道德或才智,而是出于与事实无关的一根竹签。对于这些例行公事,皇帝照例批准,大多数情况下则由司礼监秉笔太监代作朱批。

在御宇四十八年之后,万历皇帝平静地离开了人间。他被安葬在他亲自参与设计的定陵里,安放在孝端皇后和孝靖皇后即恭妃王氏的棺椁之间。他所宠爱的贵妃郑氏比他多活了十年。由于她被认定是国家的妖孽,她得不到任何人的同情。这十年,她住在紫禁城里一座寂寞的冷宫中,和她的爱子福王永远睽离。福王本人也是一个祸患,据说万历生前赠给他的庄田共达四百万亩。由于成为众人怨望之所集,也没有人敢为他作任何辩解,说这个数字已经被极度地夸大,而且大部田土已折银,每年未逾两万两①。

---

①　关于福王庄田的若干情节,中外学者多有误解。当时万历指令湖广、山东、河南三省以田土四万顷作为福王庄田。四万顷为四百万亩,接近全国耕地面积的百分之一,为数十万人耕食之资,如为一人占据,则确属骇人听闻。

对于这些田地,如果按照传统的封建主义方式的控制,则福王必当封茅裂土,层层分割,由各级亲信掌握管理,例如日本的中世纪,大地主的各个庄园即由武士管理。因为以私人而占有大量耕地及农民,必须有私人的武装和法庭,否则就不能有效地管理。这些权力通常也为自上而下的各个世代所继承。

然而福王并未具有这样的力量。一个明显的证明是,当李自成起义,福王并没有能够组织他的武力作有效的抵抗,而是一筹莫展,束手被擒。

因此,对研究者来说,不能只看到一些明文的记载,而应该透过资料,彻底考查事实的真相。

万历指令以四万顷为福王的庄田,不过是和群臣讨价还价的办法。讨价还价之余,奇怪的问题是,皇位的继承问题早已解决,万历皇帝又龙驭上宾,而关于当年延搁立嗣的责任之争,反较问题没有解决的时候更加严重。每当提及往事,就有许多廷臣被卷入,而且舌战之后继以笔战。这时朝廷中的文臣已经分裂为若干派别,彼此间无数的旧恨新仇需要清算,激烈的争论则常常肇始于微不足道的衅隙。万历皇帝几十年的统治,至此已经造成了文官集团中不可收拾的损伤。

皇帝是一国之主,他应当尽心竭力以保持文官集团的平衡。做到这一点是很不容易的,除了公正和不辞劳瘁以外,还需要超出寻常的精明能干。针对文官的双重性格,需要给予物质上的报酬使他们乐于效劳,也要动员他们的精神力量,使他们根据伦理道德的观念尽忠国事。这两项目标的出发点已有分歧,而皇帝能用来达到目标的手段也极为有限,概言之,不出于人事的升降和礼仪的举行。而万历皇帝的所作所为,正与此背道而驰。他有意地与文官不合作,不补官的做法等于革除了最高名位。他们鞠躬尽瘁,理应得到物质上的酬报,升官发财、光宗耀祖,此时都成泡影,使他们的毕生心力付之东流。再者,他又把伦理道德看作虚伪的装饰,自然就不在这方面用功夫。很多把孔孟之道奉为天经地义的文官,至此也觉得他们的一片丹心已经成了毫无意义的愚忠。

表面上的宁静通常是虚幻的。文官集团缺乏应有的和衷共济,反

万历就减价而为两万顷,福王本人也再三表示"推辞"。而万历所真正为福王索要的,则不在田土而在佃金。因为河南在明初地广人稀,其后民间开垦所增垦地,称为"白地",其所有权常常发生问题。地方官对这种田地所征取的赋税,既不归入一般的田赋,也很难视为官田的地租。山东由于黄河河道的变迁,被淹后的田地重新开发,情形亦复类似。湖广则因河流湖泊众多,昔日之湖沼成为圩田,河岸瘠土仅征"芦课"者至此也有成为良田的趋势。此外,各省还有被抄没的庄田等,情况极为复杂。这些土地的赋税收入,纵未尽入地方官之私囊,但也从未作公开而详尽的交代。万历的意图,即要三省地方官从这笔收入中每年缴纳银四万六千两,以作福王府的开支。迟至1617年,湖广官员只表示承担银三千六百五十九两。福王本人,曾因为不相信各地的报告,而派人在河南丈量上述田土,以致与当地官民发生冲突。请参阅《神宗实录》页 9771、9773、9625、9881、9901、9920、9924、9942、9946、9957、10089、10339、10526、10611。

而集中了无数的利害冲突,形成了一个带有爆炸性的团体。在万历皇帝御宇的四十八年中,特别到了后期,大臣们已经看透了中枢无复具有领导全局的能力,也就不得不以消极敷衍的态度来应付局面。此类态度类似疫气,很快就在文官中流传,使忠于职守者缺乏信心,贪污腐败者更加有机可乘。这种不景气的趋势愈演愈烈,使整个王朝走到了崩溃的边缘。其所以能勉强维持,实在是因为替代的办法尚未找到。而像我们这样庞大而历史悠久的帝国,即使在不利的条件之下,仅凭惯性的作用也可以使这个王朝继续存在若干年月。

这种气氛,不消说令人悲观。有一部分文官,即以后被称为东林党的人,发愤要力挽狂澜。他们的理想是,精神上的领导力量可以在皇帝的宝座之外建树。他们从小熟读《四书》和朱熹的注释,确认一个有教养的君子决无消极退让和放弃职责的可能,需要的是自强不息的奋斗。这些以君子自诩的人物,不论在朝在野,总是标榜自己的品德,而指斥和他们不合的为小人。其后,这一派中的若干人被任命为吏部和都察院的官员,职司百官的考察和弹劾。在定期的考核中,他们大刀阔斧地斥退他们心目中认为萎靡不振的官员。

这种重振道德的运动,其标榜的宗旨固然极为堂皇,但是缺少了皇帝的主持,其不能成功已在预料之内。皇帝也是人而并非神,即使他的意志被称为"圣旨",也并不是他的判断真正高于常人。他的高于一切的、神秘的力量是传统所赋予,超过理智的范围,带有宗教性的色彩,这才使他成为决断人间的最大的权威。如果官员们承认他的决断确乎出于他自己而非出于佞幸的操纵,那么即使有欠公允,也可以使大家绝对服从。东林党当然不能具备这样的绝对权威,更何况当日两万名身穿锦袍的文官,作为一个整体,已经丧失了评定善恶的标准,仅凭这几十个自诩为品德优秀的官员,反倒能订出一个大家所承认的标准?这几十个官员尽了很大的力量,要重新建立一种能为别人所承认的道德伦理,结果却事与愿违。反对他们的,也同样地使用了他们的治人之道,即用道德伦理的名义组织他们的集团以资对抗。

万历的去世,失去了最后的缓冲因素。互相猜忌的小团体至此公开地互相责难。一连串的问题被提出来了:当初先皇对继承人的问题犹豫不决,在中枢任要职的人何以不慷慨直言? 王锡爵身为首辅,居然同意先皇提出的三王并封的主张,即皇长子常洛、皇三子常洵、皇五子常浩同时不分高下地并封为王,这是何居心? 要不是大臣们缺乏骨气而作迁就,先皇何至把"国本"问题拖延得如此之久,致使后果难于收拾? 据说郑贵妃还有谋害皇长子的阴谋,何以不作彻底的调查追究? 这些问题,没有法律上的程序可供参照以找到答案,但是在感情上则带有强烈的煽动性。提出问题的人自己也未必有寻根究底的决心,而只是利用这些问题作为控诉的口实,把食指指向反对者的鼻子,借此在党争中取得主动。

本朝的制度,应当说是不能听任这种党争发展的。我们的司法制度极为简单,缺乏判决争端的根据。即使是技术上的问题送交御前请求决定,也要翻译成为道德问题,以至善或极恶的名义作出断语。在这种具体情况下,只有使全部文官按照"四书"的教导,以忠厚之道待人接物,约束自己的私心,尊重别人的利益,大事化小,小事化无,朝廷才能上下一心,和衷共济。要是官员们口诵经典中的词句,称自己为君子,别人为小人,在道德的掩盖下夺利争权,这就是把原则整个颠倒了。这种做法会导致文官集团的涣散,进而导致我们的帝国无法治理。这不必等到 1620 年万历的灵柩抬到大峪山下葬的时候才能明白,1587 年申时行说的"自古国家未有如此而能久安长治者",已经把这个道理说得十分清楚了。

但是当日的申时行并没有足够的力量影响舆论,此后的影响则更为微弱。皇位的继承问题发生在他担任首辅的时候,所以很多人都感慨在这紧张的几个年头之内偏偏碰上了这样一个软弱无能的人做了文渊阁的首脑。

　　1591年申时行被迫去职的时候，舆论对他已经丧失了同情。这原因需要追溯到上一年，即1590年。这一年之初，皇长子常洛只有足岁七岁半，但按中国传统的计算方法，他已经九岁。这时他还没有出阁讲学，给很多廷臣造成了不安，担心他长大以后不能和文官作正常的交往。但是出阁讲学，他又必须具有太子的名义，否则就是名不正言不顺。问题迫在眉睫，所有的京官集体向文渊阁的四个大学士施加压力，要求他们运用自己的声望，促使万历册立常洛为太子。于是，以申时行为首的四个大学士向皇帝提出了辞呈，理由是他们无法向百官交代①。皇帝当然也不能接受他们的辞呈，因为他们一去，就不再有人敢接受这个首当其冲的职位。

　　于是皇帝宣布，他无意于废长立幼，但是他不能接受臣下的要挟。他说，如果一年之内廷臣不再以立储一事打扰他，他可以在1592年立常洛为太子。如果再有人以此纠缠，立储就要延后。在这一妥协的条件下，各位大学士才回到文渊阁继续办公。

　　在这一年里，群臣遵照万历的意见不再以立储相催促，但却都感到了气氛的沉重。也有很多人怀疑申时行已经为皇帝所利诱，而在运用他的声望引导京官，使他们拥护常洵。1591年春天，万历打算授予申时行以太师，这是文官的最高职衔，即使是张居正，也只是在临死前才得到了这样的荣誉。申时行坚决辞谢，万历又提议赐给申时行以伯爵的俸禄，这也是没有前例的。申时行又一次极其惶恐地声称他没有功德可以接受这样的恩赐。以上的提议虽然都没有成为事实，但是已经使申时行感到窘迫②。

　　这种特殊的宠信使别人因羡生妒，给他执行皇帝和百官的联络职务增添了困难。申时行纵然以长厚著称，但官员们决不会愿意这个位极人臣的首辅再立下拥立太子的新功。就在这时候，他又成为舆论攻

---

　　①　《神宗实录》页4212、4216、4219、4225~4233、4236~4243。

　　②　《神宗实录》页4274、4319。

击的对象。那一年的阳历9月，福建佥事李琯参劾首辅，说申时行主持的大峪山陵寝工程出了问题，按照他的情报，地基内已有水涌出①。这位远在数千里外的地方官，冒着丢掉前程的危险来参劾首辅，其目的不外乎公开警告申时行：你虽然深得皇帝的信任，但是文官集团仍然有足够的力量动摇你的地位，如果你不对全体文官负责的话。这位上书言事的官员在事后被革职为民，但在文官们看来，这种牺牲绝不会是没有意义的。此人既已博得了忠臣的名声，而他的计算如果正确，他日复职加官，也是意中之事。

阳历10月，工部的一位官员因为皇帝允诺的册立太子的期限在即，立储大典的各项开销理应由他负责筹备，他就编造预算，呈请皇帝批准。皇帝的朱批使全体文官为之瞠目咋舌。朱批说，他早已声明不准臣下在一年之内催促他立储，这个工部官员借编造预算为名而行催促之实，这就是违反了他的命令，而他也就必须按照声明中所说的那样，把立储延后②。这种故意的节外生枝不禁使群臣深感忧虑，人君如此缺乏诚意，他将用什么来维持威信，统治国家？于是他们联名奏请皇帝收回这一朱批，并希望他亲口许诺的明春立储一事能付诸实现。因为申时行正在病中，内阁大学士的联名呈请，由二辅许国执笔。但这份奏章仍然由申时行领衔。

这一大规模的抗议使龙心赫然震怒。申时行获知皇帝的反应，立即呈上一份揭帖，说明内阁的联名奏章虽然列上他的名字，他事先却并未与闻。被孤立的皇帝亲自在朱批中感谢申先生对他的忠爱之忧。事情本来可以在这里结束，因为大学士的揭帖系秘密文书，经过御览以后向例是退回本人而不公布的。但是这一揭帖偏偏为许国所截获，他就毫不客气地送交给事中办公室抄录公布。申时行立刻向给事中索回原件不准公布，但其内容已经在文官中传遍，而且这种索取已发

---

① 《神宗实录》页4419～4420。
② 《神宗实录》页4440～4441。

科抄写的文件也属违背成宪。

这样重大的事件逼得当时值日的给事中参劾申时行,参劾的措辞还十分严厉,说他"遁其辞以卖友,秘其语以误君。阳附群众请立之议,阴缓其事以为内交之计","陛下尚宽而不诛,高庙神灵必阴殛之"。这意思说,申时行是一个十足的两面派和卖友误君的小人,即使皇上不加处罚,洪武皇帝的神灵也会对他加以诛戮的①。

万历皇帝开始并没有体会事情的严重性。他降旨勒令这个给事中降级调往外省,并命令申时行照常供职。申时行准备遵旨回到内阁,然而文官们的情绪已经如火如荼,不可遏止,一个接着一个递上了参劾申时行的本章。很明显,申时行无法抵御这些道德上的控诉,他的威信已经扫地以尽,再也无法取得同僚的信任。这种局势一经明朗,他除了辞职以外,别无他途可供选择。在这种情况下,皇帝的慰留也无济于事。要是再恋栈不去,他就必然成为张居正第二。

在听任申先生离职之前,皇帝不能没有必要的措施以重振自己的权威。那个发难参劾申时行的给事中由降级外调而加重为革职为民。这是因为他受到了文官的表扬,而要皇帝收回处罚他的成命;而在皇帝那里,虽然无法挽留群臣所不齿的大官,却必须表示有能力斥退他们所欣赏的小官。其次轮到了二辅许国。多年来他和申时行在表面上似乎同心协力,这一事件暴露了他对申时行的妒忌,而他故意公开申时行的秘密揭帖,说明了他的秉性并非忠厚,这种人自也不应在御前担任要职。由此,许国也被参劾,皇帝批准他"回籍调养"。两天以后,皇帝才接受了申先生的辞呈。

在这一场悲剧性的冲突之中,没有人取得胜利。立储一事竟惹起了如许风波,使两个大学士相继离职。既然如此,即使是最激烈的人也不便立即再提起此事,因为怕把事情弄僵而不可收拾。万历也很清

---

① 《神宗实录》页 4451~4454、4457~4458、4461~4463。《明史》卷 218 页 2526 所摘述大致正确。申时行自己的解释,详《赐闲堂集》卷 40 页 9。

楚，无论他多么宠爱郑贵妃和常洵，这废长立幼一举决不会被廷臣所接受，如果公开坚持自己的主张，最后势必引起大规模的流血，这是与他所崇奉的佛教宗旨相违背的，而且流血之后也未必就能如愿以偿。基于双方的这种考虑，就形成了暂时的僵持局面。

在处理立储这个问题上，万历犯了很多错误。他的第一步是册封郑氏为皇贵妃，位于皇后之下而在其他妃嫔之上。子以母贵，常洵超越常洛而立为皇储，就可以顺理成章。然而在绝大部分文臣看来，这是以幼凌长，自然不合于伦常之道。

万历本人也同样找不到充分的理由以公开自己的意图，他只能找出种种借口来拖延。第一个借口是常洛年纪太小，经不起各种典礼的折磨，第二个借口就是上面所说的立储大计属于皇帝的职权，不容许任何人加以干扰逼迫。在和廷臣往来争辩之际，他又突然别作心裁，同日册封三个儿子为王而不册封太子。臣僚们不接受这个办法，他又找出了第三个借口，即皇后年纪尚轻，仍有生育的可能；如果皇后生下儿子，那就是当然的太子而用不着任何争议了。这种种借口既表明了他缺乏信用，也暴露了他没有气魄，因而官员们的抗议也绝不会就此偃旗息鼓①。

这种僵持的局面，应该看作本章一开始所说的"宪法危机"，因为僵局之不能打破，原因不在于法律。法律的问题始终没有被人提起，即皇帝如果一定要废长立幼，他并不是找不到理论上的依据。假如我们的帝国真正能够实行法治，而继承皇位这个问题又由一个具有独立性的法庭来作出判决，那么皇帝委托律师根据成文法和不成文法来作辩护，他是很有胜诉的可能的。

第一，常洛并不天生即具有继承大统的权利，他的几个弟弟也同样没有这种权利。皇帝的儿子在被册封以前统统没有名义，否则就用

---

① 除本章的叙述外，尚可参看《神宗实录》页4457～4470、4777～4781、4787～4788、4949～4953、4957～4959、4963～4968、4982～4985、6765、6772、6787、6789。

不着特别举行封太子或封王的典礼了。第二,立长而不立幼,只是传统的习惯而不是强制性的法规,这在永乐登极之后更为明显。他以太祖洪武皇帝第四子的身份,用"清君侧"的名义,从他的侄子建文皇帝手中夺得了皇位而根本不考虑他的二哥和三哥两房的优先继承权。所以在二百年之后还要坚持继承皇位必须按出生次序,就等于否定了永乐皇帝的合法性①。第三,根据太祖洪武皇帝的规定,嫡子有继承皇位的优先权,可见皇子的地位决定于其母亲的地位,而出生年月乃属次要。常洛之母为恭妃,常洵之母则为皇贵妃,前述子以母贵的原则在祖训前仍然大可商酌。第四,如果万历非立常洵不可,他还可以废去孝端皇后而立郑氏,使常洵成为名正言顺的嫡子。在本朝历史上,宣德、景泰、成化、嘉靖四朝都有废后之举而并未因此发生政治波澜②。

为什么万历在这个问题上没有采取更为强硬的立场,例如坚决地公开宣布他的主张,而且一口咬定立储大计属于他的权力范围,不容旁人置喙,而且进一步以意图不能实现即自动退位作为威胁,这都已经无法找到答案了。也许有一条理由可以作为解释,即本朝不是以法律治理天下臣民,而是以"四书"中的伦理作为主宰。皇帝和全国臣民都懂得父亲对儿子不能偏爱,哥哥对弟弟负有教导及爱护的义务,男人不能因为宠爱女人而改变长幼之序。正因为这些原则为天下人所普遍承认,我们的帝国才在精神上有一套共同的纲领,才可以上下一心,臻于长治久安。如果仅仅凭法律的条文作为治国的依据,则我们立国的根本就成了问题,一千多个县令也很难以父母官的身份领导他治下成千成万的庶民。所以,万历要弃长立幼的企图,纵使在法律上有可以左右迁就之处,但在坚持传统观念的臣僚心目之中,却早已不直于纲常伦理。臣僚们从来没有听说法律的施用可以与圣贤的教导相违,即使是皇帝也不得不承认这一点。在这样强大的道德和舆论的

---

① 《皇明祖训》页 28。
② 《明史》卷 113 页 1472、1475、卷 114 页 1481。

压力之下,他在公开场合不得不发表违心之论,否认他有弃长立幼的企图。

心里的愿望难于实现而且无法明言,同时又缺乏可以密商的智囊人物,从此他就成了一个孤独的君主。他很想把内阁大学士拉到自己这一方面来,但也不敢公然出口。而事与愿违,历届的首辅都以群臣的发言人自居,不断地催促皇帝按长幼之序册立常洛为太子。催促无效,首辅只能引咎自责,挂冠而去。这样一来,做皇帝的不得不应付几个个性完全不同的首辅,应付几种不同方式的催促,因而搜索出来的理由就前后不能一致,从而使人更清楚地感觉到他确实缺乏诚意。

虽然形势对他十分不利,他仍然不放弃他的愿望。臣僚们纷纷猜测,究竟是皇帝受到了郑氏的逼迫,以致一意孤行,还是他想用拖延的办法,等待皇后自然地死去?孝端皇后的健康情况据说极有问题,如果一旦不讳,皇贵妃郑氏递补而为皇后,就足以使任何人找不到根据加以反对。但是孝端皇后偏偏不肯合作,她带病延年,仅仅比皇帝早死四个月。而这时由于众意难违,万历早已屈服,常洛被封为太子已经二十年了。

分析上述问题,还有一个因素不能排除,就是在万历登基以后,虽然坐在他祖先坐过的宝座之上,但他的职责和权限已经和他的前代有所不同。他的祖先,一言一行都被臣下恭维为绝对的道德标准,而他却是在他的臣僚教育之下长大的。他的责任范围乃是这群文臣们所安排的,他的感情更需作绝对的抑制。这前后不同之处尽管在形式上含蓄,实质上却毫不含糊。原因是开国之君主创建了本朝,同时也设立了作为行政工具的文官制度,而今天的文官却早已成熟,他们所需要的只是一个个性平淡的君主作为天命的代表,其任务就是在他们的争端无法解决时作出强制性的仲裁。他们要求这位守成之主与日常的生活隔绝,在仲裁争端中不挟带个人的嗜好和偏爱以引起更多的纠纷。坦率地说,就是皇帝最好毫无主见,因此更足以代表天命。这种关系,已经由万历的曾叔祖弘治做出了榜样。弘治皇帝愈是谦抑温和,听凭文臣们的摆布,文臣们就愈是称颂他为有道明君。

这样的一个皇帝,实际上已经不是国事的处置者,而是处置国事的一个权威性的象征。他应该做到寓至善于无形。如果他能够保持感情与个性的真空,经常演习各种礼仪,以增强抽象的伦理观念,他就和上述要求恰相符合。

多少年来,文官已经形成了一种强大的力量,强迫坐在宝座上的皇帝在处理政务时摈斥他个人的意志。皇帝没有办法抵御这种力量,因为他的权威产生于百官的俯伏跪拜之中,他实际上所能控制的则至为微薄。名义上他是天子,实际上他受制于廷臣。万历皇帝以他的聪明接触到了事情的真相,明白了自己立常洵的计划不能成功,就心灰意懒,对这个操纵实际的官僚集团日益疏远,采取了长期怠工的消极对抗。

1587年以后的内外形势并不平静,杨应龙在西南叛变,哮拜在宁夏造反,日本的关白丰臣秀吉侵占朝鲜,东北的努尔哈赤在白山黑水间发难,但内外兵事都没有像建储一事能在廷臣中引起这么多的纷纷扰扰。两万名身穿锦袍的文官所最关心的,乃是今上皇帝一旦宫车晏驾,谁将继他登上宝座。即使在常洛封为太子、常洵去河南之国之后,事情仍然没有结束。那位掩袖工谗的郑氏日夜挨在皇帝身旁,谁敢担保情况不起变化①? 因之有的忠耿之臣就慷慨陈辞,请求皇帝不要好色,自古以来,美人就是引诱人做坏事的一种因素②。跟着就是谣言蜂起,有的绘声绘色地描述了宫闱中已产生了各种阴谋。有人说,在宫中发现了木刻的偶像。人们普遍相信,如果一个精于巫术的人每过七天给这个偶像插上一根针,偶像所模拟的人就会病入骨髓,百药罔效。

---

① 谢国桢著《党社运动考》页21就提到过这一问题。王锡爵一疏也认为咎在郑氏,见《神宗实录》页4957。

② 雒于仁一疏具有代表性,见《神宗实录》页4086、4098。

难道贵妃郑氏真想用这种方法置常洛于死命？更令人不安的是据说还发现了皇帝和皇后的偶像。

在惶惶不安的气氛中，又出现了一件奇特的事情。有一个大学士沈鲤，在文渊阁的大门旁边竖立了一块木板，上面写着十项做官的戒律。每天上班的时候，他就站在牌前低声诵读，念念有辞。不久，宫中就传遍了沈阁老的谣言，据说他在一块写有怪字的木牌前面施法诅咒。皇帝十分惊奇，叫人把木牌取来过目，看过之后随即斥责宦官胡说八道，无事生非①。

有些谣言还记录于史书。比如说恭妃王氏是一个年长的女人，在和万历邂逅相遇的时候就已经消失了青春。此后她又一目失明，所以不能继续得到皇帝的宠爱。另外一个故事则说是万历病重，自度即将不起，有一天一觉醒来，发现恭妃王氏的胳臂正枕在他的脑袋下，脸上的泪痕未干，而贵妃郑氏则无影无踪②。还有一个故事提到了常洛的祖母慈圣太后。她反对皇帝弃长立幼的企图，为此和他作了一次专门的谈话③：

皇太后："如果你真要这样做，你将何以向天下臣民交代？"

皇帝："这容易。我只要说他是一个宫女的儿子就可以了。"

皇太后："你不要忘了，你自己也是一个宫女的儿子！"

这些捕风捉影的故事在当日不仅口耳相传，而且刊诸枣梨，印成书籍。关于王氏和万历相遇时的年龄问题，在四个多世纪以后定陵的发掘中才得到澄清，因为墓志上清楚地记载着她的出生年月，据此，她和万历相遇的那一年刚刚十六岁，万历则是十八岁。

木板印刷的发达不仅使这些书籍大为流行，而且还使一些不署名

---

① 《明史纪事本末》卷 66 页 718、卷 67 页 743~746。

② 参看《明史纪事本末》卷 67 页 775。这一类传闻或出杜撰，但史书中多加记载，如《明史》卷 114 页 1483 就说王氏"初为慈宁宫人，年长矣。帝过慈宁，私幸之，有身"。

③ 《先拨志始》页 2；《明史》卷 114 页 1483。谢国桢著《党社运动考》卷 17 页 19、孟森著《明代史》页 292 均曾引用。

的传单和署假名的小册子不断出现。这些传单和小册子增加了北京城内的紧张气氛，使每一个人都程度不同地卷进了这个继承大统的漩涡里。有一张传单，即所谓"妖书"，竟公然声称太子不久就要被废，福王将奉召回京正位东宫，并且指出这一阴谋的参与者及其全部计划①。皇帝命令东厂锦衣卫严密侦缉妖书的作者，致使整个京城为之震动，不仅名列书中的人惊恐万状，其他无关的人也不免惴惴不安。

对文官集团而言，常洛和常洵的争执，不过是把他们早已存在的冲突更加带上了感情色彩而已。就算是没有郑贵妃，也没有东林党，文官集团中的彼此隔阂和对立，已经达到了相当严重的地步。要探究它的根本，可以追溯到本朝创建之初。

历史学家似乎很少注意到，本朝以诗书作为立政的根本，其程度之深超过了以往的朝代。这在开国之初有其客观上的可能。洪武皇帝大规模地打击各省的大地主和大家族，整个帝国形成了一个以中小地主及自耕农为主的社会②。朝廷又三令五申，厉崇俭朴，要求文官成为人民的公仆。在这种风气之下，人们心里的物质欲望和嘴上的道德标准，两者的距离还不致相差过远，充其量也不足以成为立政上的障碍。

当张居正出任首辅的时候，本朝已经有了两百年的历史。开国时的理想和所提倡的风气与今天的实际距离已经愈来愈远了。很多问题，按理说应该运用组织上的原则予以解决，但事实上无法办到，只能代之以局部的人事调整。

这种积弊的根源在于财政的安排。在开国之初，政府厘定各种制度，其依据的原则是"四书"上的教条，认为官员们应当过简单朴素的生活是万古不变的真理。从这种观念出发而组成的文官集团，是一个

---

① 《明史纪事本末》卷 67 页 743；谢国桢著《党社运动考》页 21；孟森著《明代史》页 293；《明代名人传》页 210。

② 参看吴晗著《朱元璋传》，《明代名人传·朱元璋》。

庞大无比的组织,在中央控制下既没有重点,也没有弹性,更谈不上具有随着形势发展而作调整的能力。各种技术力量,诸如交通通讯、分析统计、调查研究、控制金融、发展生产等等则更为缺乏。一个必然的后果,即政府对民间的经济发展或衰退,往往感到隔膜,因之税收和预算不能随之而增加或减缩。

财政上死板、混乱与缺乏控制,给予官员的俸禄又微薄到不合实际①,官员们要求取得额外收入也就是不可避免的了。上面说过的地方官的"常例"是一种普遍的不成文制度。亦即在规定的税额以外抽取附加税:征收白银,每两附加几分几厘,称为"火耗";征收实物,也要加征几匹几斗,称为"耗米"、"样绢"。除此之外,一个地方官例如县令,其家中的生活费用、招待客人的酒食、馈送上司的礼物,也都在地方上摊派②。对这种似合法非合法的收入,中央听之任之而又不公开承认。在各地区之间,这种收入则漫无标准,因为一个富裕的县分,税收上稍加几分,县令就可以宦囊充裕,而一个贫穷的县分要征收同样的数字,则已是极为暴虐的苛政了。这些情形使得所谓操守变成毫无实际意义。

更难于判断的是京官的操守。他们没有征收常例的机会,而全靠各省地方官以礼仪为名所赠送的津贴。银两源源不断地流入北京,尤其是在考核地方官的那一年为数更多,这就无怪乎那位独立特行的海瑞要称这种年头为京官的"收租"之年了③。考核者既然接受了被考核者的津贴,还哪里谈得上一切秉公办理呢?

财政上的情况既是如此,在文官体制上,普遍使人感到困难的是各级地方官都没有实际力量足以应付环境的变化。他们没有完全驾

---

① *Taxation and Governmental Finance* pp.315—316,321.

② 参看 *Taxation and Governmental Finance* p.152,185,219,235.这些办法到清代仍被沿用,称为"陋规",见瞿著 *Local Government* p.26.

③ 《海瑞集》页40。

驭下级的能力,因为各人自抽"常例",即下级也拥有财政权;人事权则集中于北京,对下级的升降奖罚,上级只能建议而无法直接处理。

体制上有欠周全,文官集团更需要用精神力量来补助组织之上的不足。这有本朝的历史记载为证。那些孔孟的信徒,在一旦需要的时候,可以不惜牺牲以完成任务。有的文官从来没有受过军事训练,却可以领导仓猝集合的民兵固守孤城,最后杀身成仁;有的文官不顾溽暑疫疾,和民夫同饮食、共起居,在洪水的威胁下抢救危险的河堤。这些好处当然不应抹杀,然则它们带有冲动性质,也多个人成分,而且常常和紧急情况一起出现。一个具有高度行政效率的政府,具备体制上技术上的周密,则不致接二连三地在紧急情况下依赖于道德观念作救命的符箓。说得严重一点,后者已不是一种好现象,而是组织机构违反时代,不能在复杂的社会中推陈出新的结果。

这种局面不打破,文官的双重性格发展得越来越明显,这也是精神与物质的分离。一方面,这些熟读经史的人以仁义道德相标榜,以发挥治国平天下的抱负为国家服务,以自我牺牲自许;一方面,体制上又存在那么多的罅隙,给这些人以那么强烈的引诱。阴与阳的距离越来越远,找出一个大家都同意的折衷办法也越来越困难。

以张居正的精明干练,他没有能解决这个问题。他的十年首辅生涯,仅仅刚把问题看清楚。他的一套改革办法使文官们感受到极大的压力而不能成功,而且招致了死后的被清算。申时行不得不把目标降低。他所说的"使不肖者犹知忌惮,而贤者有所依归",就表现了他调和这阴阳两极的方针。他无意于鼓励不法,但也不能对操守过于认真。1587 年京察之放宽尺度就是这种宗旨的具体说明。在他看来,嫂子已经掉进水里,决不能再像平常一样保持远距离的尊敬,而需要"援之以手"了①。

---

① 《国朝献征录》卷 17 页 155~156;《澹园集》卷 18 页 6。

就算是降低了标准,申时行也没有能达到目的。有一些自命为体现正气的年少新进,坚持"四书"中所教导的伦理观念,对1587年京察的做法表示了极大的不满。其中有一个顾宪成,所提出的抨击尤为尖锐。他和他的志同道合者决心要检举缺乏能力和操守的官员,而不惜重新撕破申时行所苦心缝补的破绽。申时行的对付办法就是把他调往外省①。

所以,在立储问题还没有对京官形成普遍压力的时候,他们的内部关系已经十分紧张了。张居正的强迫命令固然失败,申时行的调和折衷也同样没有成功。在北京的两千多名文官中间,存在着对伦理道德和对现实生活的不同态度,互相顾忌而又互相蔑视。有的人出身寒微,把做官看作发财致富的机会;有的人家境丰饶,用不着靠做官的收入维持生活,自然就不会同意和允许其他人这样做。"四书"中的原则,有的人仅仅视为具文,拿来做职业上的口头禅,有些人却一丝不苟,身体力行。另外有一些人彷徨于上述两者之间;也有一些人由于人事的牵涉参与了对立的阵营。

文官之间的冲突,即使起因于抽象的原则,也并不能减轻情绪的激动。一个人可以把他旁边的另一个人看成毫无人格,他的对方也同样会认为他是在装腔作势地用圣贤之道掩饰他的无能。而眼前更为重要的是,立储一事绝不是抽象的原则,而是关系到文官们荣辱生死的现实问题:因为,凡是皇帝的继承权发生争执并通过一场残酷的冲突以后,胜利者登上皇帝的宝座,接着而来的就是指斥对方伪造先帝的旨意或是暴戾无道;因为九五之尊必有天命和道德做背景。如果不经过这一番左右舆论的工作,自己的胜利就不能名正言顺。而他手下的拥戴者,也总是要请求新皇帝以各种凶狠的手段加之于他们的对方,才能顺逆分明;自己流芳百世,政敌则遗臭万年,各有分晓。这种

---

① 《春明梦余录》卷34页55;谢国桢著《党社运动考》页31;《明史》卷220页2546、卷231页2647;《神宗实录》页3432~3435;《明代名人传》页739。

情形,在本朝的历史上至少已经发生过两次。

　　第三个登上皇位的永乐皇帝,众所周知,是用武力夺取了侄子建文皇帝的江山。在起兵的时候,他就大肆制造了洪武皇帝本来要传位于他、建文皇帝只是矫诏嗣位的说法。功成之后,他又大批杀戮了拒绝拥戴他的廷臣和他们的家属①。第六代正统皇帝,在和蒙古瓦剌部落作战的时候被对方俘虏。廷臣和皇太后商量之后,拥立他的异母弟登基,是为景泰皇帝,俾使瓦剌不能以当今天子被其拘禁而作为谈判的要挟。最后瓦剌由于无利可图,只好把正统皇帝送回北京。一个国家不能同时存在两个皇帝,于是正统被称为太上皇,表面上在南宫优游岁月,实则乃系软禁。七年之后,拥戴太上皇的夺门复辟成功,改称天顺。功成之后,拥立景泰的臣僚受到了残酷的对待。被戮于西市的,就有功劳卓著的兵部尚书于谦②。

　　1587 年表面上平静无事,可是很多文官已经预感到如果皇储问题得不到合理解决,历史的惨痛教训必然会在他们身上重演。今天无意中的一言一语,一举一动,将来都可以拿来当作犯罪的证据。就算他们谨慎小心,缄口不言,也可能日后被视为附逆,未必一定能明哲保身。然而并不是所有的人都害怕这样的危险,有的人却正好把这危险看成表现自己刚毅正直的大好机会。即使因此而牺牲,也可以博得舍生取义的美名而流芳百世。因此,除了接二连三地递上奏章以外,他们还刻印了富有煽动性的小册子和传单,闹得北京城沸沸扬扬。

　　万历在他御宇的后期,已经清楚地看到自己不能避免历史的指责。他与臣僚不和,同时又是一个不负责任的君主,这已成为定案。既然无意于做积极有为的君主,现实又无可逃遁,他只能消极无为。然而由于他的聪明敏感,他又不能甘心充当臣僚的工具,所以即使消极,他仍然顽强地保持着自己的性格。

―――――――――

①　参看《明代名人传·朱棣》。
②　参看《明代名人传·朱祁镇、朱祁钰》。

身为天子的万历,在另一种意义上讲,他不过是紫禁城中的一名囚徒。他的权力大多带有被动性①。他可以把他不喜欢的官员革职查办,但是很难升迁拔擢他所喜欢的官员,以致没有一个人足以成为他的心腹。他对大臣们的奏折作出决断,可以超出法律的规定,但是他没有制定法律的力量。官僚之间发生冲突,理所当然地由他加以裁夺,但是他不能改造制度以避免冲突的发生,而且他裁夺的权威性正在日益微弱,因为他被臣下视为燕安怠惰。各边区的军事问题必须奏报皇帝,但是皇帝自己不能统率兵将,在平日也没有整顿军备的可能。他很难跨出宫门一步,自然更谈不上离开京城巡视各省。连这一点选择的自由都没有,居于九五之尊还有什么趣味?

大小臣僚期望他以自己的德行而不是权力对国家作出贡献。但是德行意味着什么呢? 张居正在世之日,皇帝在首辅及老师的控制下作为抽象的道德和智慧的代表,所谓德行大部分体现于各种礼仪之中。他要忍受各种礼仪的苦闷与单调,这也许是人们所能够理解的。但几乎很少有人理解的乃是他最深沉的苦闷尚在无情的礼仪之外。皇位是一种社会制度,他朱翊钧却是一个有血有肉的个人。一登皇位,他的全部言行都要符合道德的规范,但是道德规范的解释却分属于文官。他不被允许能和他的臣僚一样,在阳之外另外存在着阴。他之被拘束是无限的,任何个性的表露都有可能被指责为逾越道德规范②。

在他的母亲慈圣皇太后去世以后,礼部立即郑重制定了丧仪,宣布全国居丧二十七日,臣民全部服丧,帽子上缠以白布。全部京官一律披麻戴孝,不许穿着朝靴而代之以草鞋,摘去纱帽的两翅而代之以

---

① 这一点似乎尚未引起历史学家的注意。读者如查阅全部《神宗实录》并特别注意万历与申时行的对话,当可得出这一印象。

② 参看本书第一章关于张居正不令其研习书法、第四章申时行劝谏其停止内操的叙述。

两条下垂至肩的白布。大小寺院鸣钟三万响,昼夜不息。三日之内,四品以上的官员及其夫人分批整队前去慈宁宫举行礼仪上的号哭,号哭十五次,全部人员的动作协调,一哭皆哭,一止皆止,有如交响曲①。

人们看得很清楚,慈圣太后之被隆重追悼,并不是因为她个人引起了如此广泛而深沉的哀思。她不过是一个形式上的代表,她的丧仪象征了全国臣民怀念慈母的养育之恩,也表现了他们对皇室的忠悃。不难想象,这些官员和夫人在号哭完毕以后回到家里,由于为这隆重的丧仪所感染,势必要对长者更为孝敬,而全国的风俗乃能更为淳厚。然而万历皇帝却早已丧失了这样的信心。他已经把一切看透,仪式典礼只会产生更多的仪式典礼,作为全国的表率,他又必须在每一种仪式中使用全部精力去表现他的诚意。他在过去的生活里付出的精力已经太多了,他已经不再有周旋应付的兴趣,所以他以近日偶患湿毒,敷药未愈,行走不便作为理由,免除了自己应该在众目睽睽之下参加的繁文缛节②。但这并不等于说皇帝有亏孝道,根据当日居留在北京的外国教士记载,皇太后入殓时的一切细节,都出于万历的亲手安排③。

把传统上规定的天子职责置之不顾,时日一久,万历懒惰之名大著。有的历史学家认为他的惰性来自先天,也有历史学家则怀疑他已经染上了抽鸦片的嗜好。这些历史学家所忽略的是下面这样的琐事:万历既已免去了自己参加典礼的麻烦,却在用一些更为无聊的方法在消磨时光。每当天气晴和,他一高兴,就和宦官们掷银为戏。他自己做庄家,宦官把银叶投向地上画出的方形或圆形之中,得中者取得加

---

① 《神宗实录》页9746;Samedo,*History*,pp.78–84;Gouveia,《笔记》第17章。

② 《神宗实录》页9758。

③ 当时的神父 Diego de Pantoja 和 Sabatino de Ursis 曾向朝廷致唁,详 Gouveia《笔记》第203节。专家相信 Samedo 和 Gouveia 根据同一的原始资料,可能是 1614 年的 Carta Annua。对这一问题作深入的研究,当参阅葡萄牙 Ajuda 图书馆所藏文件及罗马天主教的档案。

正德皇帝是万历的叔祖,中国"欢乐的君主"。他喜欢微服出行,沉湎于爱情冒险。

倍或三倍的偿还,不中者即被没收①。这种细碎的事情表现了一个喜欢活动的人物具备着充沛的精力,但又无法用之于作出积极的创造。皇帝的这种苦闷乃是历史的悲剧。

难道说守成之君就无法改造这些凝固了的制度、改造皇帝的职权进而改造他的帝国?似乎也不尽然。在万历之前,他的叔祖正德皇帝曾经试图这样做过。两人之间相隔约有半个世纪,正德的所作所为,对万历自然不是没有影响的。

正德在 1505 年即位的时候还不满十四岁。他有超人的胆量、允

① 与宦官掷银为戏,见《酌中志》卷 16 页 115。关于万历吸食大烟,对此问题作考证的有邓之诚《中华二千年史》和黎东方《细说明朝》。但笔者从未在原始资料中发现这方面的记载。这一问题关系到医药史,需要慎重对待。

分的好奇心、丰富的想象力。这样的人作为守成之君,可谓命运的错误安排。正德没有对传统屈服,他有他自己寻欢作乐的办法,而且我行我素,毫不为臣僚的批评所动摇。与书呆子作对,也许正是他引以自娱的办法①。

正德登极未逾两年,他就搬出紫禁城,不再受宫廷内部清规峻律的限制。他新建的住宅名叫"豹房",坐落于皇城中空旷之处,中有精舍、猎房及俱乐部。从此,他就在宦官、倡优、喇嘛以及异域术士的包围之中②。如果兴之所至,他也偶然临朝或出席经筵,但更多的兴趣则在于游猎。有一次,他亲自训练老虎,为虎所伤,幸赖亲信江彬的救援才得免于难③。

江彬之见信于正德,也在于他的大胆和机警。他身上有箭痕三处,其中有一处穿过面颊直到耳根。1512 年,经过皇帝的面试,他就受到宠信,甚至和皇帝形影不离。过去正德已经在皇城里练兵,自从得到了江彬这样英勇的军官作为侍从,操练就更形频繁与正规化。士兵们被分成两营,皇帝亲自率领宦官组成的士兵为一营,江彬率领从边镇中精选的将士另为一营。部队的服装也与众不同,鲜明的铠甲上系以黄色的围巾,遮阳帽上插天鹅的翎毛,这些都增加了士兵们威武飒爽的气概④。

正德皇帝整天忙于练兵,夜间则在豹房和各式各样的人物玩乐。对朝廷上文臣和宦官的冲突,他采取听之任之的态度。在他看来,这种争端是无可避免的,更何况处理这些事情并不是他的专长⑤。

最富有冒险性的事迹发生在 1517 年。当时鞑靼小王子伯颜猛可

① 参见《明史》卷 16 页 113,《皇明经世文编》卷 53 页 5,《细说明朝》页 293。

② 《武宗实录》页 742、1981、2807;《明史》卷 307 页 3471。

③ 《武宗实录》页 2348、2807、3471、3473、3960。

④ 《武宗实录》页 2027;《明史》卷 186 页 2172、卷 307 页 3471。

⑤ 《明史纪事本末》卷 43;《明史》卷 304,《皇明经世文编》卷 97 页 7~8、卷 113 页 9~11。

屡屡犯边,这一年又率领五万骑兵入寇,围困了本朝一营官兵。皇帝准备御驾亲征,借此体会战争的实况,并且检验几年来练兵的成效①。文官们对这一惊人之举竭力阻挠,首先是一个视察长城的御史不让他出关。这样的事情很容易解决,他随即下令解除这个御史的职务而代之以一个宦官。他出关之后采取了同样的办法,即不让任何文官出关。前后四个月,北京的臣僚几乎和皇帝完全失去联络。送信的专使送去极多的奏本,但只带回极少的御批。

当皇帝得胜回朝,一个戏剧性的场面出现了。他在事前命令宦官打开仓库,取出各种绸缎遍赏百官,要求他们尽一昼夜之力制成新的朝服接驾。由于过于仓猝,文武官员胸前的标志弄得混乱不堪。原来颁赏给有功的大臣的飞鱼、蟒袍等特种朝服,这时也随便分发。官员们所戴的帽子,式样古怪,出于皇帝的亲自设计。接驾的仪式也来不及订出详细的规定并事先演习。陈列在大道两旁、歌颂御驾亲征取得伟大胜利的标语布幔,因为皇帝自称"威武大将军朱寿",官员们只能照写上款,并且不敢在下款称臣。偏偏上天不肯作美,那一天雨雪霏霏,百官鹄立直至夜晚,才看到皇帝在无数火把簇拥之下骑在栗色马上安然驾到。皇帝在城门口下马,接过首辅奉上的酒杯一饮而尽,然后驰马赴豹房休息,百官则依旧狼狈地踯躅于泥泞的街头②。

皇帝把俘获的武器装备陈列于宫门之前作为战胜的实证。宫中的银作局特制了纪念这次不世之功的银牌,上附各色彩带。但是他的兴致丝毫也没有带给廷臣以鼓舞。翰林院全体官员拒绝向他祝贺,有的监察官责备自己失职而要求解职归田③。虽然前方官军的围困因为

---

① 正德亲征伯颜猛可,见《明史》卷16页114、卷215页3762,《武宗实录》页2937、2951、2968、2970。两军交战于1517年10月18日。正德自称亲手格杀蒙古兵,见《武宗实录》页3030。《明代名人传·伯颜猛可》的有关叙述与《武宗实录》页2969~2970所载不符。

② 《武宗实录》页3028~3030。

③ 《武宗实录》页3035~3042。

御驾亲征而得以解除,而且终正德一朝,小王子也没有继续入侵,但是持怀疑态度的文官却坚决不承认这次胜利。他们强调说,我军伤亡达六百人,而鞑靼却仅仅有十六人战死①。

1518 年秋天,正德皇帝要求大学士草拟敕旨,命令"威武大将军朱寿"再次到北方边区巡视②。对这项命令,四位大学士都不肯接受。其中有一位匍匐在地,泪流满面,说是宁可任凭皇上赐死,也不能做这种不忠不义的事情。正德对大学士的抗议置之不理,一切仍然按照原来的安排进行。在征途中,他又降下敕旨,封自己为镇国公,岁支俸米五千石。五个月之后,他又再次加封自己为太师。至此,他就成了他自己手下最高级的文官,位居大学士之上③。

第二次的御驾亲征,由于鞑靼始终避免接触,虽然大肆搜索仍然找不到敌人的踪影,只能无功而返,在 1519 年春天回到京城。这九个月之中,廷臣的抗议先是数以十计,然后是数以百计。廷臣剀切地陈奏,京城无主,随时可能发生变乱。两位大学士提出质问说,陛下放着好好的皇帝不做,而自我降级为公爵,如果追封三代,岂非要使先皇三代同样地降级?首辅的抗议更为直率,他质问说,所谓威武大将军朱寿究竟是何人?如果并无此人,就是伪造圣旨,依法当处死刑④。

对这些谏劝与抗议,正德依然不加理睬。他的性格过于放纵而又具有充分的自信,他的不拘小节已经和这些书呆子的观念距离得过分遥远,以致再也无法调和。他喜欢和臣下混在一起饮酒玩乐。一个女人如有情趣,那么不论她过去是娼妓、已经结婚或正在怀孕都毫无妨碍。在他的巡视途中,他和臣僚上下不分,以致巡抚在设宴时,他的席

---

① 关于明军在是役的损失,《武宗实录》页 2970 记:"死者五十二人,重伤者五百六十三人。"《明史》卷 307 页 3471 记:"死者数百人。"

② 《武宗实录》页 3151、3463;《明史》卷 190 页 2220;《国朝献征录》卷 15 页 10、51。

③ 《武宗实录》页 3215、3305。

④ 《武宗实录》页 3160~3161、3198、3208;《明史》卷 190 页 2220。

位竟没有筷子。事情发觉以后,臣僚们惶恐不已,他却认为不过是个笑话。有多少次他扔下饰有皇帝标志的专车专舆不坐,而去和别人挤在一部民用大车上。在他为祖母举行丧礼的时候,他看到地上满是泥水,就下令臣僚们免予磕头。但是他的好心肠并没有使所有的廷臣感激,有一位翰林院修撰因为没有机会在泥水中挣扎以表示对皇室的忠诚,就在事后写了一封奏折,引用孔子孟子的教训和皇帝辩论孝道。这篇奏折立即传开,执笔者舒芬乃得以名扬史册①。

正德皇帝是否具有大将的才略,现在已经无法判断,因为他没有让文官参与他的亲征队伍,而武官又不会记录战况。可以确知的是,他在1517年的那次战役中曾经亲临前线。1518年冬天,他再度亲临西北边疆,正好遇上大风雪,从者瑟缩委顿,他却精神焕发,始终自持武器,端乘坐马,坚持不用舒适的乘舆②。这些应该认为是难得的长处,在文臣的心目中却变得完全不可理解:为什么一个皇帝会放弃九五之尊而把自己降格到一个不识字的武弁的地位?这种惶惑以至愤慨,真正的原因是皇帝挖空了他们苦心构筑的政治体系。这个体系以仙鹤、鹌鹑、獬豸等等标志和无数的礼仪磕头以及"四书"中的词句堆砌而成。正德虽然没有用明确的语言,但却用实际的行动对它作了全部的否定。

所以,当正德在1519年又准备以威武大将军的名义到南方各省巡视的时候,文官们就再也不能忍受了。全体监察官员联名诤谏劝阻。皇帝照例置不作答,他们就列队跪在午门外要求答复。这件事还没有了结,其他官员已经跟着递上了奏本,名为谏阻,实则颇有论辩并含有集体示威的味道。皇帝大为震怒,在江彬的建议之下,所有跪劝不去的一百四十六个官员每人受到廷杖三十下,其中十一人当场被打

① 《武宗实录》页 3271、3404、3471;《明史》卷 307 页 3472;《皇明经世文编》卷 171 页 1~9。舒芬,见《明史》卷 179 页 2102,《继世纪闻》卷 95 页 2。

② 《武宗实录》页 3285;《明史》卷 307 页 3472;《继世纪闻》卷 95 页 2。

死或事后伤发而死。大学士全部引咎辞职，则为皇帝温旨慰留①。

发生了这些纠葛，南巡的筹备工作拖延了好几个月，到秋间才得以成行。这次旅行与巡视北方不同，并无军事上的意义而专为游乐。江南的秀丽风光使正德乐而忘返。然而乐极生悲，在一次捕鱼活动中，皇帝所自驾的轻舟倾覆，虽然获救，但已使圣躬不豫②。1520年年底他回到北京，1521年年初就在豹房病死。由于他没有子嗣，于是群臣和皇太后商议，决定迎接今上万历的祖父入继大统，是为嘉靖皇帝。

正德毫不费力地作弄了他的臣僚，显出了他比臣僚确乎要高出一手。其原因，表面看来在于皇帝具有传统赋予的权威，他想要做什么就可以做什么。其实，事情并不如此简单。

百官之所以绝对服从皇帝，即使不说是有条件的，但也绝不是无目的的。君主专制本来与文官制度相辅相成，在这庞大的组织中，下层的官员把无数不能尽合事实的书面报告逐级递送到中枢，以其数量之多和情况之复杂而要期望中枢事事处置得宜，自然是不可能的。端坐在宝座上的皇帝，他的力量带有宗教色彩，其神秘之处，就在于可以使不合理的处置合理化。换言之，皇帝的处置纵然不能事事合理，但只要百官都能俯首虚心地接受，则不合理也就成为合理。正德皇帝不去培养这种神秘力量，反而偏要去表现自己的将才帅略，岂不是破坏了臣僚们对他绝对服从的大前提？

正德自称威武大将军，企图把皇帝和作为一个富于活力的年轻人的自己分为两事。不消说，他的臣下是不能接受这些看法的。以本朝幅员之大，人口之多，仅仅为了打败伯颜猛可，动员部队的力量就可能达到这个目的。问题在于，要不是威武大将军朱寿就是正德皇帝，他

①　《武宗实录》页3318～3322、3324～3326、3329～3330、3332～3344、3347、3352～3354、3363；《明史》卷16页114、115。受杖而死的人数则史籍记载各有不同。又，江彬掌握秘密警察及禁卫军，见《继世纪闻》卷96页1～2。
②　《武宗实录》页3602、3606；《明史》卷16页115。

怎么能出入几个边镇,指挥所有的军队而且有足够的给养补充?反过来说,要是被任命为前敌指挥的将领都能有这样的行动自由,即使战胜外敌,我们的内政岂不大受影响?

事实上,我们的机构设计就不允许高级将领具有这样的自由。各边镇的总兵官一定要受该地区文官的监督,在指定的地区活动①。如果不是这样,唐朝的藩镇可能重新出现,成为重大的祸患。而如上面所一再说明的,本朝的立国以伦理道德为根本,以文官集团为支柱,一切行政技术完全在平衡的状态里维持现状而产生。且不用说旁的武官,即使皇帝亲统大军,以动态作前提,迟早也会使国家的人事、行政、税收、补给各项制度发生问题。

正德的一生,一意孤行到这种程度,也有其特殊的原因。他的一生几乎谈不上家庭关系。他的母亲给他的影响微乎其微,宫中的妃嫔也没有一个人对他具有笼络的力量。在他登基的时候,三个大学士都以文章道德著称而缺乏解决实际政治问题的能力②。一个天生喜欢活动的年轻人,看到一方面是他的朝廷逐日在按部就班、调和折衷的原则下办事,另一方面则是那么富有刺激性的鼙鼓旌旗、金戈铁马,他自然会不假思索地选择了后者。正德要求实现个性的发展,而帝国的制度则注意于个性的收缩。不论是出于自尊心还是虚荣心,正德利用他皇帝的地位和传统对抗。协助他在对抗中取得上风的,是过去引诱他注意体育、军事的宦官和军官,他们掌握了京城的军队和特务,大量排斥反对他们的文官。他们鼓励皇帝任性放纵,他们自己也因而得以有所作为。

正德的所作所为并没有使以后的皇帝受益。相反的,他使以后的

① 对于这种重文轻武的现象,万历曾经表示不同意,见《神宗实录》页4187,钱穆著《国史大纲》册2页502亦曾对此现象有所指摘。对正德的态度,黎东方著《细说明朝》即持同情的看法,见该书页293。

② 正德登极时的三位大学士为刘健、李东阳及谢迁,见《明史》卷109页1372。《明代名人传》对此三人均有传。

　　在当时一个剧本的封面上，出现了正德皇帝的画像，将他刻画成了一位手中持花、体态安逸的绅士。

皇帝得到了更多的拘束。他的宠用佞臣，私出宫廷、自任将领，其来势之迅猛竟使想要反对的文官措手不及。文官们虽然认为他有失人君的尊严，但都无可奈何。天子就是天子，这种神秘的力量出诸天赋。但是说到底，他们的绝对服从也不是完全盲目和没有限度的。正德一朝，前后有两个亲王造反，其号召天下的理由，则是皇帝无道，违背了祖宗的成宪。用现代的术语来说，就是破坏了宪法。这两次造反都没有成功，其原因一方面是军事准备不够充分，另一方面是他们对正德业已众叛亲离的估计超过了当时的现实。然则他们作出这样的估计，不惜把身家性命押上而作孤注一掷的赌博，一次失败之后又有第二次，这也未尝不可说明正德的违背成宪已经使他的皇帝资格发生动摇。要不是他在不到三十岁的时候就结束了生命，而是更加长期地继续他的所作所为，其后果究竟会怎么样，也确实未可逆料。

　　他去世以后被谥为"武宗"。从传统的意义上讲，这是一个明褒实贬的谥号。这时候他的亲信江彬仍然掌管京城的军队。文官们以召集开会的名义骗他进宫，一举而将他拿获。他的下场是凌迟处死，家属被没收为奴婢。宣布的罪状，除了引诱大行皇帝做坏事而外，还有勒索私人财产、奸污处女和寡妇等等，无疑是恶贯满盈①。

当今上万历皇帝在 1572 年登极，他那位富有情趣的叔祖已经去世五十一年了。虽然如此，正德的一生所为仍然没有被人忘记。如果说过去由于文官们没有防备而让正德任意妄为，那么这一教训正好成了历史的殷鉴。他们决心不再让朝廷的大权放在一个年轻人手里，听凭他任意使用，而是要设法把皇帝引进他们所崇奉的规范里。文官们让他从小接受翰林的教育，注意他的家庭生活和私人活动，尤其防止他接受武官和宦官的不良影响。在后来闹得满城风雨的立储问题，其实也是把他纳入规范的一种节目，其目的在于使他懂得皇位的继承乃是国本，必须取得众人的公认而不能凭一己的好恶作出不合传统的决定。

万历皇帝缺乏他叔祖的勇气、积极性和寻找快乐的情趣。他从小开始就没有一天体会到自由的意义，也不是凭借自己的能力而获得臣下的尊敬，所以就难怪乎他不能向臣下提出明确的主张了。他读过有关他叔祖的记录，深知文臣集团只要意见一致，就是一种很强大的力量。既然缺乏坚强的毅力，这个孤立无援的皇帝只好一再向臣下屈服。然而他又不是一个胸襟开阔足以容物、并以恕道待人的皇帝，他的自尊心受到损伤，他就设法报复。报复的目的不是在于恢复皇帝的权威而纯系发泄。发泄的对象也不一定是冒犯他的人，而是无辜的第三者。积多年之经验，他发现了最有效的武器乃是消极抵抗，即老子所谓的"无为"②。

---

① 《明史》卷 190 页 2217、卷 307 页 3472。《世宗实录》页 122~123 记抄出黄金十万两，白银四百万两，此数字过于庞大，恐难尽信。

② 万历中年以后日形消极，沉潜于释道经籍，见《神宗实录》页 6107~6108。对万历的性格持另一看法者为鹿善继。此人为户部司员，因截留万历的金花银作辽东军费被降级外调，但他仍然说皇帝对臣僚过于宽大。见鹿著《认真草》卷 1 页 10。

　　这样一来，皇帝找不到更合适的事情可以消磨时光，只好看宦官掷银为戏。他的消极怠工使帝国陷于深渊。现在危机已如此之严重，不论皇位的继承问题如何解决，文官集团失去的平衡已经难于恢复。

　　只有少数最接近皇帝的人，包括首辅申时行，才了解到不同的环境可以为万历的性格和行为带来多大的差别①。他从小早熟，在皇太后和张居正的教育之下，他的生活已经有了一定的目的。当初他对于臣僚的腐化感到忧虑，自己草拟手诏，禁止官员之间互相馈赠礼物。他对于各种典礼也颇为注重，早朝的官员缺席过多，他会提出质问；掌礼官的动作有欠娴雅，他会表示不快②。其后他的懒名一著，臣僚们就谁也记不起他当初的励精图治：命令大学士把各朝实录抄送给他阅览，经常和内阁学士讨论历史上治乱兴亡之迹③，甚至在炎热的夏天亲临观看官兵的射箭比赛而使陪同他的宦官有好几个人因为溽暑而晕倒④。但目前既已如此，过去的一切就统统不在话下了。

　　他身上的巨大变化发生在什么时候，没有人可以作出确切的答复。但是追溯皇位继承问题的发生，以及一连串使皇帝感到大为不快的问题的出现，那么1587年丁亥，亦即万历十五年，可以作为一条界线。现在要回到本书一开头所说的，这一年表面上并无重大的动荡，但是对本朝的历史却有它特别重要之处。

---

①　这在《赐闲堂集》的字里行间可以看得很清楚，例如卷40页7。

②　《神宗实录》页2402、2795、2870、2929、2981、3147、3215、3241、3463。

③　《神宗实录》页3664～3668、3680、3690～3691。

④　《神宗实录》页2772。

第四章

活着的祖宗

解职归田二十三年以后,申时行在原籍苏州度过了他按中国习惯计算的八十寿辰。万历皇帝已多年不见他的老师和首辅申先生,特派专使赴苏州祝贺存问,随带纹银五十两、绣蟒彩缎一匹、其他绸缎四匹作为贺仪。当时申时行的健康情况已经不佳,但仍然挣扎着北向行礼如仪。他在奏本里表示感谢说,祝贺寿辰的圣旨已经供奉保存,以为子孙传家之宝,银缎则全部璧还,因为他无颜接受这样隆重的礼物。他身为皇帝的蒙师和首辅,但是未能克尽自己的职责。如果不是这样,何至理应继承大统的皇长子到现在还没有在翰林院的官员那里就读?又何至京内外大量的缺官无人递补?据说,万历读完奏章以后感到怅惘,但仍然无意于接受这含蓄的劝谏①。

申时行把他的书房命名为"赐闲堂"。上天已经赐给他闲暇,他就用来游山玩水,写字吟诗。可是很显然,不论是站在太湖之滨看着无情的浪涛拍击已被溶蚀的崖岸,还是坐在书房里用典雅的韵文描写着烟雨霏霏的江南暮春,他都没有能忘情于世事。这二十三年中,他留下了一大批作品,在身后由家人结集镌版,是为《赐闲堂集》。书中诗文内容涉及的各方面很广泛;但是一有机会,对往事的回忆和感慨总

---

① 《神宗实录》页 9805、9863~9864;《赐闲堂集》卷 6 页 30~31。申时行于此后不久即谢世,见《神宗实录》页 9877。《明史》卷 218 页 2526 所称万历"四十二年,时行年八十,帝遣行人存问,诏书到门而卒",是简略的记载。

是很自然地在笔下流露①。诗文中有不少暧昧、隐晦甚至前后矛盾的地方，然而我们并不能草率地认为他的著作有意欺人。从字里行间可以看出，他对他的一生功过有自己的看法，并且对这种看法具有信心。生当末世而身居首辅，他的困难带有时代性，其中情形特别，不是从组织上和技术上可以解决的。他没有明确的法律条文可资遵循，他只能依靠道德习惯和人事的手腕来应付一切。其中有内外参差之处，已不待言。在退职闲居以后，这位昔日的首辅对自己的过去毫无忏悔之意。他的思想平静，他的良心没有遗憾，因为形格势禁，他只能用调和折衷的办法来解决问题。他自信他在执政期间的所有措施均出自诚意，这一大前提使他扪心无愧，至于成败利钝，那又并非他个人的力量所能左右。

他当然听到过别人的批评。有人说张居正虽然刚愎自用，毕竟还有所成就；而忠厚长者申时行的记录却如同一张白纸。对这些抹杀事实的意见，申时行自然不为所动。在他看来，以道德力量作为施政的根本，关键在于防止坏事发生，而不在于琐屑地去解决问题。如果真像批评者所说他的施政记录是一张白纸，这反倒证明了一切都已纳入规范，机构运转正常，因此无事可记。然则申时行自己明白，他没有能达到这个最高目的。至少，他这个皇帝的最高顾问，没有能找到一个大家都能接受的方案去解决继承问题。他竟为此而去职。对于这个问题，如果说有些人犯了错误，那他申时行的差失，也不会比旁人更严重，最低限度不会与二辅许国的错误相提并论。他身居首辅，处心积虑地想在幕后不动声色地解决这个难题，而许国偏偏不能体恤时艰，将折冲于樽俎之间的底细，全盘托底公布，以致弄到不可收拾。

申时行虽然号称谦虚抑让，但毕竟没有达到唾面自干的境界。他

---

① 《赐闲堂集》卷2页1、4、5，卷5页1诸诗，都是这一类作品。

无意于接受那些在他看来是不中肯的批评，否则，他又何必把过去的事实和自己的看法来回反复地写入自己的诗文里，而且嘱咐儿子们在他身后结集刻印？显然，他期望后来的读者稍一思索，就能理解他施政措施的真正意义，并且承认他的成就超过了表面上的平凡。

今天重读《赐闲堂集》，恐怕多数读者可以承认，申时行在文渊阁的八年半时间里并非完全尸位素餐。他在行政上的成就，往往得力于微妙的人事安排。这样的方式本来就带有间接性，而他在执行时既不采取大刀阔斧的方式，也不多加渲染，这样，他的成绩就很少为人所理解，也更少为人所仰慕。举一事即可为证：假如他真是除了忠厚和平以外就一无可取，那么在他执政时期发生的黄河泛滥问题，一定比实际情形要严重得多。

自古以来，治理黄河就是我们帝国的一大难题。由于河水流经黄土高原，疏松的黄土随着河水顺流而下，沉积于河床；河床过高，一旦遇到洪水，就极易冲决河堤，造成严重的水灾。每次决口，生命财产的损失均不可胜记。

可是对于这一问题，中枢的唯一办法，就是责成总理河道的御史妥善处置；其中技术上的问题和人力物力的动员，都需要这位钦差大臣在他职责范围之内就地解决。根据过去的经验，大规模整理河道，地区往往涉及数省，有时填高凿低，等于改造地形。在这样巨大的规划之中，自然会有意见纷纷，莫衷一是。有时尚未开工，争执已起。所以中枢虽不直接领导工程的设计和进行，但是它所采取的立场，却必然对全盘形势产生决定性的影响。如果一个总理河道的御史执行他的规划尚未及半，突然被参免职，而他的继任者又采取完全相反的主张办事，则百万生灵，就可能牺牲在这种官僚政治之下。

首辅申时行所赏识的治河专家是潘季驯。这位专家提倡"河道紧缩说"。黄河所以为害，原因是河沙淤集，河道不通。对于这一点专家们都无异说，但在解决的方案上则有截然不同的主张。有人建议加宽

　　19世纪反映大规模治水工程的版画，水灾泛滥是帝国政府数世纪以来所长期面临的问题。

河道，他们认为河道宽则水流畅。潘季驯则以为河道宽则流速小，流速愈小则泥沙沉淀的机会愈多，经过若干年月之后，河床就会愈积愈高。他主张，应该选择重要的地段把河道收紧，同时把附近的清水河流用人工疏凿引入黄河，以增加黄河的流速，照这样的办法，可以不需要经常疏浚而可以"自浚"。"建堤束水，以水攻沙"，就是他归纳上述方针而概括成的八字箴言。他又建议，河堤不能几十里、几百里相连不绝，应该预先在河水汹涌的地方留出缺口，而在缺口之后筑成第二、第三道的"遥堤"，和第一线的河堤之间构成"含水湖"。大量河水在缺处突破第一线，流至遥堤，流速已经降低而储蓄在这些人工含水湖中,就不致扩大其危害①。

在河堤合拢和迫使河水改道的工程中,潘季驯使用"柳辊"作为有力的工具。这种柳辊通常长一百五十尺,圆周二十尺,制作的方法是先用植物和泥土像织地毯一样构成长块,再用大树和绳索造成中心卷架,然后把这块"地毯"卷在架上,用大树枝和大绳索四周捆紧。这一用泥土、树枝制造的大圆柱体遇水可以膨胀,因而不致被急流冲走。每一柳辊由成百上千的民工拖运到选定的地点,当地尚有上装大石块的舢板,早已准备停当。柳辊就位,舢板凿沉。随着一声号令,大批的民工,把他们已经摆在肩上的泥土以最快的速度堆放在这仓猝抢护而成的土堤上。待到决口堵塞,再逐步把堤坝加固。很多地段日后还加砌花岗石,远望一线白色,颇为美观。

对这样规模浩大的工程,中央政府无力支付所有的费用。通常发给的款项,仅能在初步设计时作筹组全局的办公费。兹后总理河道的御史被派为当地的总督,有的还带有尚书、侍郎的头衔,以便于他在许多府县征用人力物力。所有的民夫、工具、粮食、医药和交通、通讯等等都要就地通盘筹措。所以,这一位总理河工的大臣除了工程经验之外,还必须要具有操行无可疵议的记录,这才能深孚众望,动员这许多府县的地方官,指挥如意。

潘季驯过去治河多年,无论经验或者声望都符合上述条件。他在1584年已官至刑部尚书,当时为了代张居正的家属求情,触犯圣怒,因而被革职为民。1587年黄河几处决堤,开始的时候委派了一个没有多大声名的官员采取了若干紧急处置。1588年,在讨论总理河道大臣一职人选的时候,潘季驯的名字有人提到,但没有人敢向皇帝作坚决请

---

① 申时行对河患的叙述及潘季驯的治河理论,见《神宗实录》页3799。反对潘季驯的理论,请参看《明史》卷83、84、223及岑仲勉著《黄河变迁史》。Needham 所著《中国科学技术史》(英文原版)第四册第三章页229、237、325、344有生动的记载。《明代名人传》中关于潘季驯和刘大夏的传记亦可参阅。

求。正好这时候皇帝自己提出这一职务应当由"老成才望"的人充任，所以申时行才示意给事中荐举起复潘季驯，事情得以顺利通过。申时行还怕有人议论，又正好万历召见他面询其他政务，他就在谈话中插进了"皇上留意河道，拔用旧人，一时在任，皆称谙练"这些话。这谈话记录一经给事中办公室抄写公布，潘季驯之出任"总督河道兼理军务"一职，也就等于出自皇帝自己的主意，反对他的就不能随便议论了。自此在申时行任首辅的年月中，潘季驯一直负责治河，成绩卓著。而到申时行离开文渊阁以后不久，他也被参劾而再度罢官①。

在文渊阁的八年半中间，北方边防没有发生重大事件，也是申时行引以自豪的政绩。其实当时危机并未消失，只是依靠他处理得当，才未酿成大变。

1590 年，本朝的一员副总兵李联芳在甘肃、青海交界的地方陷于蒙古军队的埋伏，力战身亡。北京的文官大部分主张应当兴兵讨伐。这时候万历皇帝已很少在公开的场合之下露面，由于这一重大事件，他破例举行早朝，朝罢以后继续和各位大学士讨论对付的办法。万历同意多数廷臣的意见，认为应当采取强硬态度，然而申时行则持有不同见解。

申时行的看法是这样的：五十年前，北方蒙古各部落在俺答的号召下组织成一个同盟，势力所及，东西连亘两千里，与本朝军队屡屡作战，杀伤军民不计其数。到了 1570—1571 年冬天，俺答改变宗旨，愿意约束各部不再犯边，而以赏赐给他的津贴和互市的权利作为交换条件。廷臣讨论之后鉴于和平的局面对本朝有利，所以接受了他的提议，还封俺答为顺义王，其他部落首领也分别给予不同的名义。

俺答对这修好的条约忠实履行不渝。他去世以后，儿子黄台吉尚

① 潘季驯总督河道及其经理工程，见《神宗实录》页 3706、3722、3798，《皇明经世文编》卷 375 及潘季驯著《河防一览》。申时行对潘季驯具有信心，见《赐闲堂集》卷 18 页 6。关于治河的财政措施，见 *Taxation and Governmental Fianance* pp.279-281.

能维持现状,到了孙子撦力克,就已经没有约束各部落的能力,全蒙同盟名存实亡。在甘肃、青海间活动的卜失兔和火落赤两部,尤其不受节制,经常向西南方向骚扰。一旦被质问他们就声称是"抢番",即抢劫这一带的回、藏诸部,而并非侵犯天朝。这种做法使他们既保持了赏赐和互市的利益,又保持了行动的自由①。

1590年,本朝的一个被称为"方大醉"的下级军官,听到军士报称蒙古骑兵侵掠边境,他就单人独马冲到出事的地方。蒙古人准备答话,此人乃一介武夫,一言不发,举刀就砍。蒙古人在退走时拔箭射中了这位莽汉,致使他第二天创发身死。于是军中群情激愤,坚决要为他报仇。洮泯副总兵李联芳追逐敌军,遇伏阵亡。报告送到北京,议论就哄然而起,大都主张停止互市,出兵作战。顺义王撦力克也作了战争的准备,渡过黄河,即将陷洮河,入临巩。情势如箭在弦上,一触即发②。

然而在申时行看来,情况并非没有缓和的可能。他不能相信撦力克已经下定了全面战争的决心,因为后者的同盟并不团结,并不是每个部落都愿意放弃互市的利益而与本朝作战。如果和平的希望没有断绝就决心接受全面战争,这不能说是明智的办法。边境上发生这样的事件,确实暴露了本朝的弱点,增加了蒙古人的野心。但补救的办法不在于发动战争而在于巩固内部的力量。如果边防军的空额都已补足,各边镇的仓库充实,以游牧民族耳目之灵通,他们是断乎不敢轻易挑衅的。如果边防的情况依然故我而本朝与蒙古人贸然交兵,纵使在局部地区取得胜利,这连绵几千里的边防线,终归是要被对方冲破的。说到底,即使本朝的军队获捷一百次,也不能宣布占领了大沙漠;而对方取得一次决定性的胜利,则可以使本朝彻底垮台。

---

① 《明史》卷327页3769。
② 《明史》卷327页3767;《神宗实录》页4173～4174;《皇明经世文编》卷381页21。

　　这一次处理边境危机的经过,更清楚地阐释了我们帝国的特质,从此中看出:军事机构受文官控制不是没有理由的。边防需要作出全面计划和长久打算,动员的程度则既不可过低也不可过高。一般说来,全国的情况有千差万别,不容许中枢凡事过问。因之皇帝的领导多少带有抽象性,应当集中全力鼓舞臣工,而不必在每时每事上加以处处干预。然则在紧要关头,皇帝左右全局决定和战的领导力量,却又千万不能等闲视之。就在这燥热的 1590 年夏天,申时行因为有了万历皇帝的支持,终于避免了一场以国运为赌注的战争①。这使他更进一步地体会到了本朝传统的优越性:让年轻的太子受傅于翰林学士,实在是高瞻远瞩。日后太子登基,翰林学士也被擢升,初为内阁中的副手,再遇机缘遂成首辅,这不仅保持了中枢人事的连续性,而且凭着老师和学生的亲切关系,可以使许多棘手的事情轻易而圆满地得到解决。

　　首辅和万历在 1590 年阳历 8 月 25 日的谈话,是记录中的最后一次。表面上看来,师生君臣间的讨论似乎散漫无重点,而实际上申时行以极为谦卑的语调,达到了当面禀奏的目的。磋商的结果,所有的总督巡抚都供职如故,没有人因为这次边境出事而被撤职或受到其他处罚,这表明皇帝对边区各地方官的信任并未动摇;同时与俺答所订立的和平条约至此已二十年仍然有效,不因局部冲突而废止。首辅又提出,所有官军的防御不可松懈,并应对卜失兔和火落赤两部特别戒备。再之则建议派遣一个重要的文臣去各边区协调全部战略处置。这次在御前的谈话既经送交午门传抄公布,则中枢的决心已定,不容置喙。因之摩拳擦掌的主战派乃不得不稍事收敛②。

　　四天之后,原来掌管京军训练、带有兵部尚书衔的郑雒被派为北方各镇的经略。这时甘肃、青海边境的形势已经稳定,本朝的军队没

---

① 《神宗实录》页 4186~4191。

② 详《神宗实录》一。

有发动攻击,蒙古铁马大举内犯的可能性也没有成为现实。1591年初,郑雒乘卜失兔企图与火落赤会合的时候,突然袭击其侧翼,截获了大批牛羊和其他给养,同时又按照申时行"清野"的指示,让青海的很多回藏部落他移,并把蒙古人所建造的喇嘛庙和最近运来的木材付之一炬。很多草地也以"烧荒"的方式加以破坏。撦力克看到继续往西南移动没有前途,也就率领主力返回黄河东北。此后蒙古人还将与本朝的将士在各处作小规模的交锋,但是,合并长城以外各部并征服回藏以构成一个游牧民族大集团的计划,就只能永远放弃了①。

首辅申时行的执政记录相当复杂。他对边境问题的处理是否全部合适,即令时至今日,也不是易于判断的。但是有一件事情总应该提到,就在这1587年即万历十五年,辽东巡抚注意到一个建州酋长正在逐渐开拓疆土,吞并附近的部落。他觉察到养虎将要贻患,就派兵征讨,但是出师不利。他认为失败的原因,在其部下开原道参政不照命令行事,而坚持其个人改剿为抚的主张。巡抚参劾这参政的奏折一到北京,被参者反而得到了京中监察官的同情,他们又出来参劾这位主剿的巡抚。申时行认为这完全是一件小事,不值得引起内外文官的不睦;所以他又以和事佬的身份出面调停,建议皇帝视双方的互相参劾业已彼此对消,也不再作是非可否的追究②。于是这位酋长今后得以为所欲为,而且还能够继续利用本朝内外官员的不和来发展他自己的千秋大业,此是后话,也不在本书叙述范围之内。这位酋长并非别人,据当日记录称,他名叫努尔哈赤。若干年之后,他的庙号则为清太祖。

很多历史学家没有提到申时行和撦力克之间的这段纠葛,更想不到他和下一个王朝的创业人还有过这一段因缘。在历史学家看来,申

---

① 《神宗实录》页4193、4197~4199、4253~4254、4281~4283;《明史》卷20页139;《皇明经世文编》卷381页21。

② 关于努尔哈赤的这些情况,见《神宗实录》页3611~3612。

时行一生做官执政的最大功罪都应以万历年间的立储问题为始终。

多数文官对申时行深感不满。最初万历皇帝起了废长立幼的念头，就已经是不德不义了。申时行身居首辅，他自应以去就力争，不得已就应当以生死力争。他是第一个可以在御前说话的人。如果采取了这样坚决的态度，即使因此而去职甚至牺牲，他的继任者也会不得不仿效他的做法，加上廷臣的舆论又是如此一致，皇帝就会被迫接受公议，以后的僵局也就不会发生了①。

作这样评论的人完全忽略了申时行的性格和他的处世方针。正由于态度温和，申时行才获得皇帝的信任并建立了亲切的关系。多年来，这位首辅正是巧妙地利用这种关系，促使皇帝的一举一动接近于文官集团的期望。天子既要使用他人间的绝对权威而又不能掺进他个人的爱憎，这本来就不容易恰到好处，而要申时行采取硬性办法督促，事实上也是无法做到的。

指斥申时行有意让皇帝拖延立储的说法是毫无根据的。官方记录所载，还在常洵刚刚出生的时候，他就曾呈请皇帝早立常洛为太子②。在问题刚刚露头的时候就以明确的方式提了出来，见微而知著，不可以不谓为远见卓识。

立储问题会成为万历朝中的一大难关，申时行在受命册封郑氏为皇贵妃的时候可能就有所预感。他当时位居文臣之首，这隆重的册封仪式自然需要他的参加和领导③。他和定国公徐文璧在御前接受了象征权力的"节"，在礼官乐师的簇拥之中向右顺门进发。主管的宦官在门口恭迎。他们两人以庄严稳重的态度把"节"、金印以及制册交付给宦官，然后再由宦官捧入宫中授与贵妃本人。这一套安排等于宣告于

---

① 《明史》卷 218 页 2526；谢国桢著《党社运动考》页 16、28；《明代名人传》页1189。

② 《神宗实录》页 3094~3095。

③ 《神宗实录》页 3117，参看页 2607、2814。

全国臣民,封妃的典礼既由朝廷中最高的文武官员主持,则被封的郑氏已非仅闺房之宠幸而实为国家机构中的一个正式成员①。连带而及的则是皇贵妃的地位仅次于皇后而在其他妃嫔之上,那么来日她的儿子常洵可能继承皇位,就不能说是全在廷臣与闻之外了。

但是万历皇帝却坚决地否认这种关系。他说册妃与立储是两不相干的事。申时行在册妃之日,曾奉万历之命,作诗歌咏其事。诗中有云:"汉殿俱矜宠,秦台早得仙。今朝秾李赋,参和《小星》篇。"②他深感天子虽为天子,仍不免有闺房儿女之情,因之万历提及他和郑贵妃的关系③,申先生不置一辞。他还理解,皇帝仍然是一个有血有肉的"人",也有他理智和感情的交战。关于立储一事,申时行自始至终主张忍耐,等待万历改变主意,他的皇上兼学生不是一个没有理智的人,假以时日,万历自己必然会把这问题合理地解决,而施加压力则于事无补。

日后事态的发展证明首辅的估计并不正确。时间并没有成为有利因素。他在文渊阁八年半的任期中,接触过各种复杂的人和事。他的"大事化小,小事化了"的办事方针,并不能永远做到弥患补阙,相反,有时造成的严重后果,竟会大大超出他的始料所及。

申时行在1583年担任首辅。开头的两年,他的前任张居正一案得到解决。这个问题一天不弄得水落石出,万历和他的老师就一天不知道彼此的真正意图。到了1585年,这一大案件才被彻底了结。于是此后有好几个月太平无事。到了1586年初,常洵出生,郑氏被册为皇贵妃,立储的争执已经肇始。但就在这前后,万历已经发现他想做的事情统统不能做到,于是他想励精图治的念头就一天天减退。随之

---

① 册妃的仪式,见《大明会典》卷46页26~33。1584年秋册立郑贵妃的经过,见《神宗实录》2805~2811。

② 《赐闲堂集》卷1页12。

③ 详《神宗实录》二。

而来的是臣下的奏疏中指斥他荒怠的字眼也越来越无忌讳。有一本奏折上说，如果皇帝不接受他的意见，天下臣民必将视之为无道，而列祖列宗也必将痛哭于九泉。皇帝刚刚批示说此人语无伦次，应当降级外调，另一个人跟着奏上一本，内称皇上的朱批不甚合适，那位进谏的人乃是忠臣，不但不应降级，而且应当表扬奖励，以表现虚怀纳谏的人君风度。这种"上下否隔"的情形既已开端，至1587年就更加恶化。

申时行是一个敏感的人，他具有窥测旁人心情的能力。他办事的原则基于对本朝政治制度的深刻了解。在这种特殊的制度之下，人君和人臣务必互相迁就互相让步。倘不如是，一方面坚持大义所在，丝毫不放松，则只有逼使对方采取消极态度。臣僚可以请求辞职，首先由个人"乞骸骨"而延及集体，如果被革职，反倒被视为荣誉；皇帝不能让位推贤，他所能采取的方式是怠工，即不出面主持礼仪，不见群臣。1587年，当首辅申时行还只是顾虑到有这种可能性时，万历的朝廷已经朝这个方向迈进了。

在这一年还未到岁暮之际，皇帝所使用监视内外的秘密警察遭到了攻击。东厂直属于司礼监，下辖锦衣卫，其秘密情报为皇帝处理政务所不可或缺。情报的内容非常广泛，包括市场上重要商品的价格、各个城门的进出人员和交通工具、北京市内火灾的情形等等，其中又万不可少的一部分，乃是从各处窃听得来的谈话。这种情报机关在本朝已有两百年的历史，早已成了政治体系中之一环。平心而论，在本朝历史上，万历皇帝不能算是过分地运用厂卫钳制臣僚的君主[1]。然则对百官来说，特务机构总是无形的枷锁；政治上的迫害先不说，即使"家人米盐猥事，宫中或传为笑谑"[2]，也大大地损害了他们的自尊心。

---

[1] 丁易著《明代特务政治》；《明史》卷95页993～995；《酌中志》卷16页104；Hucker, "Governmental Organization" p.60.但万历在明代并非是以听用特务而著名的君主，参看孟森著《明代史》页287。

[2] 《明史》卷95页995。

他们早想动手制裁厂卫而苦于没有找到恰当的机会。

其后冲突的导火线出人意外。北京城在本朝为大兴、宛平两县所辖。是年任职的大兴县县令，因为一件小事责打了太常寺供奉祭祀的乐舞生，而乐舞生有其不可侵犯的地方，责打他们，也就是蔑视祭祀大典。因之这个大兴县令被发交三法司审判。所谓三法司，即刑部、都察院和大理寺三个官署混合组成的法庭，通常只受理复审。这次所以破例，是由于太常寺提出了冒犯宗庙的重大罪状。文官们虽然觉得这罪状近于小题大做，但如果经过三法司这一机构审问，事情可以早日了结①。

事情又牵涉到了东厂。东厂下设镇抚司，凡属触犯皇帝的案件和牵涉到官员们的刑事案件，这个镇抚司同样具有讯问以至拷打之权。当得知三法司已经受理大兴县令这一案，他们表示不再争执审讯权，只要求派出两名锦衣卫校尉出席旁听，以便把经过情况向皇帝报告。

刑部尚书李世达认为这一案件属于文官内部的纠纷，用不着东厂锦衣卫的干预②。但是东厂提出要派两个校尉参加旁听，他又没有严辞拒绝，而只是托辞推诿，说什么人犯未齐，尚未审问。及至开庭审问之日，这两个校尉则给维持秩序的文官所阻挡，不得入内参与旁听。

如是情状据实报告到皇帝跟前，致使龙颜大怒。万历对于太常寺和大兴县的冲突并无兴趣，他所以震怒，乃是文官们拒绝校尉旁听，明明是故意和他过不去，因之已不能对此表示沉默。于是他一面让宦官口传圣旨向文渊阁提出质问，一面声称他要把这一案件移交东厂镇抚司审问。这时，首辅申时行又以和事佬的身份出现，劝说李世达向皇帝赔礼道歉。李世达照此办理，皇帝因而得以保全面子，取得了精神

① 《神宗实录》页3613~3614。
② 李世达，《明史》卷220有传。《明代名人传》误刊作李士达。

胜利。可惜的是这精神上的胜利维持的时间未免过短,几个月之后,文臣们又找到了管理东厂宦官张鲸的差错,群起而攻之。

检举张鲸的奏章中指斥他与某些文官勾结,并且接受贿赂①。其所列举的罪状看来都凿凿有据,只是当时勾结为奸、纳贿贪财的一段罪状也可以加之于许多高级廷臣身上,写奏呈的人似乎全未计及。张鲸事后感慨,由于他的嘴巴说话太多,所以才招致了那么多的攻击,不能算是事出无因。只是根本的原因还是在于机构本身,其职务与文臣的利害相违。万历一朝的冲突,文臣占优势,与天启朝厂卫跋扈、缇骑气焰冲天的情形恰为尖刻的对照。

起初,万历皇帝还没有意识到事态的严重,他以为对张鲸作一番口头申斥就足以了事。廷臣见参劾无效,索性一不做二不休,准备参劾全部的大学士,以造成张鲸不除、内阁也别想安生的舆论压力。由于群情鼎沸,万历只好承认失败,把张鲸免职。据当时接近皇帝的人透露,这件事曾使皇帝大为伤心。但就在张鲸将去未去之时,尚有一个下级官员不知道皇帝已经屈服,竟然又上了一个奏本,说张鲸如此难去,想必是皇帝陛下也接受了他的贿赂②。这种无礼的奚落使这位官员挨了六十廷杖,但是年轻的皇帝却为此而更加心灰意懒。他本来已经对早朝和经筵感到极度厌倦,至此他拿定主意,今后再也不愿意公开接见这些不诚实的、口是心非的臣僚了。他隐居在深宫里,唯一能和他呼吸相通、忧患与共的就是贵妃郑氏。

多年之后,申时行辞职家居,追思往事,他既不埋怨皇上,也不指责自己。他在著作中只是提到了年轻人不知世务,轻举妄动,以致弄得事情不可收拾③。他回忆起在他担任首辅八年半的时间中,曾经有

---

① 《神宗实录》页 3828、3833～3837、3840～3844、3846、4103;《明史》卷 305 页 3427。关于文官与此事的牵涉,见《明代名人传》页 50,但该书将张鲸误刊为张颧。

② 此人为李沂,事见《神宗实录》页 3848、3971。

③ 《赐闲堂集》卷 14 页 5、卷 38 页 17、卷 40 页 7。

过一个绝好的机会襄助皇帝成为尧舜之君。此即 1585 年张居正一案落实之后、1586 年初常洵尚未出生之前的几个月。然而这机缘却又这样地短暂,他稍一忽视,就一去而不可再得。

当时的万历皇帝真是精神焕发、励精图治;对申先生提出的要求也全力以赴,极为难得。在我们形式化的政府中,表面即是实质。皇帝既能热心参与各种典礼,就充分表示了他的诚意,足以策励臣工趋向勤俭笃实。申时行只要闭起眼睛,就立刻会在记忆中浮起当年皇上步行祈雨的一幕情景。这件事发生于 1585 年,岁次乙酉,即当日"万历之治"可能成为现实的短时间内。

这次祈雨与往常不同。在经过的仪式中,万历第一次也是最后一次向普天之下表示了他关心民谟的诚意。1584 年入冬以来,北京一带就缺少雨雪。次年春夏之间亢旱更甚,河流见底,井中无水可汲。御前对此极为焦虑,在命令各个地方官求雨无效之后,他决定亲自向上天祈祷。所采用的祈祷仪式,一部分由礼部在档案中参考成例草拟,但具体细节却出于皇帝御制,比如要求全体人员徒步走赴天坛圜丘而置轿马于不用,就完全是他自己的主意①。

仪式举行的前三天,皇帝已经斋戒。前一天,他又在宫中奉先殿默告祖宗,随后又面禀慈圣太后。致上天的表文则亲笔称臣签上朱翊钧的名字,先一日送至南郊神库。

阳历 5 月 16 日黎明,皇帝驾到皇极门,他的卫士和随从排开成为一个长方形的队伍。此时礼官报告,各官在大明门整队已毕,皇帝就开始步行出发。

北京的居民从来没有看到过这样庄严而朴素的仪式。所有的人员,包括皇帝、文武百官和宦官,一律穿蓝色布袍,颈部和下缘以黑布镶边,平日的金银玉带此时全部不用而代之以牛角带。旗帜和乐队也

---

① 《神宗实录》页 2933~2935;《大明会典》卷 84 页 17、20~22。

概行免去。大街左边是两千名文官，右边是两千名武官，都列成单行两相对称，浩浩荡荡，和皇帝一起步行前往天坛。

这些幸运的居民得到了一生中唯一的机会亲眼看到了当今天子。祈雨的队伍经过大街，一切交通当然需要暂停。但是天子平时出行时采取的"除道"措施，即要求全部店铺关门、行人敛迹的规定，这次却免予执行①。这也是皇恩浩荡，允许小民有一睹天颜的机会。居民们所看到的万历皇帝是一个相貌端正的年轻人，脸圆须短，身材稍胖。他以如此虔诚的姿态迈着稳重的步伐，使看到的人无不为之感动。

对万历皇帝来说，这十里之遥的长途步行当然不是一件轻松的事情，因为这是他有生以来第一次的如此跋涉，而且当时的天气已愈来愈热。

天坛圜丘在北京城南部，为今上的祖父嘉靖皇帝在 1530 年所建②。万历皇帝在这同心圆的最下一层石阶上跪下祈祷，上香之后，又向上天叩头四次。文武百官列队站立在南墙之外，当皇帝跪拜时，赞礼官在昭亨门传赞，百官也依样跪拜如仪。

行礼既毕，皇帝召集大学士、六部尚书和其他高级官员在左棂星门外所设的帐篷内发表训辞。万历声称，天时亢旱固然是由于他本人缺乏德行，但同样也是贪官污吏溇剥小民、上干天和的结果。现在务必要改弦更张，斥退坏人，引用好人。申时行即席代表全体官员致答辞，声称臣等奉职无状，以致天降亢旱。皇上代表全体臣民祈祷，当然会上格天心。如果还有官吏不能仰体皇上的诚意，臣等一定要严加申饬。万历当即指示把这种要旨公之于天下。1585 年 5 月 16 日的敕文就体现了这个指示。敕文告诫贪赃枉法、酷害百姓的官吏必须痛加改

---

① 《大明会典》卷 84 页 21。
② 天坛圜丘建于 1530 年，见《大明会典》卷 82 页 22～24；《春明梦余录》卷 14 页 1～2。1588 年曾加修葺，见《神宗实录》页 3799。

悔,绝不能再把中枢的命令视为具文,如有违不奉行者,定当严惩不贷①。同时万历又命令户部在灾害严重的地区免征赋税一年。

仪式结束,准备起驾回宫,宦官们让御轿抬到万历跟前,但他坚决不坐,仍和百官步行回宫。这支队伍人数众多,起止需时,到达大明门已经是下午最炎热的时候。队伍刚刚解散,兵部的一个主事就迫不及待地从袖子里抽出一把折扇使劲地挥动。负责纠察的御史发现这一情状,认为其时虽然已经散队,但此人如此不能忍耐,仍然属于失仪。为此这位主事被罚俸半年②。

申时行侍奉皇帝到皇极门,然后叩头退下。临行时他向万历致以慰问,万历则答称"先生劳苦"③。这时候首辅固然既饥且渴,极度疲惫,但是相比之下皇帝的任务要更为劳累,他还要到奉先殿去向列祖列宗汇报,汇报完毕还要参见慈圣太后。

申时行不能算是一个迷信的人,从各种记录上都看不出他相信通过占卜祈祷的方式就可以和宇宙的神秘的力量有所来往。他在一次给万历的奏章上说,"臣等不习占书,不知事验",足以清楚地说明了他的态度④。同时,也不能认为万历是一个过度迷信的人。在选择皇帝陵寝的过程中,廷臣曾因风水问题,展开了激烈的争辩,最后万历表示"当日秦始皇在骊山筑陵,何尝不讲究风水?"⑤从这一达观的态度来看,他对风水的信仰,也只能在若有若无之间。

但是迷信与非迷信,其间的分野也可能极为模糊。例如,当一个人强迫自己对一件事情、一种前途建立信念,则其与宗教式的皈依就相去极微。因为凡是一个人处于困境,他就不愿放弃任何足以取得成功的可能性,即使这种可能性极为渺茫,没有根据,他也要把它作为自

---

① 《神宗实录》页 2935。
② 《神宗实录》页 2935。
③ 《神宗实录》页 2935。
④ 《神宗实录》页 3171。
⑤ 《神宗实录》页 3012。

己精神上的寄托①。在这 1585 年亢旱的初夏,朝廷上下的情形就和此种情况极为接近。当时一天过去又是一天而仍然是骄阳酷日,人们的焦虑也就达到了最大限度,因为每一个人都知道,皇帝的宫廷不能永远建立在一个土地干得发裂的京城里。皇帝亲自出动,以最虔诚的态度和最庄严的仪式向上天求雨,不论是出于迷信,或者其动机是维系人心,最低限度表示了事情并未绝望。希望就产生于这种人为的奋斗之中。他的挣扎,他的自我责备,以及他对臣僚所作的爱民的训示,都可以安慰困窘中的人心,有如一服清凉剂。他的政府一向认为精神的力量超过实际,因此他这次求雨即是做皇帝克尽厥职的最高表现。

最后,一场甘霖有如千军万马,突然降临到人间。最初是雨中带雹,旋即转为骤雨,稍停以后又是一阵骤雨,雨势一直延续到第二天。这场雨发生在阳历 6 月 12 日,距离皇帝徒步天坛求雨已将近一月,但是任何人也不敢妄议这不是圣心感动上苍的结果。皇帝自己也当仁不让,兴高采烈地命令百官感谢上苍的恩典②。首席大学士也为他感到高兴,因为在这时候,万历皇帝可以在精神上引以为自慰和自满的机会已经不是很多了。

申时行理解万历的感情,同情他的处境,但是他和其他文臣一样,仍认定皇帝的职分应当在宫殿之内,除了行礼如仪之外,他不应当置身于其他事情之中,以生轻妄的观感。比如说万历想亲自操练兵马,申时行就会和其他文官合作,竭力阻止。朱翊钧是否有军事天才? 这

① 关于这个问题,利玛窦曾经作过观察。他说:"他们(指当日的明朝官绅——笔者)认为放任错误,不直接指斥其荒谬,乃系一种高度的宗教作风。"在另一段里,又说:"他们大多数公开承认没有宗教信仰,在假装着存信心的时候,他们实际陷于深度的无神论。"见 *China in the Sixteenth Century* pp.98-99,105.此书有 Gallagher 的英译本,其译文错误颇为评论者所非难,原因或恐系自 1615 年拉丁文版翻译之故。笔者曾请同事 Gianni Azzi 教授口译意文原本,这两段译文并无错误。这两段文字载在意大利文 Fonit Ricciane 册 1 页 120、132。但利玛窦似乎不能理解,当日官绅的"放任错误"具有实用的价值。本书第六章戚继光参合迷信一事,就多少可以说明这一问题。

② 《神宗实录》页 2948~2949、2954。

一问题没有历史学家能够解答,我们所知道的,则是他即使有任何创造的能力,也因为他身着龙袍,贵为天子,而无法施展表现。而在阻止他发挥个性的群臣中,首席大学士申时行的力量虽不显著,却极为重要。

文官们阻止万历亲自操练兵马,他们自认有历史上的先例,因为本朝除了开基创业的祖宗以外,御驾亲征的事例极少。最近一百年内仅仅有一个正德皇帝做过这样的事情,而正德的行动,又被公认为离开了传统的轨道。为人君者,就应该安居垂裳,所以不仅练兵要遭到反对,就是外出旅行也应该在限制之列。今上的祖父嘉靖皇帝一生,仅在1539年一度回到湖广承天府巡视过他的出生之地①,此后的二十七年中就没有离开北京一步。父皇隆庆在位五年余,仅仅到京郊谒陵一次,而且为时只有四日②。而万历在1583年春天到1585年夏天却已谒陵四次,这毫无疑问是过于频繁了③。

尤其使群臣为之不安的是,谒陵这个庄严的典礼竟成了皇帝督视内操的借口。谒陵的随从武装是御林军。这支军队当年经过张居正的同意而在1581年建立,驻在京城东北角,受御马监太监的节制④。近年来,这支部队的兵员倍增,训练加紧,每天黎明以前,马队在街上的铁蹄声每每把居民的好梦惊醒。1584年夏天,一个溽暑蒸人的日子,皇帝亲自在皇城内观看御林军的射箭比赛,比赛延续到傍晚才宣告结束。好几个宦官因为受不了酷日的煎炙而晕倒,而皇帝却依旧神清体健⑤。文官们对皇帝过人的精力毫不欣慰,反而接二连三地送上奏本,指责内操的不当。劝说无效,他们就对申时行施加压力,希望首辅运用他的影响使这种操练停止。

① 《世宗实录》页4598~4630。

② 《穆宗实录》页489~491。

③ 万历在1580年谒陵一次,1583年二次,1584及1585年各一次,见《神宗实录》页2498~2501、2624~2627、2835~2837、3010~3011。

④ 《皇明经世文编》卷381页10~11。

⑤ 《神宗实录》页2772、2774、2794、2882、2918、2937。

从法制上讲，廷臣所提出的净谏是否具有成宪的根据则很难概说，本朝从没有宣布过皇帝不能亲率禁军。永乐皇帝所用过的长矛一直供奉在午门楼上，就是皇帝带兵的实证①。正德皇帝的行动虽然大干物议，然而他始终没有向舆论低头。而且以前皇帝的御林军都属于宦官管辖，就此一点，今上的措施也就无法直接批判。因此，文官们只能举出一些道德上的理由，例如兵凶战危，皇上舞剑弄枪有损承平气象等等，其所用辞语显然不能中肯。

然而文官们的意见又岂能完全忽视？他们是本朝政府的支柱。全部文臣既以伦理哲学作为基础推行了现今的统治方式，当然讨厌皇帝亲率禁军，造成文武均衡甚至武高于文的局面。只因为他们又个个都是忠臣，不便站在对等的地位去和皇帝谈判，更不能借势要挟。然则这些不便不能之处却没有使他们放弃初衷，即作净谏时，他们胸中有数，意志坚决，目的不达，决不甘休。

老成练达的申时行善于洞察事情的阴和阳。他知道，道德不过是借口，问题的症结是廷臣的安全感。真相既明，他就采取最有效的方式来解决问题。他不事张扬，悄悄地和宦官们谈判。他后来写下的文章，阐述了此中奥妙。申阁老此时质问御马监的诸宦官：几千个官兵带着武器在皇帝身旁，谁能保证他们中间没有人参与做坏事的阴谋？万一有变，其他警卫人员救护不及，谁负得起这样重大的责任？诸位身为将领，又岂能置身事外？首辅还可能在此时提出江彬的先例，用本朝的历史，引证凡是和文官集团公开作对的人，没有一个能得到善终。即使是皇帝最亲信的人，迟早也会被大众清算。这一番危言耸听的游说取得了预期的效果，用申时行自己的话来说，就是"诸珰竦然"②。

带兵的宦官既已为申时行的言辞所震慑，他们不再愿意参与内操，转而劝说皇帝放弃亲率禁军。这种釜底抽薪的办法，为效极显；而

---

① 万历曾亲登午门门楼瞻仰永乐之矛，见《神宗实录》页942。
② 《皇明经世文编》卷381页22，《国朝献征录》卷17页148曾加节录。

且皇帝不是一个没有理智的人,他知道如果坚执己意,他和臣下的冲突势必与他叔祖正德一朝的情况相类似。他既不愿意走此极端,迟早就得让步,所以从这时起他就对禁军逐渐不加过问。1585年之后,御马监勇士相次为人遗忘,禁军这一组织也就逐渐于无形中瓦解①。

申时行以办理外交的方式来主持内政,御林军事件的顺利结束,更证明了这种方式确实卓有成效。他欣赏自己"从中调剂,就事匡维"这一处世和执政的原则,对待皇帝的办法则是"显谏者不若潜移为妙",因为这种办法既对皇帝的权威无损,而臣下的目的又可以达到,这比之于臣下在奏章上奚落昏庸的皇帝,而皇帝用荆条痛打犯上的群臣总要高明得多。申时行所始料未及的,就是万历皇帝比他申先生又更高一手,他看透了这种斗争的真情实相,知道自己生气都属无效,莫若用"无为"的办法,对付所有的纠缠,因之他的消极也越来越彻底了。

自从1585年以后,万历除了仅仅于1588年对自己的定陵再度视察过一次以外,三十多年,他没有走出过紫禁城一步,创造了自古至今的最高纪录②。

皇帝离开京城不到百十里竟然会成为一个严重问题,也是当日国家组织的特别现象。万历于1583年至1585年之间的四次谒陵,其真正的目的是在寻觅及视察他自己的葬身之地。然则既要经过祖墓的附近,谒祭即不可免。既为谒陵,种种仪式自然应当周到齐备。因之每次出发以前,礼部必须斟酌成例,拟订各种详情细节,有的陵墓由皇帝亲自祭谒,有的则由驸马等人代为行礼。御驾每次出动,京城立刻戒严,每一座城门都由一位高级文臣和武将共同把守。皇弟潞王当时尚未成年,他的任务是把铺盖搬到德胜门的城楼上居住,密切监视御驾必经之路③。这支谒陵队伍声势十分浩荡显赫,其中有陪同皇帝的

---

① 《神宗实录》页2919。
② 此系1588年之谒陵,见《神宗实录》页3796~3798。
③ 《神宗实录》页2493、2498~2501。

两位皇太后和皇后皇妃,加上随从的宦官宫女、文官武将、大汉将军、御马监勇士、京军等等,人数多达几千。到了郊外,皇帝及其家属住在佛寺里,对其他随从人员则临时搭盖帐篷以供休息住宿,这一切要先期准备周详,不能稍有差错。

在这几十里的道途上,一些地方官、耆老以及学校的教官被引导在御前行礼。皇帝对他们慰勉有加,并宣布他所经过的地区免税一年,以酬答当地居民对他这一行所作的供奉。

这样的队伍和排场,两年半之内要组织四次,廷臣就感到是过于频繁了。于是,使皇帝扫兴的事情就纷至沓来。北方边镇驰报蒙古部落颇有蠢动的征象,叩请御驾谨慎小心;礼部的官员据此坚请皇帝缩短出行的时日。有一次,皇帝的侍卫旁边发生逸马狂奔的非常事件,又有一次有若干文官误入禁地,这些都由御史据实奏报御前,以期引起应有的警惕。经过这些周折,本来应该是很愉快的小事游憩已全无乐趣之可言①。1589 年万历曾经表示还想出巡一次,监察官听到以后立刻上书诤谏。他们说,皇上已经感到自己火气过旺,必须放弃早朝以事休养,那么就更不应该出城游玩而使火气增加。皇帝读完这些奏章,从此就没有再提出巡一事②。

万历所巡视的为自己预筑的陵墓动土于 1584 年的夏季③。这项巨大的工程微妙地体现了把皇帝不当作一个有血有肉的人,而把他当作一种机构的看法。万历皇帝缺乏坚强的意志和决心,但并不缺乏清醒和机灵的头脑,然而他竟欣然接受了这种精神上的活埋。

陵墓内的葬室筑有停放梓宫的石床。石床上留出来的位置共有三个,除了皇帝和皇后以外,还有一个位置留给下一代皇帝的生母。万历目睹之余,不禁感慨系之。他所心爱的女人即使不能在生前成为

---

① 《神宗实录》页 2499、2614、2625、2835、2837。

② 事在 1587 年,见《神宗实录》页 3893~3894。

③ 《神宗实录》页 2841。

皇后,在死后也应当陪伴在他的身旁。否则,他和世界上唯一能够心心相印的女人在皇城的寺院里双双祈祷又所为何来呢?朱翊钧有生之日有妃嫔数十,宫女无数,可是与皇贵妃郑氏始终形影不离。可见生死同心,是他们的夙愿。这样美好的夙愿又是否能成为现实呢?当日皇帝想到这些,这大峪山的工程,就又和立储一事相始终而不可分割了。

皇帝在世之日预筑陵寝,在本朝有洪武、永乐、嘉靖三朝的成例可援①。其不同之处,在于定陵竟然预筑于万历皇帝的青年时代。据申时行后来说,这一建议始创于1583年张四维做首辅的时候,当时皇帝还不足二十岁。但这建议一经提出,他立即欣然同意,并亲自参与地址的选择和工程的设计②。他当然不是认为自己去死不远,而是踌躇满志地感到他已经不折不扣地取得了列祖列宗的地位,足以让千秋万岁之后的人们崇敬。同时,他虽然年未二十,但是已为人父,而且御宇已经十年,具有足够的资格承当这一光荣。

这次预筑陵寝的工程和别项工程不同,差不多完全没有廷臣劝谏③。唯一的争执在于风水问题,已如上文所述。最后由于皇帝宸衷独断,才平息了这场纠纷。争论者没有想到,平日他们以道德的名义解决技术问题,现在却要用技术的名义去解决道德问题,只是皇帝以秦始皇和骊山为例,不肯过于讲究,以致坚持风水的人,不能继续用这个名目作党争的根据④。

筑陵是本朝大事,有司职责所系,于是组成了一个类似于委员会

---

① 《神宗实录》页2462。

② 《赐闲堂集》卷40页17;《神宗实录》页2462、2847。

③ 唯一的例外是,1585年有一位御史因为旱灾而建议停工,但这一建议未被接受,也没有惹起纠纷,见《神宗实录》页2917。

④ 当时由于风水问题而致使礼部尚书徐学谟辞官,但其实际则与反对张居正的情绪有关,见《神宗实录》页2540、2594、2616~2618、2669,《明史》卷218、225、236、243。风水问题的背景为人事问题,请参看谢国桢《党社运动考》页15,《明代名人传·徐学谟》。万历表示大峪山地点系他亲自决定,反张集团才无法再在这一问题上做文章,见《神宗实录》页2983、3013。

的机构,成员有尚书三人、司礼监太监和高级军官数人,总其成的是定国公徐文璧和首辅申时行。军官之所以参加这个机构,是由于大量的土木工程需要兵士的体力。徐文璧是开国勋臣徐达之后,各种重要的礼仪都少不了由他领衔,而全部的擘划经营无疑还要由申时行一力承担①。到1587年,申时行已亲赴大峪山督工多次,其尽瘁王事的忠忱,当然会被年轻的皇帝所体会并因此增加对于申先生的信任。

定陵的建筑经过详见于当日工部的记录报告之中,其建筑结构则因1956年的发掘而为四百年后的人们所了解。整个看来,玄宫的宗教色彩浓厚。其石制椅案缀饰以帝后的标志如龙凤,其下缘则为莲瓣,乃是佛家传统②。其懵懂于下世超生的观念,实际上是一种希望,一种幻想。

内中埋藏的金银和瓷质的面盆固然予人以现实化的感觉;可是木雕的人俑马匹却又只有玩具一样大小,显示着筑陵的人将"长生不死"的观感,认作一种心理状态,只能于半信半疑间得之。

今天,有思想的观光者,走进这座地下宫殿的玄宫,感触最深的大约不会是这建筑的壮丽豪奢,而是那一个躺在石床中间、面部虽然腐烂而头发却仍然保存完好的骷髅。它如果还有知觉,一定不能瞑目,因为他心爱的女人,这唯一把他当成一个"人"的女人,并没有能长眠在他的身旁。同时,走近这悲剧性的骸骨,也不能不令人为这整个帝国扼腕。由于成宪的不可更改,一个年轻皇帝没有能把自己创造能力在政治生活中充分使用,他的个性也无从发挥,反而被半信半疑地引导进这乌有之乡,充当了活着的祖宗。张居正不让他习字,申时行不让他练兵,那么他贵为天子并且在年轻时取得了祖宗的身份,对事实又有什么补益? 富有诗意的哲学家说,生命不过是一种想象,这种想象可以突破人世间的任何阻隔。这里的地下玄宫,加上潮湿霉烂的丝

---

① 这个类似委员会的机构,见《神宗实录》页2847,参与者共十人。
② 《考古通讯》1958年7期页39~44;《考古》1959年7期页358。

织品和胶结的油灯所给人的感觉,却是无法冲破的凝固和窒息。他朱翊钧生前有九五之尊,死后被称为神宗显皇帝,而几百年之后他带给人们最强烈的印象,仍然是命运的残酷。

　　至于首辅申时行,他在监督定陵工程的时候究竟产生过多少感想,又产生过多少感慨,在留传到今天的官方文件上自然是查不到的。我们所能看到的是申时行在参与了破土典礼以后给皇帝的祝辞:"永绥列圣之神灵,预卜万年之兆域。"①我们还能看到的是他在1586年举行正殿上梁典礼以后给皇帝的祝辞:"爰诹升栋之辰,适应小春之候。先期则风和日暖,临时则月朗星辉。臣工抃舞以扬休,民庶欢呼而趋事。"②这些辞藻上的对偶和华丽表现了想象中的至美至善,但是皇帝和他的老师彼此也都明白,对这样的文字不能过于认真,因为其时陵墓工程已延续多年,其耗用的财力已使国库受到影响,而征用的军民人力,也应当使"欢呼而趋事"者感到了难以解脱的痛苦。1587年即万历十五年国史上记有这么一条:"赐寿宫工人汤药及老弱饥号难以回乡者路费。"③这条通令不可能未经皇帝和总揽工程的首席大学士过目,但是所谓赏赐是否确实发下,发下的数字又是否足敷使用,则无从证实了。

---

①　《神宗实录》页 2837。
②　《神宗实录》页 3343。
③　《神宗实录》页 3474。

第五章

海瑞——古怪的模范官僚

　　1587 年阳历 11 月 13 日,南京都察院右都御史海瑞在任所与世长辞①。他是一个富有传奇性的人物,对他的生平行事应该如何评论,人们曾经发生过尖锐的争执。这争执一直延续到多少年以后还会成为问题的焦点。

　　和很多同僚不同,海瑞不能相信治国的根本大计是在上层悬挂一个抽象的、至美至善的道德标准,而责成下面的人在可能范围内照办,行不通就打折扣。而他的尊重法律,乃是按照规定的最高限度执行。如果政府发给官吏的薪给微薄到不够吃饭,那也应该毫无怨言地接受。这种信念有他自己的行动作为证明:他官至二品,死的时候仅仅留下白银十余两,不够殓葬之资②。

　　然则在法律教条文字不及之处,海瑞则又主张要忠实地体会法律的精神,不能因为条文的缺漏含糊就加以忽略。例如他在南直隶巡抚任内,就曾命令把高利贷典当而当死的田产物归原主,因而形成了一个引起全国注意的争端。

　　海瑞从政二十多年的生活,充满了各种各样的纠纷。他的信条和个性使他既被人尊重,也被人遗弃。这就是说,他虽然被人仰慕,但没

---

①　海瑞去世月日,据《海瑞集》页 599;《明代名人传》页 474。《神宗实录》页 359 记为 11 月 15 日。

②　《海瑞集》页 599;《神宗实录》页 3591;《明史》卷 226 页 2604。

有人按照他的榜样办事。他的一生体现了一个有教养的读书人服务于公众而牺牲自我的精神,但这种精神的实际作用却至为微薄。他可以和舞台上的英雄人物一样,在情绪上激动大多数的观众;但是,当人们评论他的政治措施,却不仅会意见分歧,而且分歧的程度极大。在各种争执之中最容易找出的一个共通的结论,就是他的所作所为无法被接受为全体文官们办事的准则。

海瑞充分重视法律的作用并且执法不阿,但是作为一个在圣经贤传培养下成长的文官,他又始终重视伦理道德的指导作用。他在著作中表示,人类的日常行为乃至一举一动,都可以根据直觉归纳于善、恶两个道德范畴之内。他说,他充当地方的行政官而兼司法官,所有诉讼,十之六七,其是非可以立即判定。只有少数的案件,是非尚有待斟酌,这斟酌的标准是:

> 凡讼之可疑者,与其屈兄,宁屈其弟;与其屈叔伯,宁屈其侄。与其屈贫民,宁屈富民;与其屈愚直,宁屈刁顽。事在争产业,与其屈小民,宁屈乡宦,以救弊也。事在争言貌,与其屈乡宦,宁屈小民,以存体也[①]。

用这样的精神来执行法律,确实与“四书”的训示相符合。可是他出任文官并在公庭判案,上距“四书”的写作已经两千年,距本朝的开国也已近两百年。与海瑞同时的人所不能看清楚的是,这一段有关司法的建议恰恰暴露了我们这个帝国在制度上长期存在的困难:以熟读诗书的文人治理农民,他们不可能改进这个司法制度,更谈不上保障人权。法律的解释和执行离不开传统的伦理,组织上也没有对付复杂的因素和多元关系的能力。

---

① 《海瑞集》页 117。

海瑞的一生经历，就是这种制度的产物。其结果是，个人道德之长，仍不能补救组织和技术之短。

海瑞以举人出身而进入仕途，开始被委任为福建一个县的儒学教授，任期四年。到 1558 年升任浙江淳安知县的时候，他已经四十五岁。

这淳安县，乃是往来三省的孔道。交通发达，本县人民的负担也随之加重。原因是按照本朝立国时所订立的财政制度，政府中的预算并无旅费一项，全国一千零四十个驿站，名义上由兵部掌管，实际上一切费用，即过境官员本人及其随从所需的食物、马匹和船轿挑夫，全部由该地方负责。兵部只发给旅行人员一纸勘合，驿站所在之处，即须按照规定供应①。七品官海瑞的声名开始为人所知，就是因为他能够严厉而巧妙地拒绝了官员滥用这种权力而增加地方上的负担。

这一段故事说，当日以文官而出任总督的胡宗宪，兼负防御倭寇的职责，居官风厉，境内的官民无不凛然畏惧。一次，他的儿子道经淳安，随带大批人员和行李，作威作福，对驿站的款待百般挑剔，并且凌辱驿丞。县令海瑞立即命令衙役皂隶拘捕这位公子押解至总督衙门，并且没收了他携带的大量现银。他在呈报总督的公文内声称，这个胡公子必系假冒，因为总督大人节望清高，不可能有这样的不肖之子，也不可能拥有这么多的金银财物②。

如果这段故事夹杂了夸张和渲染，那么，海瑞对付鄢懋卿的经过则属确凿无疑，因为有他收入文集中的缄牍可以为证③。

1560 年，左副都御史鄢懋卿受命清理盐法，南北各省的食盐征收专卖都归他节制，以期增加政府收入，加强抗击倭寇的财力。对于这

---

①　全国驿站经理情形，见苏同炳著《驿递制度》。亦详 Huang, *Taxation* p.38.《大明会典》卷 145 页 46 有此一千多个驿站分布的情形。

②　胡宗宪之子过境的故事，见《明史》卷 226 页 2602。但其情节与《三国演义》之"怒鞭督邮"情节相仿，不能断定属实与否，《明代名人传》内海瑞传记无此记载。

③　《海瑞集》页 168~169，552~553。

位钦差大臣,地方官自然毕恭毕敬,不敢有丝毫怠慢。而钦差大臣本人也不能避免标榜俭朴以沽名钓誉的时尚,先期发出通令,内称本院"素性简朴,不喜承迎。凡饮食供帐俱宜简朴为尚,毋得过为华奢,靡费里甲"。这样的官样文章早已为人所司空见惯,不过视作一纸具文,即在钦差大人本身也不会想到会有人认真对待。

淳安县县令海瑞对这一通令可是毫不含糊。当鄢都院的节使尚未到达淳安,他已经接到一个禀帖。禀帖的一开头规规矩矩地写着"严州府淳安县知县海谨禀",紧接着就把通令的原文节录于后,再接着就说台下奉命南下,浙之前路探听者皆曰,各处皆有酒席,每席费银三四百两,并有金花金缎在席间连续奉献,其他供帐也极为华丽,虽溺器亦以银为之云云。最后要求钦差大人摒弃奢华的排场和搜刮,并且说,如果不能拒绝地方官这样的阿谀恭维,将来势必无法做到公事公办,完成皇上委托的任务。据说,鄢懋卿接到禀帖以后,就没有敢进入淳安,而是绕道他去①。

这种直言抗命的精神,可能使海瑞失掉了一个升官的机会②。他于1562年调任江西兴国,官职仍是知县,不升不降。以他这样的性格和作风,上司当然衔恨在心,如果不是他本人言行如一,清廉正直,十个海瑞也早已罢官免职。他的节俭的名声遐迩皆知,据说有一次总督胡宗宪竟然以传播特别消息的口吻告诉别人,说海瑞替母亲做寿,大开宴席,竟然买了两斤肉③。此事的真实性无法得到证明,但海瑞饭桌上的蔬菜出自他亲自督率别人在衙后栽种,则属毫无疑问。

基于道德观念的驱使,下级官员反抗上级,历来也并不罕见,但大多引不起特别的注意,事情发生后不久,随即为人遗忘。然而海瑞却属例外,他得到命运的帮助,历史站到了他这一边。1562年,历任首辅

---

① 《海瑞集》页585。

② 《明史》卷226页2602;《海瑞集》页587所记与《明史》有异。

③ 《明史》卷226页2602;《海瑞集》页586;《国朝献征录》卷64页38。

几达二十年的大学士严嵩为嘉靖皇帝免职,他所扶植的私人也不免相继倒台,其中包括胡宗宪和鄢懋卿①。他们既被确定为坏人,海瑞在他们当权的时候敢于和他们作对,当然可以算得特行卓识。为此他的声望大增。这四十九岁的海瑞,虽然不是进士出身,官阶也仅为正七品,可是已经获得了在大众心目中成为英雄的可能性,只须再加以机缘,就可以把这一地位巩固下来。

1565 年,海瑞再次表现了他直言的胆略。当时他已经升任户部主事,官阶为正六品,这是一个接近于中级官员的职位。当时的北京,并没有出现什么令人振奋的气象。相反的,南北两方都连连告警,急待增加收入以备军需。然而政府别无新的途径筹款,可行的办法还是不外挪借和增加附加税。前者并不增加收入,也没有紧缩支出,而仅仅是此款彼用;后者则使税收制度更加复杂和实际执行更加困难。户部是国家的财政机关,但是主事一类的官儿却无事可做,大政方针出自堂官尚书侍郎,技术上的细节则为吏员所操纵,像海瑞这样的主事,根本不必每日到部办公,不过是日渐一日增积做官的资历而已②。

嘉靖皇帝当日已御宇四十年。他的主要兴趣在于向神仙祈祷和觅取道家的秘方以期长生不死。他住在皇城中的别墅里,然而又不能以一般的荒惰目之,因为他除去不在公开场合露面以外,对于国家大事仍然乾纲独断,有时还干涉到细节。这位皇帝的喜爱虚荣和不能接受批评世无其匹,只接近少数佞臣,听到的是各种虚假的情况。当他发现大事已被败坏,就把昔日的一个亲信正法斩首,以推卸责任而平息舆论。这种做法使得廷臣但求自保而更加不去关心国家的利害③。1565 年,严嵩去职虽已三年,但人们对嘉靖的批评依然是"心惑"、"苟

①　《明史》卷 205 页 2381、卷 308 页 3490。

②　《明史》卷 72 页 743、卷 225 页 2595;《大明会典》卷 14 页 1;*Taxation* p.16,266-267,293.

③　参看《明代名人传》"朱厚熜"。

断"和"情偏"。然而他对这些意见置若罔闻,明明是为谀臣所蒙蔽,他还自以为圣明如同尧舜。

经过慎重的考虑,阳历11月,海瑞向嘉靖递上了著名的奏疏。奏疏中指出,他是一个虚荣、残忍、自私、多疑和愚蠢的君主,举凡官吏贪污、役重税多、宫廷的无限浪费和各地的盗匪滋炽,皇帝本人都应该直接负责。皇帝陛下天天和方士混在一起,但上天毕竟不会说话,长生也不可求致,这些迷信统统不过是"系风捕影"。然而奏疏中最具有刺激性的一句话,还是"盖天下之人不直陛下久矣",就是说普天下的官员百姓,很久以来就认为你是不正确的了。

这一奏疏的措辞虽然极端尖辣,但又谨守着人臣的本分。海瑞所要求于皇帝的不过是改变自己的作为,而这改变又非常容易,只需要"幡然悔悟",由乱致治,也不过"一振作间而已"。言下之意是,如果皇帝能够真正振作,选择合宜的道路,赴之以决心,他还是有机会成为尧舜之君的①。

这样的奏疏确乎是史无前例的。往常臣下向皇帝作诤谏,只是批评一种或几种政策或措施,这种指斥皇帝的性格和否定他所做的一切,等于说他这几十年的天子生涯完全是尸位素餐,而且连为人夫及人父的责任也没有尽到,其唐突之处,真的是古今罕有。

嘉靖皇帝读罢奏疏,其震怒的情状自然可想而知。传说他当时把奏折往地上一摔,嘴里喊叫:"抓住这个人,不要让他跑了!"旁边一个宦官为了平息皇帝的怒气,就不慌不忙地跪奏:"万岁不必动怒。这个人向来就有痴名,听说他已自知必死无疑,所以他在递上奏本以前就买好一口棺材,召集家人诀别,仆从已经吓得统统逃散。这个人是不

---

① 《海瑞集》页 217~218;《皇明经世文编》卷 309 页 1~9。节略的记载见于《明史》卷 226 页 2602~2603,《世宗实录》页 8919~8925。

会逃跑的。"①嘉靖听完，长叹一声，又从地上捡起奏本一读再读。

　　嘉靖没有给予海瑞任何惩罚，但是把奏章留中不发。他不能忘记这一奏疏，其中有那么多的事实无可回避，可是就从来没有人敢在他面前哪怕是提到其中的一丁点！皇帝的情绪显得很矛盾，他有时把海瑞比作古代的忠臣比干，有时又痛骂他为"那个咒骂我的畜物"。有时他责打宫女，宫女就会在背后偷偷地说："他自己给海瑞骂了，就找咱们出气！"

　　此时嘉靖的健康已经欠佳，他曾经动过退位为太上皇的念头，可是这种放弃天下职责的做法，在本朝又并无先例。在1566年阳历2月底，他左思右想，气愤难平，终于下令锦衣卫把海瑞逮捕到东厂禁锢。刑部议决对海瑞按儿子诅咒父亲的律例处以绞刑，然而嘉靖皇帝在以前虽然批准过许多人的死刑，在这时候却没有在刑部的建议上作任何的批复，因此，海瑞就在狱中住了十个月。

　　有一天，狱中忽然设酒肴相待。海瑞以为这是临死前的最后一餐，他神色不变，饮食如常。提牢主事悄悄告诉他，皇帝业已升遐，新君不日即位，你老先生乃是忠臣，一定会得到重用，海瑞听罢，立刻放声号哭；号哭之余，继以呕吐②。

　　1567年年初隆庆皇帝登极，海瑞被释出狱。对他的安排立即成了文渊阁大学士和吏部尚书的一个难题。他的声望已为整个帝国所公认。他当然是极端的廉洁，极端的诚实，然而从另外一个角度来看，也可能就是极端的粗线条，极端的喜欢吹毛求疵。这样的人不会相信为人处世应该有阴阳的分别，他肯定会用他自己古怪的标准要求部下和上司。对他应该怎么分派呢？看来比较稳妥的办法是让他升官而不

---

　　①　此宦官为黄锦，文见《明史》卷226页2603，《海瑞集》页526、558。又参见后者页539、649。当日海瑞家眷在海南岛。是以黄锦所云，或为替海瑞求情，或则全部故事出于杜撰。嘉靖因海瑞奏疏而激动，见《明史》卷226页2603，《海瑞集》页558、588，《国朝献征录》卷64页29、33。

　　②　《明史》卷226页2603；《海瑞集》页558、589、646~647。

让他负实际的责任。于是,在不长的时期内,他历任尚宝司丞、大理寺右寺丞、左寺丞、南京通政司右通政,官至正四品①。这样一个闲曹自然不能令海瑞满意,因为他是伦理道德的坚决信奉者和实行者,对国家和人民具有高度的责任感。

1569 年年初的京察,按照惯例,凡属四品以上身服红袍的官员都应当作出自我鉴定。于是海瑞在奏折中说:陛下既然赦免了我的死罪,又对我破格擢升,在所有的文臣之中,没有一个人会比我更迫切地要求报答陛下的恩典。接着,他谦虚地声称自己才浅识疏;又接着,他表示自己现任的职务只是专管查看呈奏给皇帝的文书,看罢以后原封发送,既无财政责任,又用不着下左右全局的决心,但是连这样的一个位置还不称所职,所以不如干脆把我革退②。

这样看来,海瑞并不是完全不懂得阴阳之道的精微深奥。他阳求罢免,阴向管理人事的官员要挟:如果你们真的敢于罢黜我这样一个有声望的、以诤谏而名著天下的忠臣,你们必然不容于舆论;如果不敢罢黜我,那就请你们分派给我能够实际负责的官职。

文渊阁和吏部终于向他低头。当年夏天,海瑞被任命为南直隶巡抚,驻扎苏州。且不说这里是全国最富庶的地区,即使是一般地区,任命这样一位不由进士出身的人担任巡抚,也已属于罕见。但是这一地区历来号为难治,以海瑞的性格而就任斯职,有识见的人早就料到必然引起不良的后果。事实不出所料,八个月之后,他遇到参劾而被迫退休。

海瑞的新职一经发表,南直隶的很多地方官就估计到自己将会不能见容于这位古怪的上司,因而自动离职或请求他调。缙绅之家纷纷把朱漆大门改漆黑色,以免炫人眼目而求韬光养晦。驻在苏州的一个

---

① 《穆宗实录》页 215、285、381。

② 《海瑞集》页 288~289。此书页 590 记自陈不职在 1568 年,但京察实在 1569 年初。

宦官把他的轿夫由八人减至四人①。举出这些琐事,就可以证明新巡抚大人声势之迅猛,足以使人震慑。

海瑞下车伊始,就把他的"督抚条约"三十六款在所治各府县公布。条约规定:境内成年男子一律从速结婚成家,不愿守节的寡妇应立即改嫁,溺杀婴孩一律停止。巡抚出巡各地,府县官不得出城迎接,但巡抚可以传询耆老听取他们的控诉。巡抚在各府县逗留,地方官供给的伙食标准为每天纹银二钱至三钱,鸡鱼肉均可供应,但不得供应鹅及黄酒。境内的公文,今后一律使用廉价纸张;过去的公文习惯上在文后都留有空白,今后也一律废止。自条约公布之日起,境内的若干奢侈品要停止制造,包括特殊的纺织品、头饰、纸张文具以及甜食②。

这些规定,有的不免失之琐碎苛细,本来就会生问题的。而他最后的垮台,则是因为他干预了境内的农田所有权所致。

本朝开国之初,太祖洪武皇帝使用严厉的手段打击豪绅富户,两千年来社会的根本问题即土地问题因而得以暂时缓和。中叶以来,这一问题又趋尖锐。高利贷者利用地方上的光棍青皮大量放款于自耕农,利率极高,被迫借款者大多不能偿还。一旦放款的期限已到而又无力偿还,其所抵押的土地即为放款者所占有。虽然官方曾规定利率不得超过三分,而且不论借款时间之长短,利息总数不得逾本金之半,但这种规定从来未能认真执行。与上述规定同时,官方还规定土地因不能还贷而被放款者占有,五年之内,仍可以用原价赎回,这也就在书面上更增加了事情的复杂性③。

海瑞之下决心改变这种状况,不仅是出于保持法律的尊严,而且是为了维护道德的神圣。从他的文集中可以看出,他有限制富户过多地占有土地、缩小贫富差别的愿望。这种冲动使他一往直前,义无反

---

① 《国朝献征录》卷64,页29~30。
② 《海瑞集》页242~254。
③ 《大明会典》卷163页14、卷164页25。

顾。因此，他毫不犹豫地接受了大批要求退田的申请。

南直隶境内的豪绅富户，最为小户百姓所痛心疾首的是徐阶一家。此人曾任首辅，后为高拱排斥而退休闲住。他的家庭成员，据称多达几千，其所占有的土地，有人说是二十四万亩，有人说是四十万亩。上述数字无疑地有所夸大，但徐家为一大家庭，几代没有分家，放高利贷的时间也已颇为长久。海瑞把有关徐家的诉状封送徐阶，责成他设法解决，最低限度要退田一半。从他们往来的缄牍中可以看到，徐阶被迫接受了海瑞的带有强迫性的要求①。

徐阶于海瑞有救命之恩。在他任首辅期间，海瑞因为上书而被系狱中，刑部主张判处绞刑，徐阶将此事压置。他退职家居以后，听任家里人横行不法，根据当时的法令，他可以受到刑事处分。海瑞强迫他退田，并且逮捕了他的弟弟徐陟，一方面显示了自己的执法不阿，另一方面也多少可以减缓百姓的不满，体现了爱人以德的君子之风。这种兼顾公谊私情的做法大大地增加了海瑞的威信。

如果海瑞采用惩一儆百的方式，把徐家或其他几家有代表性的案件广事宣传，以使借富欺贫者知所戒惧，而不是对类似的案件一一追究，那么，他也许会在一种外张内弛的气氛中取得成功。然而他的热情不可收敛。他指定每月有两天专门收受这一类案件。据他自己的文章中说，他每天要收到三千至四千件禀帖②。牵涉面如此之广，自然一发而不可收拾。

南方的农村大多种植水稻。整片田地由于地形和灌溉的原因划为无数小块，以便适应当时的劳动条件。这样，因为各小块间肥瘠不同，买卖典当又经常不断，是以极少出现一个地主拥有连绵不断的耕地。王世贞和何良俊都记载过当时的实况是，豪绅富户和小户的自耕

①　《明史》卷213页2476、卷226页2603；详《明代名人传·徐阶》；Taxation p.157.参看《海瑞集》页431~432、592，于慎行《笔麈》卷5。

②　《海瑞集》页237。

农的土地互相错杂,"莫知所辨析"。海瑞自己在海南岛的田产,据估计不到四十亩,却分成了九十三块,相去几里①。这些复杂的情况,使解决农田所有权的问题变得更加困难。

除此以外,利用高利贷以侵蚀获取他人的产业,还并不限于富户及其代理人青皮光棍,因为信用借贷的机构并不存在,一个自耕农如果稍有积蓄,他就会设法把积蓄贷之于亲戚邻舍以取得利息,借方即以其田产的一部分作为抵押品。在开始的时候借贷双方的贫富程度往往相去无几,然而当借方由于急需而以这种利率极高的贷款来饮鸩止渴,在多数的情况下就难于自拔,所抵押的田产也随即为贷方接管。这种情形在当时已经成为社会风气②。海瑞卷入了大量这样的纷争之中,孤军奋斗,遂使自己陷于不能自主之境。

以个人而对抗强大的社会力量,加之在具体处理这些诉讼的时候又过于自信,师心自用,既没有对地方上的情形作过周密的考察,也没有宣布法律的准则,更没有建立专门的机构去调查案情、听取申辩以作出公正的裁决,海瑞的不能成功已不待言而自明。除此以外,他虽然承认明文规定五年以上不得赎还的条文,但却要求有书面契约作为依据,否则这一条文就不能适用。这个理由表面上似乎并无不妥,然而揆诸实际,农民间的借贷,通常却很少有书面契约。据他自己说,对这样的案件,他所批准赎还的仅占二十分之一③,但正如上面所说的,他不是依靠一个强有力的机构而只凭个人的判断去裁决为数众多、头绪纷繁的争执,其是否能一一做到合情合理,无疑是一个极大的疑问。

还在海瑞受理田产纷争之前,他已经受到了监察官的参劾。参劾的理由是他不识大体,仅仅注意于节约纸张等细枝末节,有失巡抚的

---

①　*Taxation* p.49,158,313.王世贞文见《国朝献征录》卷 17 页 94。何良俊文见《四友斋丛说摘抄三》卷 176 页 27~28。海瑞田产见《海瑞集》页 418、457。

② 　《天下郡国利病书》卷 6 页 14、15、24~26、35、61。海瑞本人承认乡人不知法律,见《海瑞集》页 115~116。

③ 　《海瑞集》页 237。

体统①。随后,给事中戴凤翔以更严厉的措辞参劾海瑞,说他但凭一己的冲动随意对百姓的产业作出判决,在他的治下,佃户不敢向业主交租,借方不敢向贷方还款②。这种明显的夸大之辞不免使人怀疑这位给事中是否已经和高利贷者沆瀣一气。更为耸人听闻的是,戴凤翔竟说,七个月之前,海瑞的一妻一妾在一个晚上一起死去,很可能出于谋杀。尽管海瑞答辩说他的侍妾在阳历8月14日自缢,而妻子则在8月25日病死,但是给事中的参劾已经起到了预期的效果,不论真相如何,许多人已经怀疑海瑞确系怪僻而不近人情,所以才会发生这样的家庭悲剧。

事情极为分明,戴凤翔所代表的不仅是他自己。要求罢免海瑞的奏疏继续送达御前。吏部根据各种参劾的奏疏提出意见,说南直隶巡抚海瑞实为"志大才疏",应该调任闲曹③。这情形是如此微妙,一年之前没有人敢于非议这位朝廷上最正直的忠臣,一年之后他却成了众矢之的;一年之前文渊阁和吏部还因为海瑞的抗议,对他另眼相看,一年之后他们却建议皇帝让他去重新担任不负实际责任的官职。愤愤不平的海瑞终于在1570年春天被迫辞职回乡,在提出辞职的奏疏中,他痛斥"举朝之士,皆妇人也"④。这种一概骂倒的狷介之气,使他在文官集团中失去了普遍的同情。

两年之后,万历皇帝登极,张居正出任首辅。这位文渊阁的首脑和海瑞一样,尊重法纪而讨厌苏松地区的地主。由此,海瑞曾经和张居正作过接触,希望他主持公道。张居正给他的复信中说⑤:

> 三尺之法不行于吴久矣。公骤而矫以绳墨,宜其不堪也。讹

---

① 《穆宗实录》页1023。
② 《穆宗实录》页1055,《海瑞集》页648～649。《海瑞集》页239。
③ 《穆宗实录》页1055。
④ 《海瑞集》页242。
⑤ 《张居正书牍》卷1页16。

言沸腾,听者惶惑。仆谬忝钧轴,得参与庙堂之末议,而不能为朝廷奖奉法之臣,摧浮淫之议,有深愧焉。

这种以委婉的语句阳作同情、阴为责备的修辞方式,正是我们的文人所擅长的技巧。张居正认为海瑞轻率躁进而拒绝援之以手,使海瑞赋闲家居达十五年之久,一直要到 1585 年,他才被重新起用为南京右金都御史。

对于张居正,批评者认为他峭刻、矫饰而自奉奢侈;对于海瑞,则称之为奇特、怪僻而执拗。批评者没有看到他们那种上下而求索的精神,即希望寻找出一种适当的方式,使帝国能纳入他们所设计的政治规范之内。尤其重要的是,如果张居正的措施多少带有变法的意味,那么海瑞的做法却是力图恢复洪武皇帝拟定的制度,这些看来似乎是古怪的政令都有成宪和理论的依据。

洪武皇帝两百年以前创建本朝,并确立了整套的政治和经济制度,其主要的着眼点在于保存一个农业社会的俭朴风气。当时全国的文官仅有八千人。所有办理文牍和事务的技术人员称之为“吏”,和文官属于两个不同的阶层,如泾渭之分明。官可以罚降为吏,吏却很少能上升为官。这些吏的薪给极为微薄,仅足以供一家糊口[1]。

即使对于官员,立法上的限制也十分严格。比如有一条最为奇特的规定是,所有的官员如果未经一定的手续批准,则不能越出城门一步,违者以扰民论,按律处死。他们和百姓接触的方式是派皂隶票传当事人前来官衙,三传不到,才能下令拘捕。洪武皇帝还亲自著成一本名为《大诰》的小册子,通过具体的案例以阐述他实行严刑峻法的原因。百姓中每家每户都必须置备一册,如果遭受官府欺压而沉冤不能

---

① 《太祖实录》页 1176;《英宗实录》页 5417;吴晗著《朱元璋传》页 194、198。

昭雪,有必要叩阙鸣冤,这本《大诰》可以代替通行证①。

农村的组织方式是以每一乡村为单位,构成一个近于自治的集团,按照中央政府的规定订立自己的乡约②。一村内设"申明亭"和"旌善亭"各一座,前者为村中耆老仲裁产业、婚姻、争斗等纠纷的场所,后者则用以表扬村民中为人所钦佩的善行。一年两度,在阴历的正月和十月,各村都要举行全体村民大宴,名曰"乡饮"。在分配饮食之前,与会者必须恭听年高德劭者的训辞和选读的朝廷法令,主持者在这一场合还要申饬行为不检的村民。如果此人既无改悔的决心而又规避不到,那就要被大众称为"顽民",并呈请政府把他充军到边疆。

在为全国农村规划这样一张蓝图的同时,洪武皇帝又连兴大狱,打击官僚、乡绅等社会精英,从朝廷内的高级官员直到民间的殷实富户,株连极广。据有的历史学家估计,因之丧生者有逾十万③。没收案犯的家产并把其中的土地重新分配,加上建国以来大批的移民屯田开荒,就使全国成了一个以自耕农为基础的农业社会。1397年,据户部统计,全国仍能保有田产七百亩以上的地主计有一万四千三百四十一户④。他们的名单被备案呈报御前,洪武皇帝批准他们保持自己的产业,但同时加之以很多服役的义务,俾使其家产不致无限地扩大。

洪武皇帝所推行的农村政策及一整套的措施,对本朝今后的历史,影响至为深远。其最显著的后果是,在全国的广大农村中遏止了法制的成长发育,而以抽象的道德取代了法律。上自官僚下至村民,其判断是非的标准是"善"和"恶",而不是"合法"或"非法"。

---

① 洪武所作《大诰》,现已录入《明朝开国文献》。关于官员不准下乡一节,《大明会典》卷 173 页 3、页 6 仍录存。

② 《太祖实录》页 2436~2438;《宣宗实录》页 1990~1981;《明史》卷 56 页 617~618;《大明会典》卷 79 页 3。亦见 Hucker, *Traditional State* p.26.

③ 《明史》卷 44 页 987~988;吴晗著《朱元璋传》页 159~170;孟森著《明代史》页57~59;《明代名人传·朱元璋》。

④ 《太祖实录》页 3643。

在财政制度上,政府规定了按面积征收田赋,除浙西(当时的浙西包括今日的苏南)而外,其他地区的税率都比较低。征收不分贫富,其限制富户的办法即上述的服役。这种服役名目繁多,而且按累进税的原则分派,即家室愈是殷富,其负担也愈是繁重。比如各地驿站所需的马匹、船轿和饮食,完全出自大户供给,一年中的供应量又没有限额,旅行的官员越多,他们的负担也越重。

地方支出中数字最难固定的项目,即来往官员的旅费。这笔费用既由各大户分摊,所以大部分的地方政府,其财政开支大都根据固定的数字。同时又因为开支涉及的范围很小,多数地区均可自给自足。其有特殊情况不能自给的,按规定应由距离最近而有盈余的地区直接补贴①。这种地方自给的财政制度推行到这样的程度,即在洪武末年五千名金吾卫军士的军饷不是由国库支出,而是指定应天府内五千个纳税人把他们应交的税米直接送到这五千名军士的家里②。这种以赢补亏而不由上级机关总揽收支以节约交通、通讯、簿记、仓库管理等各项后勤支出的财政制度贯彻于本朝的始终。全国满布着无数的短途运输线,缺乏统一的组织和管理。到后来税收已由实物折为现银。这种原始的方式也由于积重难返,而且中级机构又缺乏组织,而无法完全改变。

显而易见,这种财政制度的弊病在于缺乏弹性,不能适应环境而调整。各府县的税率、税额长期凝固,即便耕地的收获量增加,其利益也为业主和高利贷者分润,于国库则无所裨益。在传统经济中的主要成分农业的税收情形尚且如此,对视为末业的工商业,自然也是照此办理。

造成这种财政经济上凝固化的主要原因,是为了维持文官制度的统一和协调。各个地方官既已根据洪武皇帝所制定的原则,以农村的

---

① 参见 *Taxation*。
② 《太祖实录》页 2871、2998。

简朴为行政的着眼点,那么少数文官想要刺激较为活跃的经济部门例如商业,或者是想改革供应制度以总收专发,保持收入和支出的合理弹性,则势必在整个文官集团中另起炉灶,培养一批技术人员。其甄别、训练、管理、考核、升调也都要和一般行政人员不同。这样,势必演变而为两套不同的法令和两个不同的组织。而在事实上,文官集团只能有一种传统的性格,而由于这个集团是本朝实际上的统治者,它就必然会以自己的性格作为标榜,而责成全社会向它看齐。俭朴本来是一种美德,然而在这种条件下提倡俭朴,充其量也不外是一种手段,意在使行政问题简化,以适应政府本身的低能。

现在又要回到海瑞。他把洪武皇帝提倡的原则奉为金科玉律,不准民间制造奢侈品,诸如忠靖凌云巾、宛红撒金纸、斗糖斗缠、大定胜饼桌席等等,都在严禁之列。他一意重农,力追往古,强调"两汉力田孝弟并科之意,隆礼相爱,惟上意向,惟民趋之,一归本业,力返真纯"[1]。希冀以个人的力量,领导社会回复到历史上和理想中的单纯。但是他和洪武皇帝都没有想到,政府不用技术和经济的力量扶植民众,而单纯依靠政治上的压力和道德上的宣传,结果只能是事与愿违。政府的绝大部分收入出自农民,而在海瑞出任巡抚的时候,大部分农民又都身受高利贷的压迫和威胁。政府缺乏资金,农民无法从政府机构获得低利率的贷款。当时民间的借贷机构是当铺[2],贷款利率之高自不待言;即便是亲戚邻右的贷款,也绝不会温情脉脉地降低利率。既然如此,政府所规定的限制高利贷的条文就只能是一纸空文。

自洪武开国到海瑞出任巡抚,其间已历二百年。很多的变化已经在这二百年间发生。当年送达御前以备乙览的　万四千多家富户,已经为新的富户所代替。这些新兴的富户,绝大多数属于官僚、士绅或在学生员而得以享受"优免",不再承担"役"的责任。政府中的吏员,

---

① 《海瑞集》页 252。

② 彭信威著《货币史》页 603。

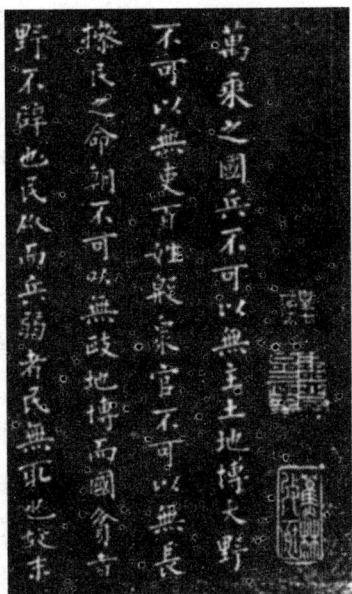

海瑞的手迹

也越来越多地获得了上下其手的机会，因为全国的现金和实物不是总收集发，财政制度无从以严密的会计制度加以考察，从罅隙中漏出来的钱物就落于这些人的手里①。更为重要的是，文官集团已经成熟。洪武时代的八千官员，现在已经扩大为两万人。当年不准下乡的禁令早已废止，但事实上他们也极少再有下乡的需要，因为很多的人对民生疾苦早已视而不见，而是更多地关心于保持职位以取得合法与非法的收入。

　　然则像大地主徐阶那样无限地扩充家产，巧取豪夺，则不能不与文官集团的整体利益发生冲突。他的所作所为已经激起民愤，威胁了整个的官僚政治。无论出于阴还是出于阳，文官集团都不能允许他如是地独占利益，为所欲为。案情一经揭发公开，立即为全部舆论所不

---

①　《日知录》卷3页78~79。徐阶一家亦因为吏荣显，见《明代名人传·徐阶》。

容,而使徐阶失去了防御的能力。文官们可以用皇帝和法律的名义加给他以种种罪名,使他无法置辩。他在海瑞罢官之后仍然遭到清算。他家里的全部土地最后据说落实为六万亩,全部被没收。他的一个大儿子远戍边省,两个小儿子降为庶民①。如果不是张居正的援手,徐阶本人都会难于幸免。

然而对于农民的剥削,绝非限于这种突出的案件。剥削是一种社会现象,绵延数千载,代代相传,在当日则为文官集团家庭经济的基础。官僚家庭用做官的收入放债买田,为构成农村经济的一个重要环节。"君子之泽,五世而斩",富家的没落和贫家的兴起,其间的盛衰迭代、消替流转乃是常见的现象。但这种个别成员之间的转变无碍于整个阶级的面貌,社会依然稳定地保持着剥削和被剥削这两个集团②。海瑞的干预土地所有权,其伦理上的根据和法律上的是非姑且置之不论,只说他以个人的力量,只凭以不怕死的诤谏得来的声名作为资本,而要使整个社会机器停止转动,也就无怪乎不能避免"志大才疏"的评语了。

使这位好心的巡抚所更加无法理解的,则是农村的信用贷款不能合理解决的症结。我们的帝国缺乏有效的货币制度和商业法律。这两个问题不解决,高利贷就无法避免。

币制的问题肇始于两百年前。开国之初,洪武皇帝下令发行的大明宝钞,既不能兑现,也不能用以交纳田赋。其发行的方式也不是通过商业机构,而是通过发放官俸、赏赐官军和赈济灾民等方式流通于社会。而且,最根本的问题是在这种通行票据发放的时候,政府并没有任何准备金。如果这种发行货币的办法能够成功,那确乎是重新分

---

① 《明代名人传》页575。

② 关于这方面的情形,最好的资料是《天下郡国利病书》。《海瑞集》内所列举税收诉讼各节也可以反映当日农村背景,其重点并非少数大地主压抑大批农民;否则,当日社会必有极剧烈的波动,明末农民暴动亦当起于东南,而不致起于西北。社会阶级的流动性,详 Ho, *Ladder of Success*.

配财富的最简便的办法了。然而事实上其中的奥妙在一开始就被识破，虽然政府严令禁止以金银物货交易，违者治以重罪，民间却置若罔闻。宝钞在最初就没有能按照面额使用，数十年后即等于废纸。

洪武即位以后，政府曾经铸造过洪武通宝铜钱。由于铜钱使用不便，洪武八年乃发行宝钞作为法币。这一生财之道既经开辟，政府就不再愿意继续铸钱，以免和法币发生竞争。其后由于形格势禁，再度感到铸钱的必要，但许多问题又随之而产生。官方没有充分的现金收入，只能少量鼓铸，而所铸成的铜钱又有欠美观和整饬，其后果就只能为私铸大开方便之门。各种杂有铅锡、形制滥恶的劣质铜钱充斥于人民的经济生活之中，用者怨声载道，有些人就拒绝使用。这种情形造成了通货紧缩，致使商业萧条，失业者不断增加。面对这一严重的社会危机，政府不得不承认失败。于是无须鼓铸的碎银乃不可遏止地成为公私交易中通用的货币①。

碎银通货君临于全国人民的经济生活之中，其"政绩"自然也不能完美无缺。首先，碎银没有足够数量的铜币作为辅助，零售业极受限制。其次，这种货币既非政府的财政机构所统一发行，主管当局就无法作必要的调节，以伸缩全国货币的流通量。更为普遍的情况乃是一般富裕的家庭如不放债买田，必将金银埋于地下，或是制成金银器皿首饰（其方便之处，乃是随时可以复原为货币）。可是这种趋势，必更促使通货紧缩，使农民借款更加不易。以上种种因素刺激了高利贷者的活跃，而追本溯源，却仍然要归之于政府的无能。好心的巡抚想要用一时的政治力量去解决这些财政和经济政策上的问题，无疑是舍本逐末，其结果必然是事与愿违。

如果存在有效的商业法律，在信用贷款中还可以使用商业票据，以补足货币的流通量。但是本朝法律的重点在于对农民的治理，是以

---

①　*Taxation*，pp.69—81；全汉昇著《中国经济史论丛》页364。

很少有涉及商业的条文。合资贸易、违背契约、负债、破产等等,都被看成私人之间的事情而与公众福利无关。立法精神既然如此,法律中对于这一方面的规定自然会出现很大的罅漏,因而不可避免地使商业不能得到应有的发展①。

本朝的官僚政治把这种情形视为当然,因为立国以来的财政制度规定了财政收入由低级单位侧面收受为原则,无须乎商业机构来作技术上的辅助。地方官所关心的是他们的考成,而考成的主要标准乃是田赋之能否按时如额缴解、社会秩序之能否清平安定。扶植私人商业的发展,则照例不在他们的职责范围之内。何况商业的发展,如照资本主义的产权法,必须承认私人财产的绝对性。这绝对性超过传统的道德观念。就这一点,即与"四书"所倡导的宗旨相背。海瑞在判决疑案时所持的"与其屈兄,宁屈其弟"等等标准,也显示了他轻视私人财产的绝对性,而坚持维系伦理纲常的前提。

可是我们传统经济也另有它的特点。财产所有权的维护和遵守契约的义务,不能在大量商业中彻底维持,却最有效地体现于农村中的租佃及抵押上。这些契约所涉范围虽小,其不可违背已经成为社会习惯,农村中的士绅耆老就可以保证它们的执行,只有极少数的情况才需要惊动官府,因为如果不是这样,整个帝国的农村经济就无从维持。所以,海瑞无视于这些成约在经济生活中的权威意义,单凭一己的是非标准行事,如果不遭到传统势力的反对,那反倒是不可设想的事了。所以戴凤翔参劾他的奏疏中说,在海瑞的辖区内佃户不敢向业主交租,借方不敢向贷方还款,虽然是站在高利贷一方的片面之辞,然而如果把这种现象说成一种必然的趋势,则也不失为一种合理的推断。而这种现象一旦发生并蔓延于全国,则势所必然地可以危及全帝国的安全。戴凤翔的危言耸听之所以能取得预期的效果,原因即在于

---

① 明代民法中关于借债、经商各款,规定极为简单,见《大明会典》卷164。

此。

在被迫退休之后，海瑞编印了他从政期间的记录，其中包括各种公私文件。流传到今天的这部文集，反映了海瑞确实是一个公正而廉洁的官员，具有把事情办好的强烈愿望，同时还能鞠躬尽瘁地去处理各种琐碎的问题。

使读者首先注意到的，是他处理财政问题的篇章。在洪武时代制定的赋役制度，流弊已如上述。其最为百姓所苦的，厥为名目繁多而数额无限的"役"。大户人家可由官僚的身份而蠲免，这些沉重的负担就不可避免地落在中小地主身上，并往往使他们倾家荡产。在推行了近二百年之后，帝国政府已深深感到窒碍难通而不得不加改革。改革的办法是把各种名目的赋役折合成银两，以附加税的形式遍加于全境的土地上，不分贫富，计亩征银。这种新的税制称为"一条鞭法"①。地方政府就用这些附加收入以支付各种力役。

一条鞭法有其简明易行的优点，也多少限制了花样百出的舞弊营私。但过去按田亩数量而以累进税方式分派的各种赋役，此时以平均的方式摊派，本来属于富户的一部分负担从此即转嫁于贫家小户。这也就是放弃了理想上的公允，而迁就事实。出于对农民的同情，海瑞废除了自己应收的常例，并以种种方法限制吏胥的舞弊。但是这些改革，仍然收效甚微。本朝的财政制度虽然技术简陋，牵涉面却十分复杂，如果加以彻底改革，必须厘定会计制度，在中上级机构中，实行银行管制的方式，亦即无异于彻底改组文官集团，这当然是无法办到的。再则海瑞的着眼点也过于琐屑，他被政敌攻击为不识大体，也不尽是凿空构陷之辞。比如说，他的节约到了这种程度，除非吏员送上一张缮正的公文，他决不另发一张空白的文书纸。

海瑞文集中有关司法的部分，虽然易于被读者忽略，但它的历史

---

① 参看梁方仲著《一条鞭法》及 *Taxation*。

价值却至为重要,因为它所阐述的这一庞大帝国的社会背景,较之任何论文都为简捷明白。从这些文件可以看出,地方官纵使具有好心,他也绝没有可能对有关人权和产权的诉讼逐一作出公正的判决,因为在农村里,两兄弟隔年轮流使用一个养鱼池,或者水沟上一块用以过路的石板,都可以成为涉讼的内容①。如此等等的细节,法律如果以保护人权和产权作为基础,则一次诉讼所需的详尽审查和参考成例,必致使用众多的人力和消耗大量的费用,这不仅为县令一人所不能胜任,也为收入有限的地方政府所不能负担。而立法和司法必须全国统一,又不能允许各个地方政府各行其是。既然如此,本朝的法律就不外是行政的一种工具,而不是被统治者的保障,作为行政长官而兼司法长官的地方官,其注意力也只是集中在使乡民安分守己,对于他们职责范围外没有多大影响的争端则拒不受理②。这一类案件照例由族长村长或耆老士绅调解仲裁。为了鼓励并加强这种仲裁的权力,我们帝国的圣经"四书"就为读书人所必须诵习,而其中亘古不变的观念又通过读书人而渗透于不识字的乡民之中,即幼者必须追随长者,女人必须服从男人,没有知识的人必须听命于有教养的人。帝国的政府以古代的理想社会作基础,而依赖文化的传统而生存。这也是洪武皇帝强调复古的原因。

为耆老士绅所不能解决而必须由官方处置的,绝大多数为刑事案件。判决这类案件,政府的态度常常坚定而明确,如果发生人命损失,则尤其不能有丝毫的玩忽,一定要求水落石出。"杀人者死"这一古老的立法原则在当时仍被沿用,过失杀人和谋杀之间区别极微。这种一方面认为人命关天,一方面又主张以眼还眼的原则自然具有相当大的原始性,但对于本朝的政治经济制度来说,其间的互相配合则极为恰

---

① 《海瑞集》页 171、173。此等细节不能经常有合理的管制,可以因争端而酿成人命案。

② 《海瑞集》页 114~115、251。

涉及死罪的案件,其判决常常是武断的,仅
仅出自地方官的个人推理。

当。这样的立法意在避免技术上的复杂,简化案情中的疑难,而在大
众之中造成一种清官万能的印象,即在有识见的司法官之前,无不能
决断的案件。换言之,这种设施也仍不离以道德代替法律的途径。其
方便之处则是一个地方官虽然缺乏法律上的专门训练,但是在幕僚和
吏员的协助下仍然可以应付裕如地兼任司法官。司法从属于行政,则
政府的统治得以保持一元化而使文官集团的思想行动趋于一致。

这种制度的原始性和简单性,在大众之中造成了很多不幸的后
果。官府衙门除了对刑事案件必须作出断然处置外,很少能注意到对
日常生活中的种种纠纷维持公允。乡村中的士绅耆老,虽然被赋予了
这方面的仲裁权,然而他们更关心的是自己的社会地位和社交活动,
对这些琐碎乏味的纠纷大多缺乏热情和耐心。至于开发民智这一类
概念,在他们心目中更不占有任何地位。在我们这个古老的礼仪之邦
里,绝大多数的农民实际上早被列为顽民愚氓,不在文化教养之内,即
使在模范官员海瑞的笔下,这些乡民也似乎只是一群动物,既浑浑噩

噩,又狠毒狡诈,易于冲动①。日常生活中为小事而发生口角已属司空见惯,打架斗殴以致死伤也时有发生。纠纷的一方有时还愤而自杀以倾陷仇家;即或由于病死,家属也总要千方百计归之于被殴打致死。海瑞在做县令的时候,有一次下乡验尸,发现村民竟以颜料涂在死者的身上来冒充血迹。这些残酷的做法,除了泄愤以外,还因为诉讼一旦获胜,死者的家属就可以取得一部分仇家的产业②。

刑事案件需要作出断然处置,不论案情多么复杂,判决必须毫不含糊,否则地方官就将被视为无能。于是他们有时只能依靠情理上的推断来代替证据的不足,草菅人命的情形也不乏其例。下面是海瑞亲身经历的一件案子。

有夫妇二人在家中置酒招待一位因事过境的朋友并留他住宿。正好在这个时候,妻子的哥哥即丈夫的姻兄前来索取欠款白银三两。姻兄弟一言不合,遂由口角而致殴斗。姻兄在扭打之中不慎失手,把丈夫推入水塘淹死。人命关天,误杀也必须偿命,所以妻子和住宿的朋友都不敢声张,丈夫的尸体,则由姻兄加系巨石而沉入水底。

一个人突然失踪,当然会引起邻里的注意,事情就不可避免地被揭露。审案的县官以洞悉一切的姿态断定此案乃是因奸而致谋杀。死者的妻子与这位朋友必有奸情,不然,何以偏偏在这位随带仆从、远道而来的客人到达的那天,丈夫突然丧命?又何以兴高采烈地置酒相庆?理由既已如此充分,女人就被判凌迟处死,朋友作为奸夫理应斩决,姻兄参与密谋应被绞死。这件案子送交杭州府复审,审判官的结论中否定了奸情,认为确系殴斗致死,动手的人应按律处绞。本朝政府在法律技术上虽然远不能誉为精密周到,但在精神上却对这类人命案件颇为重视。按照规定,这一案件要由北京的都察院、大理寺作出

---

① 《海瑞集》页169～178、215～216。

② 《海瑞集》页172～173。以人命为要挟,当时所在多有,参看《归有光全集》页491。

复核。审判者细核府、县两级审讯记录，发现了根本上的出入，乃再度发交邻近三个县的县令会审。这三位县令维持初审的判决。当这一批人犯送抵本省巡按使的公堂，被判凌迟罪的女人当堂哭诉喊冤。于是案件又送到海瑞那里作第六次的讯问。

海瑞的结论和杭州府审判官的结论完全相同。他的理由是这位妻子和她的丈夫生有二子一女，决不会如此忍心。而这位朋友家境并非富有，并且早已娶妻，假令女人确系谋死亲夫而企图再嫁，也只能成为此人的一名小妾。所以从情理而论，谋杀的动机是不能成立的。再则，既属伤天害理的谋杀，参与密谋的人自然是越少越好，又何必牵扯上这位朋友所携带的仆从？

淳安县县令海瑞如何解释初审时的供辞？答案是："皆是畏刑捏招，恍惚成狱，殊非情实。"①

被迫退休回到原籍闲居，对海瑞来说，是一种难以忍受的痛苦。这位正直的官员，他毕生精神之所寄，在于按照往圣先贤的训示，以全部的精力为国尽忠和为公众服务。现在，他已经面临着事业的终点，就再也没有任何东西足以填补他心灵上的缺陷。

他的故乡在南海之滨，和大陆上一些人文荟萃的城市是两种截然不同的环境。在那些城市里，退职的官员可以寄情山水，以吟咏自娱，并且有诗人墨客时相过从。有的人可以出任书院的山长，以弘扬圣贤之道，造就下一代的人才来继续他的未竟之业。而在这天涯海角的琼州，没有小桥流水、荇藻游鱼的诗情画意，收入眼底的是单调一色的棕榈树和汹涌的海涛，吞噬人畜的鳄鱼是水中的霸主。海峡中时有海盗出没，五指山中的黎人则和汉人经常仇杀。

退隐在荒凉瘴疠之区，如果有一个美好的家庭生活，也许还多少能排遣这空虚和寂寞。然而海瑞没有能在这方面得到任何安慰。他

---

① 《海瑞集》页175~176。

曾经结过三次婚，又有两个小妾。他的第一位夫人在生了两个女儿以后因为和婆婆不和而被休。第二位夫人刚刚结婚一个月，也由于同样的原因而逐出家门。第三位夫人则于1569年在极为可疑的情况下死去。第三位夫人和小妾一人先后生过三个儿子，但都不幸夭折。按照传统观念，不孝有三，无后为大，这是海瑞抱恨终天的憾事之一①。

海瑞是忠臣，又是孝子。他三岁丧父，孀居的母亲忍受着极大的困难把他教养成人。她是他的抚养者，也是他的启蒙者。在海瑞没有投师就读以前，她就对他口授经书。所以，历史学家们认为海瑞的刚毅正直，其中就有着他母亲的影子。然而，同样为人所承认的是，海太夫人又是造成这个家庭中种种不幸事故的重要因素。当海瑞离开南直隶的时候，她已经度过了八十寿辰。而出人意外的是，海瑞的上司只是呈请皇帝给予她以四品夫人的头衔，而始终没有答应给她以另外一种应得的荣誉，即旌表为节妇②，是不是因为她的个性过强，致使他的儿子两次出妻？又是不是她需要对1569年的家庭悲剧承担责任？尽管今天已经缺乏实证的材料，但却有足够的迹象可以推想，由于海太夫人而引起的家庭纠纷，不仅已经成为政敌所攻讦的口实，也已为时论所不满。海瑞可以极容易地从伦常纲纪中找出为他母亲和他自己辩护的根据，然而这些根据却不会丝毫增加他家庭中的和睦与愉快。

离职的巡抚已经走到了生命中退无可退的最后据点。他必须忘却别人加之于他的侮辱，克服自己的寂寞和悲伤。他失望，然而没有绝望。他从孔子的训示中深深懂得，一个有教养的人必须抱有任重道远的决心。老骥伏枥，志在千里，他虽然闲居在贫瘠的乡村，屋子里挂着的立轴上，却仍然是"忠孝"二字③。这是儒家伦理道德的核心，在

---

① 《海瑞集》页544。
② 《海瑞集》页578、589~590。
③ 《海瑞集》页570。

他从小读书的时候已经深深地印刻在他的灵魂里，至今仍然用它来警惕自己，务使自己晚节保持完美。他的政治生涯，已经充分表示了为人臣者尽忠之不易；而他的家庭经历，也恰恰说明了为人子者尽孝的艰难。但是除此以外，他没有别的道路可走。我们的先儒从来就把人类分成君子和小人，前者具有高尚的道德教养，后者则近似于禽兽。这种单纯的思想，固然可以造成许多个人生活中的悲剧，可是也使我们的传统文化增添了永久的光辉。从海瑞家族的这个姓氏来看，很可能带有北方少数民族的血统①，然则这位孔孟的真实信徒，在今天却以身体力行的榜样，把儒家的伟大显扬于这南海的尽头！

安贫乐道是君子的特征。家境的困窘过去既没有损害海瑞的节操，今天也决不再会因之而改变他的人生观。他有祖传的四十亩土地足供糊口；在乡居期间，他也接受过他的崇敬者的馈赠。他把这些馈赠用来周济清寒的族人和刊印书籍，自己的家庭生活则保持一贯的俭朴。

散文作家海瑞的作品表明，他单纯的思想不是得之于天赋，而是来自经常的、艰苦的自我修养。既已受到灵感的启发，他就加重了自我的道德责任；而这种道德责任，又需要更多的灵感才能承担肩负。如果不是这样，他坚持不懈的读书著作就会变得毫无意义。

他的作品中再三地阐明这种道德上的责任。一个君子何以有志于做官，海瑞的回答是无非出于恻隐和义愤。他看到别人的饥寒疾苦而引起同情，同时也看到别人被损害欺压而产生不平。在君子的精神世界里，出仕做官仅仅是取得了为国家尽忠、为百姓办事的机会。一个人如果出于牟利，他可以选择别的职业，或为农，或为工，或为商。如果为士做官，则应当排除一切利己的动机②。在这一点上，海瑞和创建本朝的洪武皇帝的看法完全一致。

---

① 《明代名人传》页 474 作此揣测。

② 《海瑞集》页 310、554。

　　海瑞在 1585 年被重新起用。他不假思索地接受这一任命,无疑是一个不幸的选择。这一次,他就真的走到了生命的终点和事业的最低点。当时张居正已经死后被清算,朝廷中的人事发生了一次大幅度的调整。海瑞虽然不是当面反对张居正的人,却为张居正所不喜,因而得以在反张的风潮中东山复起①。然而,这位模范官僚的政治主张在十五年前尚且窒碍难行,在这十五年后又如何能畅通无阻?文渊阁大学士申时行以他的明智和通达,自然不难理解这一点。所以他在致海瑞的书信中说到"维公祖久居山林,于圣朝为阙典",就含蓄地表示了这次起用只是俯顺舆情,需要这位享有声誉的直臣作为朝廷的点缀②。这个时候的海瑞已经七十二岁,虽然锐气并没有削减,但多年的阅历却使他不再像当年那样乐观。当嘉靖年间他犯颜直谏的时候,曾经充满信心地鼓励皇帝,说朝政的革新,不过是"一振作间而已"。而现在,在他离开家乡以前,他给朋友的信上却忧心忡忡地说:"汉魏桓谓宫女千数,其可损乎?厩马万匹,其可减乎?"③借古喻今,明显地影射当今的万历皇帝喜欢女色和骑射,而且对皇帝的是否能够改过毫无信心。

　　在起复之初,他的职务是南京右佥都御史,不久升任南京吏部右侍郎④。自从永乐皇帝迁都北京以后,这个名义上称为陪都的南京,除了正德皇帝一度在此驻跸以外,从来没有举行过全国性的大典。这里的各种中央机构,实际上等于官员俱乐部。他们的官俸微薄,公务又十分清闲,于是就殚思竭虑地设法增加额外收入。最常见的方法是利用职权,向市井商人勒索,其公行无忌有如抢劫⑤。这种种怵目惊心的情形,使稍有良心的官员无不为之忧虑。

---

① 《海瑞集》页 472、597;参见《明史》卷 226 页 2604。

② 《赐闲堂集》卷 36 页 13。

③ 《海瑞集》页 467。

④ 《神宗实录》页 2879、2892、2911。

⑤ 参见《四友斋丛说摘抄》卷 176,页 3~4。

海瑞在 1586 年升任南京右都御史①。在命令发布之前，他已经向万历提出了一个惹是生非的条陈。他提议，要杜绝官吏的贪污，除了采用重典以外别无他途。条陈中提到太祖皇帝当年的严刑峻法，凡贪赃在八十贯以上的官员都要处以剥皮实草的极刑②。这一大干众怒的提议在文官中造成了一阵震动。谁知一波未平，一波又起。有一位御史在家里招了一班伶人排戏，海瑞得悉此事，就宣称按照洪武的祖制，这位御史理应受到杖责。其实这类事情在南京已属司空见惯，海瑞却以为有坏风俗人心而加以反对，结果只能被大众看成胶柱鼓瑟，不合乎时代的潮流。

海瑞的再度出山以及一如既往的言行，对当时的南京地区来说，有如一块巨石投进了一池死水。对他的批评和赞扬同时出现。不久，就有一位巡按南直隶的监察御史上疏参劾右都御史海瑞。下级监察官参劾上级监察官，虽不能说背于法制，毕竟是有逾常情。即此一端，就不难窥见反对者的愤慨。这位御史的奏疏一开始就对海瑞作了全盘否定："莅官无一善状，惟务诈诞，矜己夸人，一言一论无不为士论所笑。"接着就采用莫须有的老办法，说海瑞以圣人自诩，奚落孔孟，蔑视天子。最后又用海瑞自己的话来说明他既骄且伪，说他被召复官，居然丝毫不作礼貌上的辞让，反而强调说他还要变卖产业，才能置备朝服官带。这位御史负有视察官学的职责，他在奏疏中说，如果学校中任何生员敢于按照海瑞的方式为人处事，他将立即停发此人的廪膳，并加责打③。

这种接近人身攻击的批评，立刻遭到无数青年学生和下级官僚的激烈反对④。拥护者和反对者互相争辩，几乎一发而不可收拾。万历

---

① 《海瑞集》页 597。

② 《海瑞集》页 598、648；《神宗实录》页 3128；《明史》卷 226 页 2604。

③ 此人为房寰，原文见《海瑞集》页 630。

④ 《神宗实录》页 3254～3256，3293～3294。

皇帝于是亲自作出结论："海瑞屡经荐举,故特旨简用。近日条陈重刑之说,有乖政体,且指切朕躬,词多迂戆,朕已优容。"①主管人事的吏部,对这一场争论也提出了自己的意见,说海瑞节操可风,只是近日关于剥皮实草的主张过于偏执,"不协于公论",所以不宜让他出任要职,但可以继续保留都御史的职位。皇帝的朱批同意吏部的建议："虽当局任事,恐非所长,而用以镇雅俗、励颓风,未为无补,合令本官照旧供职。"②

这些文件由给事中官署抄录公布,就等于政府公开承认了自己的本身矛盾。为什么可以镇雅俗、励颓风的节操偏偏成为当局任事的障碍?可见我们帝国的政治措施至此已和立法精神脱节,道德伦理是道德伦理,做事时则另有妙法。再要在阴阳之间找出一个折衷之点而为公众所接受,也就越来越困难了。

海瑞虽然被挽留供职,然而这些公开发表的文件却把他所能发挥的全部影响一扫而光。一位堂堂的台谏之臣被皇帝称为"迂戆",只是由于圣度包容而未被去职,那他纵有真知灼见,他说的话哪里还能算数?由失望而终于绝望,都御史海瑞提出了七次辞呈,但每次都为御批所请不准③。这一使各方面感到为难的纠结最终在上天的安排下得到解脱。接近1587年年底亦即万历十五年丁亥的岁暮,海瑞的死讯传出,无疑使北京负责人事的官员大大地松了一口气,因为他们再也用不着去为这位大众心目中的英雄——到处惹是生非的人物去操心作安排了。

---

①　《神宗实录》页 3128。
②　《神宗实录》页 3188~3189。
③　《神宗实录》页 3254~3256,3568。

第六章

戚继光——孤独的将领

一代名将戚继光在阳历 1588 年 1 月 17 日离开了人间,按照阴历计算,为万历十五年十二月十二日。如果这消息已为皇帝所获悉,则多半是出于东厂中秘密警察的劳绩,因为政府的正式档案中并没有提到这件事情。

三个月以前,戚继光的名字最后一次在御前提出。一位监察御史上疏建议起用这位已被罢免的将领。这一建议使皇帝深感不悦,建议者被罚俸三月,以示薄惩①。戚继光是本朝最有才能的将领,其被劾罢官三年以后仍不能见谅于万历,原因全在于他和张居正的关系过于密切。

但是通观本朝武将的经历,其不幸似乎又不仅止于戚继光一人。甚至可以说,戚继光的谢世纵然并没有得到应有的荣哀,然而他在生前所受到的重视,仍然大大超过了其他将领。他的朋友,另一位名将俞大猷,和戚继光一样,具有再造本朝军事力量的宏图,但却屡被参劾并受到申斥,难酬壮志②。另外几位高级将领,卢镗先被拘禁,后遭斥革;汤克宽被拘释放,命令他戴罪立功,最终在塞外为国捐躯。戚继光部下的将领胡守仁、王如龙、朱钰、金科等人也受到革职或戍边的处

---

① 此人为傅光宅,见《神宗实录》页 3565。
② 《明史》卷 212 页 2463~2464。

分①。唯一的例外则是与他同时的刘显，虽然屡被参劾，却能岿然不动。这并不是朝廷对他特别垂青，而是他负有征剿四川"土蛮"的重任，这一战争旷日持久，也找不到更合适的人选取代他的指挥权。刘显去世以后，他的儿子刘綎被誉为跨灶之儿，继之而成为万历一朝的名将，但也迭经革调，1619年和努尔哈赤作战，在仓猝进兵的情况下力战而死②。

这些令人同情的遭际，在本朝带有普遍和必然的性质。探本溯源，还必须从本朝文官和武将之间的关系说起。

概括说来，武将领兵作战，和文官集团的施政原则在根本上是不能相容的。当社会和经济的发展不能平衡，冲突激化，以政治手段调剂无效，通常就会导致战争。有时候严重的天灾造成大面积的饥荒，百姓面对死亡的威胁，也会铤而走险，诉诸武力。但是我们帝国的文官，则一贯以保持各方面的平衡作为施政的前提，如果事情弄到动用武力，对他们来说就是失败的象征。他们具有一种牢不可破的观念，即上自国家，下至个人，不能把力量作为权威。如果一个地区有什么特殊的经济利益，那么就应当加以压抑而不是提倡。至于天灾足以引起战争，则尤为无知妄说，因为从道德观念来说，天下的事物无不可以共同分配，灾民的暴动乃是小人犯上作乱的劣根性使然。

但是就武将来说，他们所受到的训练和战争的经历却养成了和文官截然不同的气质。他们需要具备准确的选择能力和决心，着眼点在于取得实效而不避极端；冲锋陷阵，要求集中全力，对敌人的重点作猛烈打击；退守防御，考虑的是地形的险要和工事的完善，如不可守就要断然放弃；战斗胜利，就一心扩张战果，而不为其他问题而犹豫。在一般情况之下，他们把自己和部下的生命视为赌博场中的筹码，必要的时候可以孤注一掷。而大多数文官则以中庸之道为处世的原则，标榜

---

① 谢、宁合著《戚继光》页145~146；《明史》卷227页2613。

② 《明史》卷212页2467~2468，卷247页2804~2806。又《明代名人传》有刘綎条。

稳健和平。武人在刀剑矢石之中立下的汗马功劳，在文官的心目中不过是血气之勇，即使克敌制胜，也不过是短暂和局部的成功而已[1]。

在维持军队给养的问题上，同样表现了帝国政府重文轻武的风气。让军人自己组织和管理后方勤务，根本不能考虑[2]；即使是在文官管辖之下，把仓库的地点按照战略需要来作适当的配置，也被看作有悖于平衡施政的原则。这种风气还使军人退伍以后不能得到正常的社会地位。本朝治理农民的根本方针是保持他们的淳朴无知，一个士兵退伍还乡，就等于增加一个无业游民，因为他在军队里所学到的技术和养成的起居习惯，已经难于再度适应农村的生活，事情的复杂性就会因之而增加。军官退伍以后所引起的问题更为严重。在别的国家里，一个退伍军官通常都受到应有的尊敬，如果担任民政职务，他的管理经验也能保证他胜任愉快。然而事情适得其反，我们的军官在长期训练中所培养的严格和精确，退伍以后竟毫无用武之地。他会发现在军队以外，人们所重视的是安详的仪表、华丽的文辞、口若悬河的辩才以及圆通无碍的机智。——总而言之，和他已经取得的能力恰恰相反。

这种观念上的南辕北辙，使文官不仅在精神上对武官加以轻视，而且在实际作战中，他们也常常对高级将领提出无理的指责。如果将领当机立断，指挥部队迅速投入战斗，那是贪功轻进，好勇嗜杀；要是他们暂时按兵不动，等待有利的战机，那又是畏葸不前，玩敌养寇。兵士抄掠百姓，该管的长官自然要受到处分，然而事情的背景却常常是军饷积欠过久。军饷由文官控制，然而一旦发生事故，他们却可以毫不承担责任而由将领们代人受过。

---

[1]　关于文官和武官之间的矛盾，Fairbank 的看法稍有不同，见 *Chinese Ways in Warfare* p.3-4.参见拙著对此书的评论，载 *Journal of Asian Studies* vol.35, No.2（1976 年 2 月）。

[2]　《英宗实录》页 135；《大明会典》卷 22 页 29；《明史》卷 79 页 834；*Taxation* p.29-30.

也许是有鉴于唐朝藩镇的跋扈,本朝从洪武开始,就具有这重文轻武的趋向。大约经过了一百年,文官集团进入了成熟的阶段①,他们的社会地位上升到历史上的最高点;换句话说,也就是武官的社会地位下降到历史上的最低点。这种畸形的出现,原因在于本朝的政治组织为一元化,一元化的思想基础则是两千年来的孔孟之道。如果让军队保持独立的、严格的组织,和文官集团分庭抗礼,这一元化的统治就不可能如所预期地成长、发展,以至于登峰造极。这种制度既经固定,将领们即使出生入死,屡建奇功,其社会影响,也未必抵得上一篇精彩的大块文章。

这种制度和风气所造成的严重后果早已被事实所证明。本朝的军事窳败尽人皆知,但其败坏的程度却出人意外。北方的边境每年都为俺答所入侵,被掳走的人民和劫去的财物不可胜计。1555 年戚继光调赴浙江新任的时候,东南沿海也迭经倭寇的蹂躏。正当悲观和惶惑遍布于滨海各省,一股五十至七十人的海寇竟创造了一个奇迹。他们登陆后深入腹地,到处杀人越货,如入无人之境,竟越过杭州北新关,经淳安入安徽歙县,迫近芜湖,围绕南京兜了一个大圈子,然后趋秣陵关至宜兴,退回至武进。以后虽然被歼,但是被他们杀伤的据称竟有四千之多。而南京为本朝陪都,据记载有驻军十二万人。这样的军事行动,在世界战争史上亦当称为罕见②。

面对这样令人焦虑的局面,戚继光的任务决不仅止于单纯地击败倭寇。他首先要组织一支新型的军队。从他的军事著作《纪效新书》中可以看到如何有条不紊地实施他的建军方案;宣布招兵的办法,规定月饷的数字,拟订分配列兵职务的原则,明确官兵的职责,设计队、

---

① Hucker, *Censorial System* p.35.

② 《明史》卷 322 页 3962;《明史纪事本末》卷 55 页 597;《皇明经世文编》卷 204 页 3;《倭变事略》页 96;《归有光全集》页 95。此事或有夸大;但传闻既广,虽西方中国史教本亦摘录,见 Reischauer and Fairbank, *The Great Tradition* p.332.

哨、局的组织,统一武器的规格,颁发旗帜金鼓这一类通讯器材,等等①。建军方案的核心部分是确立铁一般的军法。军法的精神在于"集体负责",即所谓"连坐法",一队和一哨的官兵要互相保证在作战中勇往直前,不得退却。一人退却则一人被斩首,全队退却则队长被斩首,队长殉职而全队退却则全队被斩首。

《纪效新书》所涉及的内容非常广泛,甚至还记载了一种制作干粮的方法。然则这部著作的出现,也正好在另一个角度上反映出了当时的军训军令都没有固定的准则,专门研究军事技术的学校从未成立。如果部队手册、战斗纲要、编制表、后勤补给图解和军法条文等为军中必需的文字材料曾经存在,那么,它们不是没有付诸实施,就是早已不合现状,所以戚继光才会在他的书里不厌其详地作出规定和阐述。

在这种情况下,不论戚继光个人的意向如何,他所组织的新军就不可能不带上个人的色彩,所以人们就恰如其分地称之为"戚家军"。值得注意的是,这支新军在建立三十年之后,仍然还是戚继光的个人部队。这自然又和文官集团的平衡原则大相凿枘。在文官们的心目中,戚继光的军队不是社稷的干城而是国家的威胁,加之他又和张居正关系极为密切,所以必须对他作严厉的弹劾。

在16世纪中叶,日本这一个岛国能够严重威胁本朝东海沿岸各省的安全,这种现象是很难理解的。合乎逻辑的倒是本朝的士兵应该越海进攻日本。当时的日本不仅地狭人稀,而且几十年来没有形成一个统一的政权,内战频仍,法律和纪纲可谓荡然无存。本朝是一个高度中央集权的国家,被一个极有组织的文官集团所统治,中央指挥地方如身之使臂,极少发生抗命的事情。同时我们这个帝国在名义上拥有当时世界上最大的常备军,人数多达二百万②。

但是这种假想的逻辑并不适用于现实。本朝的军制规定,常备军

---

① 《纪效新书》初印于1562年,见《明代名人传》页223。
② 《太宗实录》页589;《孝宗实录》页3322。

由二百万"军户"提供,每户出丁男一人,代代相因不变。设立军户的目的,既在于保证兵员的来源,又在于保障"民户"不致因战争动员而受征兵的骚扰。这制度开创伊始,流弊即随之而来。民户被编入军户,大部出于强迫;即或出于自愿,也常常是基于权宜之计,时过境迁,当初的应诺就不能矢守不渝。所以各个驻兵的卫所刚刚成立,士兵逃亡和换籍的事件即已层出不穷[1]。时经一百多年,各卫所的土地,不少都为各军户抵押和出卖[2]。加之长年以来,除了西北边境,绝大部分地区都承平无事,所以,一个卫所的实际兵员往往远较规定的编制为少,在退化最严重的卫所中,竟仅为规定编制的百分之二或三[3]。而且这些有限的士兵还常常被军官当作营造和运输的劳工,再不然就是留在家里充当仆役[4]。

和这种每况愈下的情形相始终的是补给制度。本朝的军事供应和政事参合为一元。军队的粮饷补给,来源于地方政府的侧面供应。按理说,户部是国家财政的中枢,应该统筹全局,但实际上却类同于一个大型的会计机构,只是在账目上监督各个机关和各个地方政府的出纳。各个地方政府按照规定的数额把给养直接运交附近的军事单位、军区和中级以上的后勤机构。一个府县,可能输送粮食及银两于十几个不同的小单位;一个卫所,也可能接受十几个府县送来的粮食和银两[5]。这种方法一经成为定制,就如盘根错节,任何高级单位也无法把

---

① 《太祖实录》页 1292、1301、2533、2735、2788、3192、3225、3264、3592;《太宗实录》页 2172,韦庆远《黄册制度》页 55,记当时强迫以民户"垛"为军户,逃亡相继。

② 《熹宗实录》页 1557~1560(所记虽 16 世纪事,但其田土荡然无存,实系长久的演变);《顺德县志》卷 3 页 12~14;《皇明九边考》卷 1 页 25~26;《天下郡国利病书》卷 13 页 71,卷 26 页 106;Taxation p.288.

③ 《孝宗实录》页 1261、3424;《金华府志》卷 21 页 5;吴晗著《明代的军兵》页 169;Huang, Military Expenditures p.40.

④ 《神宗实录》页 9573;Hucker, "Governmental Organization" p.61.

⑤ 这一制度创始于洪武,参看上述金吾卫五千军士的情形,见《太祖实录》页 2871、2998。16 世纪的情形见于《宛署杂记》页 49~50;Taxation p.45,131.

补给点和补给线作合理的通盘改组,以适应形势变化的需要。于是供应不能足额的情况就时有发生。试想,由十几个单位分别按固定的数量供应,总难免有个别单位由于意外的情况而不能如额缴纳;而其他单位则并不负有补足缺额的义务,即或有这样的义务,也不见得就有这样的能力。所以在开国一百余年以后,书面的规定早已和实际的详情格格不入。纵使有局部的调整,充其量也不过见效于暂时而终于不免捉襟见肘。

如果查阅官方的史籍,书上都明确无误地记载了全国的补给已由中央统筹分配,而实际的执行却全赖互不相属的下级机构。地方政府和地方军队之间的补给关系已如上述,即使是运往北京的漕粮,其运输的情况也十分奇特。所谓漕粮,就是从南方大多数府县中征收田赋所得的、通过大运河而运往北京的粮食。按明文规定,漕运由专业化的军士负责运送,运送的军士即称之为运军。全部运军有官兵十二万人,分驾运粮船一万两千艘。但是这个庞大的队伍却没有一个统筹后勤的机构来作周密的安排,以使其秩序井然地运转。粮船直接在江南的水滨接受纳税者所缴纳的谷米,然后解缆北运。一艘粮船由一个下级军官管理,并直接对中央政府负责。在所运的粮食送达北京附近的张家湾仓库以前,粮船上全体官兵的人身自由、生命财产甚至妻子儿女,都等同于保证这次运输安全的抵押品,因为除此而外,别无更好的方法可以作有效的管理①。至于粮船的制造,也同样表现了散漫和缺乏组织的特性。这些粮船的法定使用期限为十年,过期就需要重新建造。在淮河沿岸设有"船厂"一处,是全国最大的造船场所,其产量的高峰为年产七百艘以上。然而这个所谓的船厂实际上由八十二个小型船厂拼合凑拢,各厂之间各自经理。虽有一个类似于总管理处的机构,它却无统一调度人力和物资的权能,自然也更谈不上有效的技术

———————

① 《宪宗实录》页2178;《皇明名臣经济录》卷22页22;*Taxation* p.55.

分工①。

不消多说,组织上的低能必然造成装备上的落后。本朝并不完全缺乏这方面的能工巧匠,但是他们都被集中到皇城里,专门为皇帝的禁卫军制造精美的甲胄②。一般的野战军只能服用衬以小铁片的棉布袄,或者由纸筋搪塞而成的"纸甲"③。至于士兵们使用的武器,也大多是由各地府县作为赋的一个部分制造缴送④,质量既有欠精良,规格也谈不上标准化。

以上种种落后的情况,使本朝野战军的战斗力几乎与农村的民兵相去无几。与这种情况相一致的,是对于将领的选拔。在当权者看来,一个将领所应该具备的素质是勇敢粗豪而不在于头脑清晰。上文所提到的刘綎,外号人称"刘大刀",根据夸大了的描写,他所用的镔铁大刀重一百二十斤,可以在马上"轮转如飞"⑤。和刘綎同在辽东战役中牺牲的杜松更为粗蛮卤莽。他在作战时身先士卒,可是一旦战败,就会毁坏自己的兵器甲胄以发泄怒气,而且不断声称必须自杀或者落发为僧,毫无镇定从容的大将风度。因之,此人被努尔哈赤称为"杜疯子"⑥。

军官的任命多数以"世荫"的形式而继承父业。任命的程序相当复杂,大致是高级将领的子孙需要降几级继承,下级军官则无须降级⑦。从本朝中期开始,情况稍有改变,自兵部尚书刘大夏奏准推行武试,任何有志于成为军官的人只要考试及格就可以取得晋身之阶。但

---

① 《漕船志》卷 1 页 5~9。

② 参看周著《中国兵器史稿》图版及《大明会典》卷 192 页 2、92 叙述。

③ 纸制之甲此在宋时已行,十六七世纪明军常用,见《熹宗实录》页 761;《涌幢小品》卷 1 页 266。其用于御倭战役,见陈文石著《海禁政策》页 166。

④ 《皇明经世文编》卷 34 页 17。

⑤ 《明史》卷 247 页 2806。

⑥ 《明史》卷 239 页 2727。亦见于 *Eminent Chinese of the Ch' ing Period* 之杜松传。

⑦ Hucker, "Governmental Organization" p.19

事实上由考试及格充当军官并上升为高级将领的,可谓绝无仅有。而且这种武生的考试又重在刀枪弓马的是否娴熟,由文官主持的笔试,其要求不过是粗通文字而从未涉及军事科学。各处所开办的"武学",也以儒家经典作为主要的讲授内容,其教学进度,以"每日总授不过二百字"为原则①。

用这种方法培养出来的高级将领,几乎很少有人具备运筹帷幄的谋略。其实这也正是文官集团所预期的目的。将领既然大多属于一勇之夫,当然就有必要任用文官作为总督巡抚,让他们来指挥各级武官②。在总督巡抚之下还有"兵备使"或"海防道",他们名为监察,实则握有调度攻防的权力。在军政方面,人事的任免以及补给、交通各项也统统由文官主持。这种军事体制的设计,显而易见,其重点不在于对付敌国的全面入侵,同时也不打算全面进攻敌国。发生在 1449 年号称"土木之变"的战役,正统皇帝已为瓦剌所俘虏,已经暴露了军事体制中致命的弱点。然而这样震惊全国的事件仍然没有能够引起应有的重视与改革。武备继续废弛,军事组织不断衰退。文官们只要在他们的任期中保持平静无事,则一切有关军队改造的计划大可束之高阁。一直到 16 世纪中叶,倭寇的势力大张,不仅屡次攻破了被视为固若金汤的东南海防,而且长驱直入,视守军为无物,这才使中枢的文官惊醒,发现这低能的军事制度将要危及整个帝国以及他们个人的安全。穷则思变,改革已成为势所必然,而改革的初步,仍在于选择有创造精神的高级将领,他必须在战略上深谋远虑,而又精通各种战术。

蹂躏东南沿海的倭寇不同于普通的海盗。海盗大多是乌合之众,只要抄掠财物的目的一经达到,随即呼啸而去。而倭寇则不然。他们登陆以后通常要建立根据地,有时还围攻城池。其中的成员也并非全

---

① 《明史》卷 69 页 721,卷 70 页 727~728;《大明会典》卷 135 页 4~9,卷 156 页 1;《归有光全集》页 422~424,《正气堂集》卷 1 页 1~9。

② Hucker,"Governmental Organization"p.41,54.

部来自日本,而常常混有不少的中国人。在一般情况下,中国人还在其中占有多数,而且可以担任高级头目①。

倭寇入侵的原因,与国际贸易有不可分割的关系。本朝禁止民间的海运通商,虽然律有明文,但是实际上却无法彻底执行。东南沿海的走私贸易,由来已久,好多不同国籍的冒险家纷至沓来。这些冒险家所使用的船只,最大的长达一百尺,宽达三十尺,船壳厚达七寸,超过了中国战舰的规模。据记载,在这些冒险家出没的极盛时期,每天有大小船只一千二百余艘在中国海岸活动②,数字似属夸大,但是利之所在,熙来攘往,已不在话下。其贸易的区域从日本各岛至暹罗湾,状如一弯新月。在中国政府海上巡逻力量所不能达到的近陆岛屿上,他们指定了走私贸易的港口。由于没有一个法庭可以解决买卖双方间合同和债权的种种纠纷,十多个有力量的中国船主以武力作为后盾充当了仲裁者,并因而逐渐被认为海上权威,成了海盗的头目③。

这些海盗头目声威赫赫,和当地的士绅互相勾结,甚至结为婚姻之好。他们公然在沿海修理船只,而且勒令村民接受他们的传讯。这种海上权威虽然尚属萌芽,但任之滋长发育,则必然会威胁我们这个以农业经济为基础的政府④。

海盗肆无忌惮的活动,迫使政府不得不采取强硬的对策。然而冲突一开,我们在政治和军事上的虚弱即暴露无遗。高级指挥官无法确知部下战士的实际数额,也弄不清究竟有多少战船可以调配使用。下级军官在部队出发之前先要向地方富户勒索兵饷给养。而一旦发生战斗,有的部队干脆望风而逃,有的部队虽然敢于迎战,但由于墨守密

---

① 《明史》卷 205 页 2380;陈文石著《海禁政策》页 160。

② 《皇明经世文编》卷 205 页 22,卷 205 页 10。

③ 《世宗实录》页 6325~6326;《明史纪事本末》卷 55 页 589;陈文石著《海禁政策》页 137~139。

④ 《明史》卷 205 页 2377;《皇明经世文编》卷 205 页 5~10;陈文石著《海禁政策》页 142~144。参看《明代名人传·朱纨》。

集队形的战术,往往造成"一人失利,万人奔溃"的后果①。而可歌可泣的作战,却反而出现于仓猝集合的民兵以及各地生员所组织的保卫家乡之情景中。

在日本方面,充当海寇的武士,来自山口、丰后、大隅、萨摩、博多湾、对马和五岛列岛②。他们既无统一的领导,也无长远的作战目的。起初,他们有一个空中楼阁式的希望,以为和中国海盗的联合军事行动可以迫使中国政府开放对外贸易,而他们中的领导人也可以受到招安而荣获海陆军将领的官衔。这些希望在总督胡宗宪发动的一次行动之后终于成为泡影。胡宗宪以招安为诱饵,使这些海盗头目束手就擒,而后又把他们的头颅送到北京邀功③。这种措置只能激起日本的侵犯者更大规模的来犯,并且使今后的屡次入侵更缺乏政治意义,其唯一的目的只在于劫夺财货。

这些日本海寇虽然在上层缺乏统一的领导,但下层的组织力量则不可忽视。虽然是杀人越货,也表现了日本下层社会结构的严密性。据目击者记载,不论作战或宿营,倭寇的小头目对下级战士能施以极严格的纪律管制④。各个小股部队战法一致,也表示了他们并非仓猝招募而来的雇佣兵。他们不断地以寡敌众,击败了数量上占优势的中国官军,而中国的农民造反,却大抵缺乏这种能力。

这些海寇乘坐可以装载百人左右的船只登陆。大举入侵时,常常集结三十至五十艘船只,人数多达几千。在他们的凶焰最为高炽之际,可以有两万人据守占领区内的军事要地。本地的居民在威逼利诱之下也有不少人参与他们的行列,其中有的人在以后被押送至日本作

---

①　《皇明经世文编》卷204页3,卷205页6;《归有光全集》页97~99;《明史纪事本末》卷55页591;《正气堂集》卷7页2,卷9页4。参看《明代名人传·张经》。

②　《明史》卷205页2380、卷322页3692;Kuno, *Japanese Expansion*, vol.1, p.67.

③　《明史》卷205页2380~2381;*Chinese Ways in Warfare* pp.273-307.

④　《皇明经世文编》卷200页6;陈文石著《海禁政策》页167;《靖海记略》页121;谢、宁合著《戚继光》页15~16;《纪效新书》卷首页10。

为奴隶①。他们劫掠的物品不限于金银珠宝,根据需要和可能,他们也夺取内河船只和其他商品。有一段记载提到他们曾大批搜集蚕茧并勒令妇女们缫丝②。这种情况业已与占领军在当地组织生产没有多少差别。

在入侵的初期,他们几乎战无不胜,主要原因在于战术的优势和武器的精良。他们能极其娴熟地使用双刀,并且和近旁的伙伴保持密切的联系,互为呼应,协同作战。颇为特异的是,他们的指挥信号乃是班排长手中的折扇。当双方开始接触,班长排长把折扇往上一挥,他们的部下就以刀锋向上。当对方的注意力为这种动作所吸引,他们就突然倒转刀锋迎头砍下。这种双刀的长度不过五尺,但在一个熟练的使用者手中挥舞,一片刀光,使“上下四方尽白,不见其人”,可以在一丈八尺的方圆之内杀伤对方。其他常见的武器还有弓箭和标枪。据记载,“倭竹弓长八尺,以弓蹈其弰,立而发矢。……镞宽二寸……近身而发,无不中者”,所掷的标枪“不露竿,突忽而掷,故不测”。至于火器,似乎并没有为他们所重视。虽然戚继光说过鸟铳由日本传来,但在记录上却看不到倭寇曾有效地使用这种武器。他们偶尔使用的火炮,看来也是在中国俘获的战利品③。

倭寇的基本战术是派遣三十人以下的小部队进入村落,这些小部队的进止必在严密的互相照顾之下。协同的信号是令人战栗的海螺声。这些入侵者善于使用当地的向导,并熟练地派遣尖兵和斥候,有层次地展开兵力,并以佯攻、驱使难民在队伍的前面等等方式,造成中国官军的扰乱和疑惑。中国官军根本无法对付这一套战术,即使是士

---

① 《正气堂集》卷7页2;《嘉靖东南平倭通录》页8、10、16、17、27、31;《倭变事略》页108;陈文石著《海禁政策》页160、166;Sansom, *History* vol.2, p.267, 270.

② 《倭变事略》页86、99。

③ 陈文石著《海禁政策》页167~168;《练兵实纪》页239。倭寇俘获中国火器,见于《归有光全集》页97;《靖海记略》页121。日本步兵战术,见陈文石著《海禁政策》页167。原文摘自《武备志》,所述与其他资料大部相同。

气最为高昂的部队,他们的对策也不过是仅凭血气之勇猛冲敌阵,既无有效的队形,又缺乏侧翼和后续部队的接应,其经常遭到失败就为势所必然①。南直隶和浙江两省,河流湖泊极多,官军溃退时有如狼奔豕突,被践踏或被挤落水致死者也为数累累。有一次总督胡宗宪也在败退之中被推落水,几乎淹死②。

除此以外,倭寇在和大部队官军遭遇时,还采取另一种战术,即先取守势以减杀官军的锐气,或者制造恐怖气氛使官军陷入心理上的劣势,然后待机出击。戚继光下面的一段记载可以作为说明:"余数年百战,但见诸贼据高临险,坐待我师,只至日暮,乘我惰气冲出;或于收兵错杂,乘而追之,又能用乘锐气,盛以初锋。又其盔上饰以金银牛角之状,五色长丝,类如神鬼,以骇士气。多执明镜,善磨刀枪,日中闪闪,以夺士目。故我兵持久,便为所怯。"③

所以,总结以上的情况,不论官方文件如何强调这一战争是政府的官军围剿海贼,实际上却是中国的外行对付职业化的日本军人。

戚继光着手组织他的新军,兵源不是来自军户和卫所,而是另行在浙江省内地招募的志愿兵④。由于政府已深切理解事态的严重性,所以不得不批准他的组织新军的计划,并且加征新税作为招募和训练的费用⑤。对于这种支持,戚继光在对士兵所作的训话中就告诫他们应该知所感激。他说:"你们当兵之日,虽刮风下雨,袖手高坐,也少不得你一日三分。这银分毫都是官府征派你地方百姓办纳来的。你在家哪个不是耕种的百姓?你思量在家种田时办纳的苦楚艰难,即当思量今日食银容易。又不用你耕种担作,养了一年,不过望你一二阵杀

---

① 《嘉靖东南平倭通录》页31;《倭变事略》页105。参加战役的各种部队,见黎光明著《主客军考》。

② 《倭变事略》页95。

③ 《纪效新书》卷首页10。

④ 《纪效新书》卷首页23;《明代名人传》,页221。

⑤ *Taxation* pp.134-135,293;*Military Expenditures* pp.48-51.

胜。你不肯杀贼保障他,养你何用? 就是军法漏网,天也假手于人杀你!"①

　　道德义务的劝说加上群众固有的宗教信仰,使戚继光得以在所招募的新兵中建立铁一般的纪律。上文所说的"连坐法"②虽然不可能经常被不折不扣地执行,但其杀一儆百的恐吓力量已足以使部队在强敌之前不易击溃。他所制定的赏罚原则并不完全决定于战斗的胜负。即使大败,有功者仍然要给予奖赏;相反,即使大胜,作战不力和临阵脱逃者仍然要受到处罚③。在他的一本奏折里提到1562年的一次战役:他命令部队夺取一座倭寇占领的石桥,第一次进攻失败,一哨官军三十六人全部阵亡。第二哨继之而上,又损失了一半的人员。这时剩下的官兵企图后退。在现场督战的戚继光手刃哨长,才使攻势得以继续不衰,最终击破敌阵,大获全胜④。而这次胜利,也就成了他一生中最值得纪念的事件之一。

　　这种严格的纪律固然是取得胜利的必要保证,但是它的残酷性也实在使人不寒而栗。士兵离队小便就会受到割去耳朵的处罚⑤,而且据传说,戚继光的第二个儿子由于违犯军法而被他毫不犹豫地处死。这样的严刑峻法也许已经离开了通常的人情,但是,戚继光的这一治军方针终于造成了一支坚强的部队。后来他调任蓟辽总兵,有一次在大雨中向全军训话,唯独他从南方带来的三千名军士能几个小时屹立不动,如同没有下雨一样⑥。

────────────

　　① 《纪效新书》卷4页7;《练兵实纪》卷2页66。
　　② 《纪效新书》卷3页3~5;《练兵实纪》卷8页128~129;《皇明经世文编》卷348页6。
　　③ 《纪效新书》卷首页28。
　　④ 《皇明经世文编》卷347页7;谢、宁合著《戚继光》页65,据称当时正法者共十四人。
　　⑤ 《纪效新书》卷3页6、卷4页2 ;《练兵实纪》杂集卷2页178。
　　⑥ 《明史》卷212页2466。

　　然则严峻的纪律，仅是治军方针的一方面；另一方面则必需鼓舞士气。士兵的自尊心和自信心在这里起着重要的作用。一支经常被敌人打得落花流水的部队谈不上自尊和自信，必胜的信念有赖于能力和技术，而能力和技术又来自平时的刻苦训练。

　　戚继光的训练方法得自专家的口授。这些宝贵的经验过去由于不为人所重视而没有见诸文字。到俞大猷才作了扼要的阐述，而戚继光则把所有的细节写成了一部操典式的书本。

　　操练技术的主要着眼之点，可以说是用"辩证法"的原理来分解动作。每一个动作都有相对的两个方面：身体有防盖和没有防盖的两个部分；一种姿势有动和静、正面和侧面的两种因素；有攻击则同时有防御①。总而言之，既有阴既有阳，有阳亦必有阴。例如操练近身武器，也和拳术或舞蹈的原则相似，任何一个姿势都可以作三段式分解，也就是开始——稍为休憩而转变——继续进行又迄于静止，用戚继光的术语来说，就是"起—当—止"②。这些姿势又按其不同的形态而有各种离奇的名目，例如骑龙式、仙人指路式、铁牛耕田式、太公钓鱼式等等。运用这些动作，要求"左右来俱有拍拉"，"后发先至"。至于在实战中和敌人决斗，除了熟练地掌握以上各种基本姿势和原则以外，最重要的乃是佯攻，亦即声东击西，出其不意③。

　　在戚继光以前，在军队中受到重视的是个人的武艺，能把武器挥舞如飞的士兵是大众心目中的英雄好汉。各地的拳师、打手、盐枭以至和尚和苗人都被招聘入伍。等到他们被有组织的倭寇屡屡击溃以后，当局者才觉悟到一次战斗的成败并非完全决定于个人武艺。戚继光在训练这支新军的时候，除了要求士兵娴熟技术以外，就充分注意到了小部队中各种武器的协同配合，每一个步兵班同时配置长兵器和

---

　　① 《纪效新书》卷10页2、31；卷12页1~2。
　　② 据《纪效新书》卷12页21~23内图解分析。
　　③ 《纪效新书》卷12页23、31。

短兵器。在接战的时候,全长十二尺有余的长枪是有效的攻击武器,它的局限性则是必须和敌人保持相当的距离。如果不能刺中敌人而让他进入枪杆的距离之内,则这一武器立即等于废物 ①。所以,戚继光对一个步兵班作了如下的配置:队长一名,火伏一名,战士十名。这十名战士有四名手操长枪作为攻击的主力。其前面又有四名士兵:右方的士兵持大型的长方五角形藤牌,左方的士兵持小型的圆形藤牌,都以藤条制成。之后则有两名士兵手执"狼筅",即连枝带叶的大毛竹,长一丈三尺左右。长枪手之后,则有两名士兵携带"镋钯"。"镋钯"为山字形,铁制,长七八尺,顶端的凹下处放置火箭,即系有爆仗的箭,点燃后可以直冲敌阵②。

这种的配置由于左右对称而名为"鸳鸯阵"。右边方形藤牌的士兵,其主要的任务在于保持既得的位置,稳定本队的阵脚。左边持圆形藤牌的士兵,则要匍匐前进,并在牌后掷出标枪,引诱敌兵离开有利的防御位置。引诱如果成功,后面的两个士兵则以狼筅把敌人扫倒于地,然后让手持长枪的伙伴一跃而上把敌人刺死戳伤。最后两个手持镋钯的士兵则负责保护本队的后方,警戒侧翼,必要时还可以支援前面的伙伴,构成第二线的攻击力量③。

可以明显地看出,这一个十二人的步兵班乃是一个有机的集体。预定的战术取得成功,全靠各个士兵分工合作,很少有个人突出的机会。正由于如此,主将戚继光才不惮其烦地再三申明全队人员密切配合的重要性,并以一体赏罚来作纪律上的保证④。这种战术规定当然也并非一成不变,在敌情和地形许可的时候,全队可以一分为二,成为两个横队与敌人拼杀;也可以把两个镋钯手照旧配置在后面,前面八

---

① 《纪效新书》卷 10 页 1,卷 12 页 1~2。
② 《纪效新书》卷 1 页 6~7 ;《练兵实纪》卷 1 页 23。
③ 《纪效新书》卷 6 页 5,卷 12 页 30。
④ 《纪效新书》卷 1 页 8,卷 2 页 5,卷 6 页 5,卷 8 页 7。

军士所持武器分别为藤牌、腰刀、狼筅和长枪

个士兵排成横列,长枪手则分列于藤牌手与狼筅手之间①。

　　以藤牌、毛竹、铁叉作为标准武器,表现了戚继光的部队仍然没有脱离农民气息。但如果认为他不了解火器的功效,那是不符合实际的。他在实战中运用过火器,和将领讲解火器的利弊,并在奏折中提到了火器的重要性。然则终戚继光的一生,他仍然以上述的鸳鸯阵法作为主要的战术。这倒不是由于他因循守旧,而是牵涉到很多不易解决的复杂因素。

　　让战术全面现代化的建议,曾经被名将俞大猷提出过。他准确地指出,倭寇的特长是娴习陆战,水战的技术反而低劣。俞大猷主张,以有效的战船和火炮歼灭倭寇于海上,根本不让他们有登陆的机会。在战术原则上,在他所著的书里也明白指出:"海上之战无他术,大船胜小船,大铳胜小铳,多船胜寡船,多铳胜寡铳而已。"②他给总督的禀帖中,曾经请求把陆军军费的一半用来配备水师。但纵使俞大猷的声望和战绩都十分卓著,这些有益的建议却始终没有被采纳,因而壮志未酬,赍恨以殁。

　　然则俞大猷本人也不可能理解,他的建议,所牵涉的问题和将要引起的后果已经超出军备问题而及于政治。他要求亲自率领"闽广大

---

　　①　《纪效新书》卷 2 页 6~7。
　　②　《正气堂集》卷 5 页 2,卷 7 页 19,卷 8 页 13。

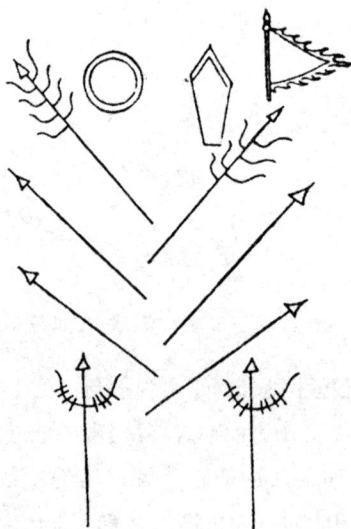

戚继光所创"鸳鸯阵"示意图,标示了每个位置上步兵所持的武器。

船数百艘,兵数万",如果一旦成为事实,有关各省的财政就要从原来小单位之间的收支而被集中管理。与之相应,这些后勤机构的人员必须增加,而且必须一扫苟且拖沓的办事作风,保证规格和数字的准确,才能取得预期的行政效率以与现代化的军事技术相配合。而且和他们往来的各个机构,也必须同样地注重实际。然而我们这个庞大的帝国,在本质上无非是数不清的农村合成的一个集合体,礼仪和道德代替了法律,对于违法的行为作掩饰则被认为忠厚识大体。各个机构之间的联系,从来也没有可资遵守的成文条例。俞大猷当然更不可能预见到,在未来的好几个世纪之内,上面这些情况在我们这个以农业经济为基础的国家里竟不能发生根本的改变。现代化的技术和古老的社会组织断然不能相容,要不是新的技术推动社会组织趋于精确和严密,那就是松散的社会组织扼杀新的技术,二者必居其一。

这种为个人力量所不可抗拒的社会因素,使俞大猷的计划毫无实现的希望。相形之下,戚继光的方案就比较现实。他没有去触动整个的国家体制,而只是脚踏实地,做他职责范围内力所能及的事。他从1559 年开始招募了三千名士兵。两年之后,兵员增加一倍,1562 年更扩大为一万人①。可是他的部队从来也没有一个后勤司令,也没有一个固定的军需处和兵工署。在整个国家机构之中,也没有委派过向他的部队作后勤供应的专职人员。他部队中的装备和武器,来源于各府县的分散供应②。这种情况自然不能保证武器的质量。在戚继光的著作中,就明确提到各地所造的鸟铳铳管常有炸裂的危险,致使士兵提心吊胆,不敢双手握铳以作精确的瞄准。有的火炮,铅弹与口径的尺寸不合;有的火炮,则导火线无法燃点③。有鉴于俞大猷的壮志难伸和火器的实际情况,戚继光所拟订的战术仅仅把火器的应用限制在有限的范围内。他说:“火器为接敌之前用,不能倚为主要战具。”④在练兵的后期,他规定十二个人的步兵队配备鸟铳两枝,一局(相当于一连)的鸟铳手,必定要有一局的步兵“杀手”协同作战。

按照俞大猷使军队现代化的计划,要求兵精械利,把原来两个士兵的军饷供应一个士兵,以部队的质量来代替数量⑤。戚继光的看法则不同。我们帝国的军队是一支全能性的军队,也是一支长久性的军队⑥。它经常的任务是面对内部的叛逆而非外部的侵略者,具体地说,就是镇压内地农民和边区的少数民族。地区间的人口过剩、灾害频仍、农民的流离失所、官吏的苛刻暴虐,都可以迫使暴动随时发生,而以我国幅员之大,这种所谓造反作乱的地点也极难预测,所以这个任

---

① 《明史》卷 212 页 2465 ;《国朝献征录》卷 106 页 58 ;谢、宁合著《戚继光》页 53、68。

② 《纪效新书》卷首页 17 ;《练兵实纪》杂集卷 4 页 210 ;《皇明经世文编》卷 346 页 4、8、13。

③ 《练兵实纪》杂集卷 4 页 199,卷 5 页 239。

④ 《练兵实纪》卷 1 页 23,杂集卷 6 页 275;《皇明经世文编》卷 347 页 21;《穆宗实录》页 741。

⑤ 《正气堂集》卷 7 页 2,卷 17 页 23,卷 8 页 13,卷 11 页 2、4。

⑥ 参看《明史》卷 212 页 2462、2465。

务就不是一支高效率的机动部队所得以完成的。在多数情况下,官军会被造反者死死吸住,造反者熟悉当地的地理民风,官军往往会因之陷入被动而使质量的优势无从发挥。因此,数量的多寡就成为决定胜负的因素。除此以外,俞大猷计划中所创建的精锐部队,他们领取优厚的军饷,又不能和社会上的其他部门对流,那么这样一个浮游在社会上的军事团体非但不能解决上述的社会问题,相反还会引起新的社会问题。再往下推求,俞大猷要求建立现代化的海军以拒敌于国门之外,作战的目的,则在消灭国际贸易,也和世界历史趋势相反。

戚继光的募兵原则是只收农民而不收城市居民①。他认为来自市井的人都属于狡猾无赖之徒。这种观点,虽然有它的片面性,但揆诸实际,在城市中有固定职业的人是极少自愿从军的。士兵为社会所普遍轻视,其军饷也相当微薄,城市中的应募者绝大多数只是把兵营当作解决食宿的救济所,一有机会就想另谋高就。这样的士兵如何能指望其奋勇杀敌以至效死疆场?所以戚继光订立了一条甄别应募者的奇特标准,凡属脸色白皙、眼神轻灵、动作轻快的人一概摈诸门外,因为这种人几乎全是来自城市的无业游民,实属害群之马,一旦交锋,不仅自己会临阵脱逃,还会唆使周围的人一起逃跑,以便一旦受到审判时可以嫁祸于这些言辞钝拙的伙伴。在这个标准下招收来的兵员,都属于淳朴可靠的青年农民,而"鸳鸯阵"的战术,也是针对这些士兵的特点而设计的。他曾明确地指出,两个手持狼筅的士兵不需要特别的技术,膂力过人就足以胜任。而这种狼筅除了扫倒敌人以外,还有隐蔽的作用而可以使士兵壮胆。

戚继光的求实精神还表现于使革新不与传统距离过远,更不大事声张。他的部队保留了古老而朴素的农村作风,有时也和卫所内来自军户的部队并肩作战。他们日常的军饷,大体和在农村中充当短工的

---

① 《纪效新书》卷 1 页 1～3、7。

收入相等,但另设重赏以鼓励士气,一个敌军的头颅,赏额高达白银三十两①。

戚家军的胜利记录无出其右。从 1559 年开始,这支部队曾屡次攻坚、解围、迎战、追击,而从未在战斗中被倭寇击溃②。除了部队的素质以外,主帅戚继光卓越的指挥才能是决定胜利的唯一因素。

戚继光周密而细致。在他指挥部队投入战斗以前,他习惯于把各种条件以及可能发生的情况反复斟酌。一些事情看来细小,却都在他的多方思量考虑之内,例如士兵在遇到敌人之前以小便为名企图脱队,或是情绪紧张而喉干色变。他还为火器规定了一个保险系数,有多少不能着火,又有多少虽能着火而不能给敌人以损害。他认为一个士兵如果在作战时把平日所学的武艺用上百分之十,可以在格斗中取胜;用上百分之二十,可以以一敌五;要是用上百分之五十,就可以纵横无敌③。这种考虑丝毫也不是出于悲观怯懦,而是战场上白刃交加的残酷现实,迫使一位高级将领决不能姑息部下,也决不能姑息自己:在平日,他要求士兵做一丝不苟的训练,哪怕伤筋断骨也在所不惜;在临战前,他就要求自己绞尽脑汁,以期准确地判断形势。

在临阵前的两三天,戚继光就要求侦察连每隔两小时报告一次敌情。他使用的地图用红黑两色绘制,一目了然;如果有可能,他还让人用泥土塑成地形的模型④。他的部队中备有每月每日日出和日没的时间表,当时虽然还没有钟表,但他用一串七百四十个珠子的念珠作为代用品,按标准步伐的时间一步移动一珠,作为计算时间的根据⑤。能

① 戚继光募兵的饷给,初在南方,以每人年饷银十两为原则,以后在北方边墙守卫为年饷十八两。"犒赏"则以缴纳敌首一级得银三十两,全队均分。见《纪效新书》卷 3 页 1~2,《皇明经世文编》卷 346 页 22,卷 347 页 10。

② 《皇明经世文编》卷 349 页 3。

③ 《练兵实纪》卷 6 页 116,杂集卷 2 页 179,杂集卷 4 页 199。

④ 《纪效新书》卷首页 27。

⑤ 《纪效新书》卷 7 页 6~7。

够作这样精密的考虑,就几乎没有任何因素不在他的掌握之中。

戚继光在 1563 年被任命为福建总兵,这是武官中的最高职衔。虽然如此,现实环境却很少允许他去制订整体的战略方针。可以说,他的部队始终只是一个战术单位。火器既不能起决定性的作用,南方的水田也使骑兵不能往来驰骋,所以无法创造出各兵种协同作战的复杂战术。就是在步兵战术的范围内,他也受到各种条件的限制。他所常用的战术是使用精锐突破敌人防御线中突出的一角①。这些地方是敌人防御的重点,地形有利,极难攻破。但是他的部队总是以出敌意外的方式迅速接近敌阵,迫使对方在慌乱中仓猝应战,而使己方从不利转为有利。获得这样的战果,端赖于平日严格训练下所养成的坚毅精神和适应各种地形的能力。此外,以伏兵制胜敌人也为戚家军所独擅胜场,因为士兵的装备轻便,可以灵活地移动和隐蔽。

在作战中,总兵戚继光不惜初期接战的损失。经验告诉他,战斗无非是击破敌方的军事组织。如果以雷霆万钧之力,加于对方组织重点之上,则其配转运活的枢纽既被消灭,其全局必迅速瓦解。而对付倭寇这样的敌人,只要日本人被击败,中国方面的胁从者大多就会放下武器投降。

戚家军多次取得的胜利使他们威名远播,这种威名又促使士兵更加斗志昂扬,他们可以在几小时之内攻克其他官军几个月之内无法解决的倭寇据点,歼灭敌人。

戚继光作战的方针,一向主张占有数量的优势,速战速决。唯一的例外,则为仙游之役。当时仙游被围已一月,戚家军驰赴救援,血战于城外,双方坚持又逾二旬。至 1564 年 1 月倭寇大败而逃,戚继光穷追不舍,肃清了他们的根据地。这是一次决定性的战役,使整个形势

---

① 《明史》卷 212 页 2465;谢、宁合著《戚继光》页 60~61、65~66;程著《戚继光》页 27~29;任著《戚继光》页 66~67。

发生了根本变化①。日本各岛的来犯者,至此才承认在中国的冒险没有便宜可占,因而逐渐放弃了继续骚扰的念头②。剩下的海盗绝大多数已属中国人,他们在浙江福建一带也难于存身,之后就流窜到广东境内。用不着多说,本朝的抗倭战争业已大功告成,剩下的残余海盗当然有待于继续荡平,不过这已经属于中国的内部问题而不是国际间的战争了。

在抗倭战争中功绩最为卓著的戚继光不是在理想上把事情做得至善至美的将领,而是最能适应环境以发挥他的天才的将领。他所以获得成功的要点,在于他清醒的现实感。他看清并适应了当时的政治,而把军事技术作为必要的辅助,这是在当时的环境里唯一可以被允许的方案。至于在一个以文人治国的农业国家之内,谁想要极端强调军事效率,提倡技术的发展,而导致军人和文官的并驾齐驱,哪怕他能举出无数动听的理由,在事实上也是绝对办不到的。

戚继光的功成名遂,在16世纪中叶的本朝可以算是特殊的例外。他之所以能够一帆风顺,固然是由于本身的卓越才能,但是得到一位有力者的支持也是必不可少的因素。这位有力者就是谭纶。此人在文官集团中是一个特殊的人物,进士出身,长期在东南滨海地区任职,累迁至福建巡抚。由于职务上的需要和个人的爱好,用兵之道竟然成了这位高级文官的专长。他常常以视察为名,随同部队亲临前线,有时会乘别人没有注意的时候突然出现于队伍的最前列。据说他有一次还实际参加战斗,弄得两肘沾满了鲜血。按照当时的规定,一个军事领导人的军功标准是部下斩获敌人首级的数字,而谭纶一生中所获得的总数则达两万一千五百③。戚继光提出的募兵训练计划,得到谭

---

①　《明史》卷212页2465;谢、宁合著《戚继光》页74。

②　《明史》卷322页3693。日本作家 Kuno 对此有不同的看法,他说:"明军军事的成功,在制压海寇活动只有局部的影响。有决定的力量的实在是日本国家已再度团结,建立了坚强的中央政府。"译自 *Japanese Expansion* vol.1,pp.295—296.

③　戚继光著《止止堂集·横槊稿下》页33。

纶的热烈赞赏和实际支持,源源供给戚继光的部队以足够的军需装备。戚继光之得以任福建总兵,也主要出于他的推荐①。1567 年,谭纶升任蓟辽保定总督,负有防御京畿的重任。不久他就提议把戚继光调到他的辖区中担任最高将领,当然也不会出于人们的意料之外②。

戚继光于 1568 年年初履新,在蓟州任职达十五年之久。之后谭纶虽然因为内调兵部尚书而离开蓟辽并又死在尚书任内,但这已是在他和戚继光合作,把蓟州的武备大加整顿以后的事了。

本朝的军人长期处于文官的压制之下,即使是一位卓越的高级将领也无法展布其统筹全局的能力。他们的部属在各自的防区内同时接受知府、知县等地方官的指挥,而且不让他们经手供应给养。于是这些武将们唯一所能做到的事就是带领士兵亲身参与战斗③。虽说得到谭纶的一力支持,因袭的各种成例也不断给戚继光增加棘手的问题。即以他的官职来说,在调任之初准备授他为"总理蓟州军务"。以一介武夫而总揽全区部队的指挥调度之权,当然会大干物议。

北方的边镇和南方的军区情况截然不同,其威胁来自边外的游牧民族。每当天时亢旱,蒙古的骑兵部队就会按照他们的成例犯边掠夺。他们的军事特点在于流动性和迅疾猛烈的冲击力量。在集中来犯的时候,一次可以动员十万名骑兵,当时俺答曾经把各部落联成一个大同盟,东西连亘两千里,使官军束手无策④。

蓟州为华北九镇之一⑤,防区为北京东北一带,按照规定的编制应有士兵八万人,战马两万两千匹。但是实际上并没有人能够确切知道现存的数字。在役的士兵,有的属于本镇所属卫所的"主兵",也有从其他地方调来的"客兵"。后者的调防虽然带有永久性,但供应的义务

---

①　欧阳祖经著《谭襄敏公年谱》页 21、30、37、57、58、72。

②　《穆宗实录》页 545、548;欧阳祖经著《谭襄敏公年谱》页 103。

③　Hucker, *Censorial System* pp.34−35.

④　《明代名人传》Altan 条。

⑤　《大明会典》卷 129 页 23,卷 152 页 14。

却仍属原来的地区①。还有一部分从内地卫所调来的士兵,他们的服役期只限于蒙古人犯边可能性最大的几个月。实际上他们也很少亲身服役,只要缴纳一定的银两可以雇人替代,而所缴的银数又和雇代实际所需的饷银不同。总而言之,全镇的人员和粮饷从不同的来源和以不同的方法获得,有的还只在账本上存在。这样,不仅他们的数量难以弄清,他们的质量也是一个疑问。

这种松散的组织和军需上的缺乏统一,看来不全是出于无意识的安排。一个办事效率极高的将领常常会以自己的意见作为各种问题的总答案,用我们古人的话来说,就是跋扈专擅;而这样一个将领手提重兵在京畿据守,也常常造成一个朝代的终结②。所以戚继光改进武备的一切努力,都必然遇到重重的阻碍,其中的绝大部分来自文官集团的意志,而这种意志又有历史传统的成例作为背景。

但是很幸运,谭纶和戚继光的意图受到一位中枢重臣的赏识。此人就是张居正。

张居正在戚继光北调的前几个月才出任内阁大学士,之后还要经过一番周折,才成了本朝第一位政治家。然而他在入阁之初就有重整军备的雄心,蓟州是最能吸引他注意力的一个军区。戚继光莅任不久,就发觉他自己只需要专心于军备而不必参与政治;因为凡是应当安排的事,都已经由总督和大学士安排妥帖;如果事情连他们都无法安排,当然也不必多费唇舌。

以大学士的身份,张居正不仅没有权力公然颁发指令,甚至不能公开讨论制度的改组。他所采用的方式是用私人函件授意亲信如此如此地向皇帝提出建议。这些建议送到内阁票拟,他就得以名正言顺

---

① 《大明会典》卷 28 页 26~28,卷 129 页 3~6。
② 参看《国朝献征录》卷 106 页 59。

地代替皇帝作出同意的批复①。他进入文渊阁以后的第一个皇帝是一个昏庸的君主，对国事既不理解也不关心；第二个皇帝则是小孩子和他的学生。环境和才能加在一起，造成了张居正的权威。但是他还是需要小心从事。帝国的官僚政治已经发展到登峰造极，成千成万的官僚，在维护成宪的名义下保持各方面的平衡，掩盖自己不可告人的私利。要公然宣布改组军事制度，就等于邀请别人对自己攻击。因此张居正不得不采取这种迂回的方式。反正皇帝站在他这一边，不论别人是否识破真相，只要举不出违背成宪的理由，则公开的攻讦和私下的流言都可以不在话下。

蓟州军镇的军备改革，按照这样的程序顺利地进行。最初，戚继光建议把北方各镇十万名士兵交给他训练三年②。由于计划过大，在政治上和技术上都有许多不易解决的问题，因而未能实现。但是中枢政府批准了他的另一项建议，即把他在浙江所训练的一部分士兵调至蓟州，最初员额为三千人，以后扩充为两万人③。张居正对戚继光极度信任，企图赋予他以这一军区统筹全局的权力，所以才拟议设立"总理蓟州军务"的官衔，以和其他各军区的"总兵"相区别。无奈这一官衔在本朝史无前例，各种议论就纷至沓来，乃不得已而作罢。这一计划不能实现，张居正找出了另一种办法，即把蓟州辖境内的其他高级将领调往别镇，以免遇事掣肘④。这时谭纶又建议该区的文官不得干预军事训练，并且主张戚继光在三年的练兵期内可以不受监察官的批评。后者显然又为文官们制造了违反成宪的口实，引起猛烈反对。皇

---

① 张居正以私人书牍指挥其亲信，可以从《张居正书牍》看出。笔者的综合论述，见 *Taxaion* pp.297-298.

② 《皇明经世文编》卷 347 页 14；谢、宁合著《戚继光》页 116。

③ 《国朝献征录》卷 106 页 60；谢、宁合著《戚继光》页 124。张居正在书牍中称必须授予戚继光全权以招募兵士，见《张居正书牍》卷 1 页 4。

④ 《穆宗实录》页 548、742；《国朝献征录》卷 106 页 59；《张居正书牍》卷 1 页 4~5。

帝的朱笔批示接受了兵部和都察院的建议,要求监察官明白练兵的重要,责成他们"和衷共济",并把他们对蓟州防区的巡视限为每年一次;对谭纶和戚继光则希望他们"稍宽以文法,乃得自展"①。事实上,凡是故意和戚继光为难的文官,后来都被张居正不动声色地陆续迁调②。

蓟州军开始训练,就接受了优厚的财政接济以购买军马、制造火器及战车③。这种和其他军镇的不平等待遇,惹来了大量的反感。接着又有一连串的矛盾跟着产生,诸如北兵和南兵的摩擦、军职的继承者和其他出身者的争执、因循守旧和锐意革新的冲突。张居正了然于这些情况,在他写给谭、戚两个人的私人信件里,再三叮咛他们务必谦恭退让,不要居功自傲。他警告戚继光说,"北人积愤于南兵久矣",他们"多方罗致,务在挫辱之",所以"务从谦抑,毋自启侮"④。有一次蒙古部队打算犯边,就在战事一触即发之际,俺答却放弃了原来的企图,下令掉头北撤。这一出人意外的事件,在张居正看来完全是由于谭、戚二人部署有方,才使俺答踌躇不前;然而邻近的两镇却把功劳据为己有。张居正虽然认为这种冒功邀赏可笑而且可耻,但是他却通知谭纶,他已经以皇帝的名义承认了这两镇的自我吹嘘。他也不让兵部查清事情的真相,以免纠缠争辩。他要求谭纶在奏折中不仅不要争功,反而要把功劳归于其他二镇,使他们"嚼舌愧死"⑤。

张居正这种做法,表面上是损己益人,具有大政治家的风度;但是仔细研究,却仍是有阴有阳,无助于矛盾的根本解决。哪怕是谭、戚二人表现出无以复加的谦抑,各镇之间的利害关系也决不能因此冰消瓦解。因之内阁愈想公正平衡,旁人看来则在一明一暗之间有亲有疏,偏袒更多。以后反对张居正的人认为蓟州练兵是他培植私人的政治

---

① 《穆宗实录》页 548、576、583。
② 《明史》卷 212 页 2467。
③ 《穆宗实录》页 0581、0609。
④ 《张居正书牍》卷 1 页 9,卷 2 页 14,卷 4 页 16,卷 5 页 19。
⑤ 《张居正书牍》卷 1 页 19。

资本,也就毫不足怪了。

1577 年谭纶病死,从此张居正和戚继光的关系更为密切。第二年张居正返江陵葬父,他还生怕这短期的离职引起戚继光的不安,所以特地私下通知戚继光,接任蓟辽总督的将是梁梦龙。信上说:"孤之此行,甚非获己。……到家事完,即星夜赴阙矣。蓟事已托之鸣泉公,渠乃孤之门生,最厚;谅不相负。"①梁梦龙字鸣泉,在翰林院与张居正有师生之谊。他在万历一朝的事业,也赖张居正的提拔为多。张居正这样倾肠相告,自然使戚继光更加感恩戴德。是以首席大学士的江陵之行,戚继光派出了一整连的鸟铳手作为护卫,张居正选择了其中六名随行,作为象征式的仪仗,同时也表示了首辅和蓟州戚帅关系之密切。兹事前后,蓟州总兵官的传骑携带各种文件和信件不断来往于首辅私邸,这更使他们的反对者在日后清算张居正的时候,有所借口,甚至指斥他们图谋不轨了。

戚继光在蓟州创造的战术,可以称之为"步兵军官的各兵种协同"。要对这种战术作出评论,必须顾及他所受到的各种条件的限制。当时,现代化的武器传入不久,而北方士兵的素质又极不理想,他所依靠的主要力量仍然是来自南方的旧部,为数约一个旅左右。他把这一个旅的兵力作了适当的配置,并以此为全军的核心,以防御蒙古的十万铁骑突然来袭。

抗倭战争中使用的"鸳鸯阵",是一种以小股步兵为主的战术,目的在于对付海寇并适应南方的地形特点。而蓟州军镇的任务是防御蒙古的大部队骑兵,因而这种在"鸳鸯阵"的基础上发展而成的新战术也就初具了各兵种协同作战的规模。

战车的使用成为这种战术的重要组成部分。这种战车的性能以防御为主。形状和民间的大车相似。所不同之处,在于民间的大车的

----

① 《张居正书牍》卷 4 页 16、20。

车厢两侧各有箱板,而这种战车只有八片可以折叠的屏风,共长十五尺,平时平放在车辕上,作战时打开树立在一边车轮之后以代车厢,所以又称"偏箱车"。几十辆战车可以并肩衔接,摆成圆形或方形的防御据点。屏风最靠边的两扇可以前后摇摆,有如门叶,以供步兵出入①。

一辆战车装载"佛朗机"轻炮两门。用今天的标准来看,这种欧洲式的火器只能算做大口径的火枪而不能算作炮。它以青铜或铸铁铸成,长度自三尺至七尺不等,口径则小于两寸,从炮口装入铅弹。最大型的佛朗机,射程为两千尺②。通常这种火炮以及辅助火炮的鸟铳都在战车上屏风后发射铅弹,屏风开洞以为铅弹的出口。

士兵二十人配属于战车一辆。其中十人直接附属于战车,任务为施放佛朗机。另外十人就是戚继光所强调的"杀手",任务为以藤牌、镗钯和长柄单刀迎敌。杀手班的距离和战车保持在二十五尺以内,他们如果前进,战车也随之而推进③。

其他步兵部队仍然使用鸳鸯阵的战术,稍有差异的是藤牌手应当匍匐前进砍斫敌人的马蹄,长枪手则主要在于挑刺敌军使之落马,竹制的狼筅有一部分已易为铁制④。

这一混成旅有骑兵三千人,步兵四千人,重战车一百二十八辆,轻战车二百一十六辆。迎敌时骑兵在前阻挡敌人,使战车得以有充裕的时间构成战斗队形。当敌军逼近,骑兵就退入战车阵内。敌骑数在一百以下,混成旅拒不接战,只有来犯的大批敌骑进入火器的射程中约

① 《练兵实纪》杂集卷6页258、261;《大明会典》卷193页13。《正气堂集》卷11页9~14所作图版为《武备志》袭用,但其战术以设想的成分为多,未能如戚之操用于实际。

② 关于"佛朗机",见《练兵实纪》杂集卷5页230,取义于"Farangi"。现今 Tower of London 仍陈列类似之火铳。戚继光使用佛朗机,见《练兵实纪》卷4页91,亦见《纪效新书》卷15页24~25。

③ 《练兵实纪》卷5页105~106,杂集卷6页260~266;《皇明经世文编》卷349页4。

④ 《练兵实纪》卷5页103,杂集卷5页221~223。

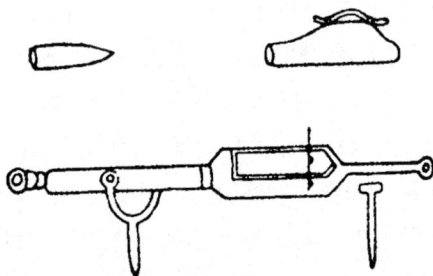

佛朗(狼)机,这种在 16 世纪中国使用的火器起源于欧洲。

二百五十尺时,佛朗机、鸟铳和火箭等才同时施放①。

混成旅也可能携带重炮,其中之一俗称"大将军"。这种重炮重一千斤,以骡车装运,点放时则需使用大木楔入地面使本身固定。炮筒内不用弹丸,而以小铁球和石块紧紧填实,作用是在零距离大量杀伤敌军人马,炮手在点烧火药以后也要跳进附近的工事里以避免受伤②。

当火器的威力发挥以后,步兵就从战车之后冲出,形成几道攻击波和敌人格斗而以喇叭的声音指挥动作的协同③。等到敌人攻势被挫,队形散乱,骑兵也从车后整队出击。这种骑兵实际上是马上步兵,他们同样以鸳鸯阵的队形带着不同的白刃作战④。蒙古人利用骑兵结队冲锋,以迅猛的力量和气势压倒对手,戚继光未曾仿效。

这样一种经过精心研究而形成的战术,由于不久以后本朝即与蒙古人和解,所以并没有经过实战的严格考验,也没有在军事历史上发生决定性的影响。从纯粹军事的角度来说,这个结果多少是有所遗憾的。

---

① 《皇明经世文编》卷 349 页 10。又同书卷 349 页 4 称敌兵不至二百五十尺以内不开火,然《练兵实纪》卷 5 页 103 则称鸟铳在距敌五百尺开火。

② 《练兵实纪》杂集卷 5 页 226~228、234~235,卷 6 页 244~245;又见《阵纪》页 30。并参看《天工开物》卷 15。

③ 《练兵实纪》卷 5 页 103;《皇明经世文编》卷 349 页 4。

④ 《练兵实纪》卷 5 页 99~100,杂集卷 6 页 265。

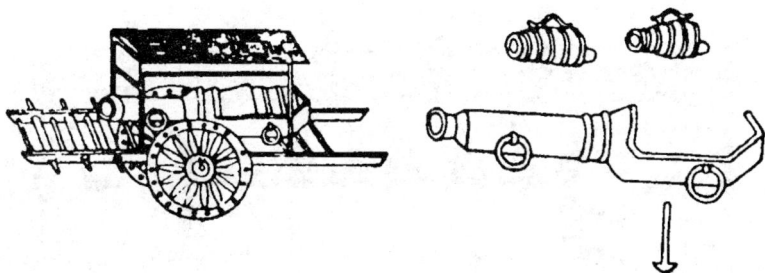

载有"无敌大将军"炮的骡车及"大将军"炮细部

　　戚继光出任蓟州总兵不到三年,俺答就放弃了骚扰政策,立誓不再入犯,而且约束所有的部落,以作为接受津贴和互市的条件①。其时只有东部土蛮各部落不受约束,仍然和辽东的李成梁部队不时交锋,偶然也有小股部队和蓟州军发生接触,但已与大局无关②。

　　俺答虽称"封贡",其和局能否持久,廷臣谁也没有把握。因之此时仍有主战派。如谭纶即主张积蓄力量,作大规模的主动出击,以彻底消灭蒙古人的攻击力量。这样大规模的总体行动,却需要举朝文武真正的协同一致,而且要承担可能发生的风险。因之张居正就无意于采纳谭纶的建议③。他给戚继光的信上说:"贼不得入,即为上功。蓟门无事,则足下之事已毕。"④

　　张居正并不是没有雄心壮志,但是他看得到自己的弱点。即如戚继光在蓟州最大的困难就是北兵与南兵的掺杂。他对南兵可以绳以纪律,并能指挥如意,而对北兵则无法作这样严格的要求。他曾经打

　　①　《明代名人传》Altan 条及王崇古条。

　　②　《明史》卷 327 页 3767;谢、宁合著《戚继光》页 127~128。蒙古部队之分裂可参考《明代名人传》页 335。但《神宗实录》页 10734 称 1599 年明军三万以战车御敌十万,然未详述经过。

　　③　欧阳祖经著《谭襄敏公年谱》页 128;《张居正书牍》卷 4 页 19~200

　　④　《张居正书牍》卷 5 页 9、19。

戚继光编制的骑兵阵形,是一个由鹿砦和偏厢车组成的防御方阵。

算以经过他训练的官兵作教导队,去训练其他部队,此事未能如愿①。他又要求再调两万名浙兵,也未被批准,而此时仍有南北兵间极不相容的情况,可见他的处境不佳。

边境的战争既然暂时平息,练兵活动也不再像在南方的时候那么紧张,戚继光于是提议派遣北兵修筑长城。北京一带的"边墙"原为明初大将徐达等所筑。戚继光建议增造"空心堡垒",以增加防御功能。他最初计划以二百五十人组成一个工兵营,每营在一年内建造堡垒七十座②。蓟州全境内建造的堡垒总数原定为三千座,后来批准施工的

① 《明史》卷212页2466;《皇明经世文编》卷347页14~16。参看《神宗实录》页220。

② 《皇明经世文编》卷349页12。

为一千二百座①,同时修造的时间也未如原议,竟绵延十载才全部竣工②。这种筑成的堡垒,其标准规格为三层,台顶见方十二尺,可驻守三十至五十名士兵。建筑材料砖石灰泥等等大部由从事修筑的北兵自制,政府只发给少数款项作为接济。筑成以后,经常驻守的任务由南兵担任,北兵由于饷项不足,只能以各种方式营生自给③。全部提案遭到北方军官强烈反对,只是由于张居正的全力支持才开工修筑如议④。张居正去世以后,他一生的经营大部付之流水,唯有在这边墙上林立的堡垒才是他留下的永久性的贡献。

这种营造和防御政策,把兵力分散配备在这样长的防御线上,归根结底仍由当时的供应制度所迫致。假使没有这种情形,而戚继光有选择的自由,他一定会毫不犹豫地采取攻势,创造流动性的战术。他在留下的诗文中曾再三表示过这种愿望⑤。

戚继光任蓟州总兵前后达十五年,等于他前任十人任期的总和⑥。他是一个不知疲倦的人,喜爱操练、阅兵、举行各种典礼和向部下训话。这些活动使他有机会在全军将士面前显示他体格强壮,动作敏捷。在对部下将领讲解各种近战武器的利弊时,他有一次当场命令一个下级军官用军刀对他作攻击,而他则持长枪防御⑦。他经常巡视各部,一次驰马到长城以外二十里,周围没有一个侍卫。他还亲自攀着

---

① 《明史》卷 222 页 2560;《皇明经世文编》卷 349 页 17~18;欧阳祖经著《谭襄敏公年谱》页 113~114、125;谢、宁合著《戚继光》页 121~122,此书称实造一千零一十七座。

② 《明史》卷 212 页 2466;《神宗实录》页 2113。

③ 《练兵实纪》杂集卷 6 页 251。《神宗实录》页 3537 提及南兵有逃亡者。

④ 《皇明经世文编》卷 349 页 12;欧阳祖经著《谭襄敏公年谱》页 114~116、125。《国朝献征录》卷 106 页 60 称"不旬月告成",显属夸大。《张居正书牍》卷 1 页 4 所叙尺寸不同。

⑤ 《皇明经世文编》卷 347 页 19;《止止堂集·横槊稿上》页 19、26、33。

⑥ 《明史》卷 212 页 2467。

⑦ 《练兵实纪》杂集卷 4 页 210。

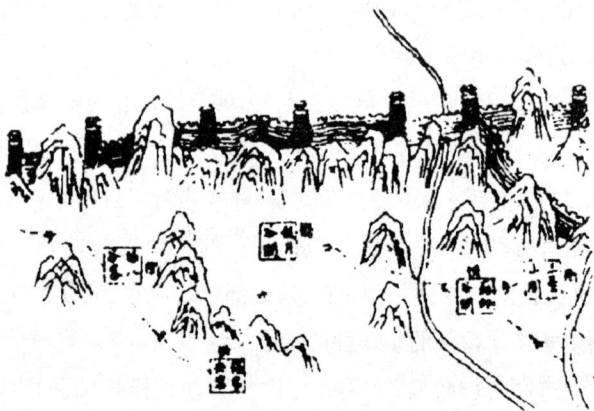

明代学者顾炎武绘制的长城图

悬绳登上设在绝壁上的观察所①。身为高级将领还具备这样的体力与作风足使他引以自豪。

在繁忙的军务之中,他还抽空写作他的军事著作和诗文。他的第二部军事著作题为《练兵实纪》,刊印于1571年。九年之后又刊印了他的诗文集《止止堂集》②。

中国的古典诗歌,如果用冲淡自然的语言表现出深切或激动的情绪,就谓之含蓄;如果用棱角分明的粗线条勾画出不受拘束的气概,则谓之豪放。戚继光的诗歌达不到这样的境界,带给读者的感觉只是拘束和平庸。好在也没有人用上述的标准来权量诗人戚继光。一般看来,出身于武举的将领,大半生都在戎马倥偬之中,能够写出这样的作品也就是出类拔萃。即在当代高级将领之中,除了"少好读书"的俞大猷之外,戚继光的文章造诣已无与伦比。在平常的谈话中,他可以随口引用儒家的经典和史书上的教训,以此,文官们对他刮目相看,认为

① 《止止堂集·横槊稿上》页18、19。
② 谢、宁合著《戚继光》页129;《明代名人传》页223。

他不是樊哙式的武人。等到他的官阶越来越高，就有更多的文官把他引为同类，在一起饮酒赋诗，往来酬对。当时的文苑班头王世贞和戚继光的交情就非同泛泛，在他的文集中有两篇赠送给戚帅的寿序，并且还为《纪效新书》和《止止堂集》作序①。

和戚继光同时代的武人，没有人能够建立如此辉煌的功业。他从来不做不可能做到的事，但是在可能的范围内，他已经做到至矣尽矣。为此，他得到了武官所能得到的各种荣誉。即以官位而论，身居总兵，也已登峰造极，因为本朝的成例不允许一个武人握有一省以上的兵权，即使再有升迁，也不过是增加官俸和官衔②。如果说还有遗憾，乃是他没有被封为伯爵。而这一高位，除了照例授予皇帝的岳父以外，只有建立了匡危扶倾的不世殊勋才能获得。

但是，戚继光在生命中的最后几年坠入了寂寞和凄凉。张居正死后七个月，他被调任为广东总兵③，官职虽然依旧，实际上已经失去了拱卫帝都的重要地位。再过一年，清算张居正的运动达到最高潮，戚继光的精神更加消沉郁闷，于是呈请退休。可是当时的环境已经不允许他保持令名，据官方文件的记载，他和辽东总兵李成梁同时作为前首辅的党羽而被参劾。万历皇帝原谅了李成梁而把戚继光革职④。

戚继光罢官家居以后，只有很少几个朋友仍然和他保持来往，文豪王世贞也是其中之一。戚继光去世之前一年，王世贞还写了一篇祝贺戚帅的寿序，赞扬他的生平功业⑤。只是不久之后，王世贞所写的《张公居正传》涉及了他的好友戚继光时，则另有一番情调。

---

① 《弇州山人四部稿》卷 62 页 18、卷 65 页 7；《弇州山人续稿》卷 38 页 20、卷 51 页 16。

② 总兵在职务上不能再有进展，但可能再在头衔上升级，诸如太子太保、上柱国，甚至取得伯爵的头衔。*Taxation* p.30 有所说明。参见 Hucker, "Governmental Organization" p.63.

③ 《神宗实录》页 2474~2475（参考《校勘记》页 641）、2672、2763、2869；谢、宁合著《戚继光》页 148。并参看程著《戚继光》页 47~48，《明代名人传》页 223。

④ 《神宗实录》页 2723、3060、3769。

⑤ 《弇州山人续稿》卷 38 页 20。

这篇《张公居正传》是在史籍中很值得注意的文章。它出于传主的同年而兼为散文家的手笔,而且记录极为详尽,包括了很多传闻逸事,细枝末节。当然,文中也有对张居正的称誉,例如提到他知人善任,就举出了戚继光、李成梁之能够成为名将,就是因为得到了这位首辅的支持才得以充分发挥他们的才略。可是传中重点则指张公虚伪矫饰而天性刻薄。而且作者也不隐瞒他和张居正个人之间的嫌隙。文章中叙述到自己的地方不用第一人称而直书"王世贞"①。

传记又说,张居正的去世,原因是好色过度。兵部尚书谭纶曾把房中术传授给首辅,戚继光则用重金购买称为"千金姬"的美女作为礼品奉进②。这样一来,在蓟州重整军备这一番作为,似乎又和饮食男女的本能发生了关系。这一段无法考证的逸事,记录在这样一篇文辞华美的传记之内,成了一大公案,使以后写作戚继光传记的人都不知道应当如何处理,就只好装作没有看见。

戚继光死去以前,他的妻子已经遗弃了他。他以前统率十万大军,素以慷慨著称,对朋友尤为豪爽。他不事私蓄,在被斥退以后,竟至一贫如洗,甚至医药不备③。英雄末路,使当时和后世的同情者无不扼腕叹息。戚继光本人的功业固然值得表彰,同时又加上这些感情的色彩,所以,不论是正式的传记还是非正式的纪事、评论,总是对他倍加称颂,有时竟把他描写成一个完人。

但是真正的历史学家应当有超越当时的看法。戚继光是一个复杂的人物,不能把他强行安放在用传统道德构成的标准像框里。他的一生中有许多难于解释的事情。譬如说,这位高级将领生前娶妾三人,生子五人,可是直到他的儿子长大成人,他却能全部隐瞒了他们的

---

① 《张公居正传》见王著《嘉靖以来内阁首辅传》卷7~8。王世贞之为人,可以自张居正的书牍中窥见。《张居正书牍》卷6页21~23有张致王十五缄。
② 《国朝献征录》卷14页74~75。参见《明代名人传·王世贞》。
③ 《国朝献征录》卷106页62;谢、宁合著《戚继光》页149。

存在,他泼悍的夫人竟不知将门有子①。他在部下面前提到士兵生活的痛苦,可以洒下同情的眼泪。他废止了让士兵采伐柴薪以供他家用的成例,有一年除夕,总兵府中竟因为缺乏炊米之薪而不能及时辞岁②。可是北京著名餐馆的名菜,如抄手胡同华家的煮猪头,却由百十里外走马传致③。又譬如他在蓟州练兵时采用过歃血为盟的仪式,与将士共饮血酒并对天起誓:"或怀二心,不爱军力,不抚念军贫,或屡禁而肆科索,或虚冒而充贪缘……即如俞景龙立死,以膺显报。"如果"恣意科敛以供馈送",就会遭到"天灾人祸,瘟疫水火,使全家立死",甚至"男盗女娼,十代不止"④。然而从一些迹象看来,戚继光并没有完全遵守他自己的誓言。他以重金购买美女送给张居正一事固然无法证实,但是他让他的兄弟给张家"馈送"礼物,却见于张居正的书牍。而张居正只象征性地收受其中的一小部分,把其余的"璧诸来使",也可以隐约看出礼物的贵重⑤。《明史》本传把他和俞大猷比较,说他"操行不如而果毅过人"⑥,也是用委婉的措辞证明了一个英勇的军人不一定同时就是廉洁的将领。1584 年戚继光被参劾的理由之中,有一条就是他在蓟州的账簿业已不知去向。更直接地说,就是没有账单可资交代⑦。

除了歃血为盟以外,戚继光还在他的麾下创造了很多宗教式的做法。比如,他亲自设计制作各营连的军旗,在军旗上绘绣天上的星星或者传说中鸟首人身的图像,以象征他们的指挥官。他重视黄道吉日

① 《国朝献征录》卷 106 页 61~62;《明代名人传》页 223。

② 《练兵实纪》杂集卷 4 页 205、210。

③ 《春明梦余录》卷 6 页 65,书中未叙及戚名,但称"蓟镇将帅"。

④ 《止止堂集·横槊稿下》页 20、22、34、38。

⑤ 《张居正书牍》卷 4 页 20。

⑥ 《明史》卷 212 页 2465。

⑦ 《国朝献征录》卷 106 页 62。

和生辰八字,而在向部下训话的时候,又常常提到善恶的因果报应①。难道本朝最为出色的军人竟沉沦于迷信之中?这连《四库总目提要》的编者都感到别扭②,不知应当如何评论他著作中的这些内容。

但是用视而不见的态度抹去这些事实,就是不忠实于历史;对一个英雄人物隐恶扬善,也并不是真正的推崇。戚继光的复杂来自环境的复杂,如果指望他简单得如同海瑞,无疑是不近情理。写历史的人既知道戚继光是一代卓越的将领,一位极端刚毅果敢的军人,也是一位第一流的经理、组织家、工程建筑师和操典的作者,则自然应当联想到假如他不精通政治间的奥妙,就绝不可能同时做好这么多的事情。戚继光所生活的时代,落后陈旧的卫所和军户制度早应该全盘放弃,而代之以先进的募兵制度;零碎的补给,也早就应该集中管理。然而我们的帝国不允许也没有能力作全面的改革,只好寻找出一种妥协的办法来作部分的修补。戚继光的天才,在于他看准了妥协之无法避免;而他的成功,也在于他善于在技术上调和各式各样的矛盾。妥协的原则,是让先进的部门后退,使之与落后的部门不至相距过远。在组织制度上没有办法,就在私人关系上寻找出路。具体来说,没有文渊阁和张居正的全力支持,就没有强有力的蓟州军区和戚继光。他的部队和他本人充满了矛盾,在火器已经在欧洲普遍使用的时候,他动员大批士兵修建碉堡;在他的混成旅里面,枪炮手和藤牌手并肩作战。他一方面是这样精细,仔细计算日出日没的时间;一方面又这样野蛮,把违反军纪的士兵割去耳朵。这些极端矛盾的事实,在其他国家内,可能彼此相隔几个世纪,而我们的帝国则在一个军区内同时出现。

戚继光是否是一个超自然的崇拜者?从某些方面来说,他和很多

---

① 《纪效新书》卷 16;《练兵实纪》杂集卷 3 页 185~194。
② 《四部全书总目提要》卷 178 集部别集类存目评论戚继光《止止堂集》,"多及阴骘果报神怪之事"。

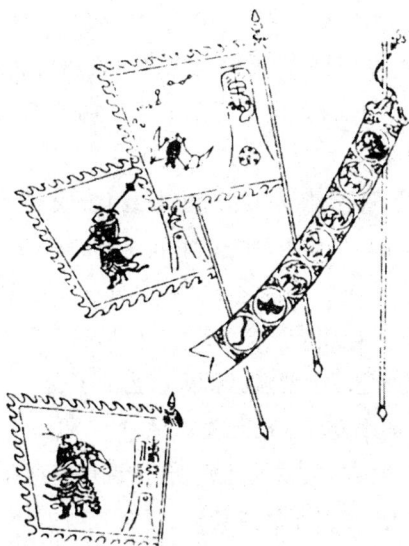

　　戚继光设计的军旗,上面运用了星占学和民间传说中的符号和动物,意在激励这支由农民和矿工组成的军队的士气。

同时代的人物一样,确实有这样的倾向①。但是在有些时候,超自然的信仰却只是一种治军的手段。在一次向皇帝陈述意见的奏折里,总兵戚继光坦率地指出,北方的军官,"自将领而下,十无一二能辨鲁鱼"②。将领如此,士兵的文化水准更可以想见。要是主将不用宗教迷信的因果报应作为规劝,还有什么其他办法辅助军事教育?

　　面对另外的对象,戚继光可以立即改变语气。比如说,他在军区

---

　　① 例如张瀚所著《松窗梦语》、黄所著《篷窗类纪》,都有很多阴骘善恶果报的故事,有时涉及著者家人。戚继光一方面谈及超自然力量,一方面又说:"夫天时不足忌,在尽吾人事,自能感召天禄,所谓人定亦能胜天。"他又在训话时说:"且知道经佛法,说天堂地狱,说轮回报应,人便听信他,天下人走进庙里的便怕他。你们如今把我的号令当道经佛法一般听信,当轮回报应一般惧怕,人人遵守,个个敬服,这便是万人一心了。"以上见《练兵实纪》杂集卷 3 页 191,卷 4 页 212。于此可见其为人复杂,非简单的迷信。

　　② 《皇明经世文编》卷 350 页 5。

中建造的私宅命名为"止止堂"①,运用《庄子》中"虚室生白,吉祥止止"的典故,表示他谦抑自持,愿意在虚静之间得到吉祥。他的文集,起初称为《愚愚稿》,也就是向所有的文人表明他本人愚鲁而作品笨拙,不敢和别人媲美。

戚继光的长处,在于他没有把这些人事上的才能当成投机取巧和升官发财的本钱,而只是作为建立新军和保卫国家的手段。他深知一个将领只能在社会情况的允许之下才能使军事科学和军事技术在现实生活里发挥作用。他接受这样的现实,以尽其在我的精神把事情办好,同时也在可能的情况下使自己得到适当的享受。至于合法或者不合法,从他的政治的眼光看来已无关宏旨。

他和谭纶、张居正的关系如此密切,虽说他精通政治但是最后仍不能逃避政治中的现实。张居正死后,廷臣提醒万历:戚继光是伏在宫门之外的一头猛兽,只听张居正的操纵,别人无法节制。这也正是控诉张居正意图谋逆的理由:张居正和戚继光没有造反的证据,却有造反的能力。所以,在清算张居正的运动中,法官追问张的儿子懋修,为什么他父亲在日,要在夜间派人与戚帅书面联络②?

戚继光的不幸遭遇是因为他在一镇中推行的整套措施业已在事实上打破了文官集团所力图保持的平衡。既然如此,他就必须付出代价。

他在贫病交迫中死去。在少数几个没有遗弃他的朋友之中,有一位就是为他写作墓志铭的汪道昆。当他写到"口鸡三号,将星殒矣",显然有无限凄怆的感触③。汪道昆自然不会知道,当他润笔作书的时候,西班牙的舰队,已整备出征英国。这事情的意义,即是军备的张

---

① 《练兵实纪》杂集卷 4 页 196。

② 张懋修题于《张居正书牍》卷 5 页 19 之附记。参考谢、宁合著《戚继光》页 147。

③ 《国朝献征录》卷 106 页 62;谢、宁合著《戚继光》页 149。汪道昆亦与张居正不相得,见《明代名人传》页 1427～1430。但汪作墓志铭时退休已久,此中未提及个人恩怨。

弛,立即影响一国国运的盛衰。世界局势如是,而这阳历 1588 年 1 月 17 日清晨,将星西殒之际,我们古老的帝国业已失去重整军备的最好良机。三十年后,本朝的官兵和努尔哈赤的部队交锋,缺乏戚南塘将军苦心孤诣拟订的战术和强调的组织纪律,结果是众不敌寡。兹后八旗军作为一股新生力量崛起于白山黑水之间,其取本朝而代之,也只是迟早的问题了。

第七章

李贽——自相冲突的哲学家

1602 年,李贽在狱中以剃刀自刎,死后,被称为牺牲自我。这一评论不能不使人感到怀疑。李贽的著作不容于当时而屡被官方禁止,但是仰慕他的人则不顾禁令而不断加以重印。这些著作,虽然篇幅浩瀚,然而并没有在历史上开拓出一条新路。李贽并不缺乏勇气,但是通常来说,这样类型的作家如果发现了崇高的真理而愿意为之牺牲自己,他的文字中间就会表现一种燃烧性的自我满足和欣快。这些特点不能在李贽的著作中见到。

少数的评论者,竟说李贽站到了下层民众的立场上,批判了剥削农民的地主阶级①。这种论调自然更属于无稽。他在 1580 年离开姚安知府的职务以后,一直倚靠朋友中地主绅士的周济以维持生活,而他也从不觉得接受这些周济有任何不妥。这个社会容许他不耕而食,但是他从来没有提出应当改组。如果在某些地方批判了他的地主官僚朋友,那也只是着眼在私人的性格和品德,而从没有提到经济立场,同时他也明确指出这种评语可以同样适用于自己。在若干场合,他一方面自我批评,一方面又自我怜惜。在给侍郎周思敬的信里,他说:"今年不死,明年不死,年年等死,等不出死,反等出祸。然而祸来又不即来,等死又不即死,真令人叹尘世苦海之难逃也。可如何!"②在这种

---

① 参看朱谦之著《李贽》页 21。
② 《续焚书》页 11。

语调中看不出丝毫自我牺牲的意味,也就是说,写信的人并没有能以燃犀烛照的锐利眼光看透社会的痼弊,立下"与汝偕亡"的决心。

但是李贽对这个社会具有理智上的关心,则属毫无疑义。这种关心和信仰自由有其相通之处,在它的后面有社会经济的背景,也有与他所处的社会环境有特别的关联,而其个人的心理上和哲学上的特点尤其不能忽视①。这些条件只能更把李贽构成为一位特色鲜明的中国学者,而不是一位在类似条件下的欧洲式的人物。

李贽是儒家的信徒。1587 年以前,他已经按照儒家的伦理原则完成了对家庭应尽的一切义务。次年,他即剃发为僧,时年六十一。剃发的原因是他的环境已经允许他抛却呆板、拘束的生活,得以寻求个性的自由发展。这不等同于一般意义上的遁世,不论从理智上看还是从社会关系上看,他此后的言行实际上代表了全国文人的良心。当被捕后接受讯问,他回答说:"罪人著书甚多,具在,于圣教有益无损。"②这种精神和路德的倔强相似。他认为每个人都可以根据自己的意见解释经典,这也和宗教革命的宗旨,即凡信徒即为长老的态度相似。但李贽没有路德的自恃,也缺乏伊拉斯谟斯的自信。在他自裁以后气绝以前,他用手指写了王维的一句诗以解释他的死因:"七十老翁何所求!"③其消极悲观的情绪已显然可见。

李贽的悲观不仅属于个人,也属于他所生活的时代。传统的政治已经凝固,类似宗教改革或者文艺复兴的新生命无法在这样的环境中孕育。社会环境把个人理智上的自由压缩在极小的限度之内,人的廉洁和诚信,也只能长为灌木,不能形成丛林。都御史耿定向是李贽的朋友、居停和论辩的对手,李贽曾屡屡对他作过不留情面的抨击,批评他缺乏诚信。然而,李贽还以同样不留情面的态度解剖自己,指责自

---

① 特别提出此一问题的为 de Bary,见 *Self and Society*,Chapter 7,p.220.

② 袁中道著《李温陵传》,见《焚书》卷首页 4~5。

③ 袁中道著《李温陵传》,见《焚书》卷首页 5。

已缺乏诚信:"志在温饱,而自谓伯夷叔齐;质本齐人,而自谓饱道饫德。分明一介不与,而以有莘借口;分明毫毛不拔,而谓杨朱贼仁。动与物连,口与心违。"他还怀疑自己用佛门的袈裟遮掩了"商贾之行之心","以欺世盗名"①。这种奇怪现象的症结,在于内心矛盾的剧烈交战而无法自解。

李贽于1527年生于福建泉州。他的家族原姓林,后来改姓李。六世祖林驽是泉州的巨商,以贸易往来于波斯湾,娶"色目女",可能就是印度欧罗巴种的女人。在其后相当的时间内,他的祖先仍然和混血的家庭和伊斯兰教的信仰者往来,一直到曾祖父一代,他家庭中的国际色彩才归于消失,李贽本人则从小就在中国传统文化的影响下长大成人②。

到李贽这一代,他的家道早已中落。1552年,他得中举人。中举后因为经济困难,不能再耐心拼得进士及第的资格,即要求循例在政府中任职。之后,他多年沉浮于下僚,位卑俸微,郁郁不得志。1559年,又因为父亲死去而停职丁忧。服满后入京求职,等待了一年零八个月,才得到了一个国子监教官的职位。候补期间,以教书糊口。他生有四个儿子三个女儿,但除了大女儿以外,其他都不幸夭殇③。据李贽自己说,有一次他有七天没有吃到多少东西,最后甚至饥不择食,不能分辨"稻粱"和"黍稷"的差别④。

1563年,他的祖父去世。上司和朋友根据当时的习惯,送给了他相当丰厚的赙仪。至此,他下了一个重要的决心。他把全部款项的一半在他做过教官的河南购置地产一处,以为妻女衣食之资,让她们留

---

① 《焚书》卷3页130;类似的自评又见此书卷2页50。

② 《李贽的家世故居及其妻墓碑》,见《文物》1975年1期页37~38。参看 Needham,《中国科学技术史》(英文本)第四册章3页495n。

③ 《焚书》卷1页10、37,卷3页105,卷6页232。

④ 《焚书》卷3页110。从文字中可以看出李贽为家庭教师,依东家供给食物。虽然因大雪绝粮,但亦可见其家无储粟。

在河南,余下的一半则由他自己携回福建①。他所需要安葬的不仅是新去世的祖父,而且还有祖先三代的灵柩五口。按照一般的风俗,安葬先人,必须讲求风水,选择吉地,以期后人的飞黄腾达,否则宁可把灵柩长期停放。当时,李贽还在文官的下层中挣扎,虽然祖父刚刚去世,但是曾祖父的灵柩已经停放了五十年。环境逼迫他迁就现实,在可能的条件下一起埋葬,但求入土为安而不再作过高的奢望。这一问题的解决,多年之后还使李贽感到已经恪尽了自己的职责。

然而这一个决定却增加了他妻子的负担。她不愿意在去家数千里之外无依无靠地独撑门户,而且她也有自己的孝思。她的母亲年轻时居孀,历经辛苦,把她抚育成人,这时由于思念女儿,朝夕哭泣至于"双眼盲矣"。但是李贽手头的款项毕竟有限,不可能在丧葬之外再携家往返,所以只能忍心拒绝了她一起返回泉州的请求。他们一别三年,等到重新聚首,她才告诉他两个女儿因为当地饥馑,营养不良而死。这一不幸的消息当然使他伤痛不已,当晚与妻子"秉烛相对,真如梦寐"。

李贽在河南共城任儒学教谕三年,在南京和北京国子监任教官各数月,在礼部任司务五年,又调任南京刑部员外郎又近五年,最后才被任为云南姚安府知府,时在 1577 年②。在就任知府以前,他的官俸极为微薄,甚至不足糊口。只有在知府任上,才有了各项"常例"和其他收入,遂渐有所积蓄③。

这种似合法又似非法的收入并没有使李贽感到不安。他并不像海瑞一样,以为官俸定额以外的一丝一毫收入都属于贪污④。他以特行卓识而见称于当代和后世,但在这个问题上却和常人有相同的看

---

① 《焚书》卷 1 页 10、卷 3 页 85~86。
② 容肇祖著《李卓吾评传》页 2~10;《明代名人传·李贽》。
③ 《焚书》卷 2 页 52、卷 4 页 42。参看朱谦之著《李贽》页 2。
④ 《焚书》卷 2 页 44。

法，即做官的目的本来就是名利。他的诚实在于能够坦白承认这一目的，而不打出去绝私欲、为国为民等等高尚的幌子。这就接触到了一个更为根本的问题：我们是否应该让每个人公开承认自己的私心，也就是自己的个人打算，以免口是心非而阴阳混淆？①

使李贽感到不安的倒是他的妻子。她是一位标准的贤妻良母，只要对丈夫的事业有利，她能够忍受一切乃至牺牲一切，但是她不能理解丈夫的精神世界。他一心想要创造独立的思想和人格，离开了独立，他的内心就得不到满足。也是基于这种精神，在1580年姚安府任满以后他决定退休。当时他年方五十三岁，正值官运亨通，一帆风顺，这种出乎意外的决定对她也不能不是一种打击。然而她依然是顺从，和丈夫一起迁到湖广黄安，寄居在耿氏兄弟家里②。可是李贽后来又和耿定向闹翻，又决意搬到附近麻城的佛堂中去居住，她这才不得不独自回到离别了二十年的故乡泉州。直到1587年，她临死以前，她曾多少次向他呼吁，要他回到泉州。当她的死讯传来，李贽曾写了六首诗表达当时的伤感。诗中称赞她的贤淑，说"慈心能割有，约己善持家"，夫妻四十年来未曾反目，只是遗憾她尚未能理解"丈夫志四海"的宏猷③。在给女婿的信里，李贽提到在听到噩耗以后，没有一夜不梦见她，文字的凄怆，令人不忍卒读④。好几年以后，他还劝告朋友不要轻易削发为僧，尤其是有近亲的人更要三思而后行。这种劝告，不妨看成这位充满矛盾的哲学家的一次自我忏悔。

李贽的一意孤行，一定要和两千年来根深蒂固的家族观念联系起来观察，才能使人理解，因为按照当时的习惯，他一旦回到泉州，他所需要照顾的绝不能仅止于自己的家庭。他是族中有名望的人物，又做

---

① 《焚书》卷1页30、36、40，卷2页46。
② 《焚书》卷1页9，卷2页57、77～78；容肇祖著《李卓吾评传》页11～17。
③ 《焚书》卷6页232。此诗曾由萧公权译为英文，载《明代名人传》页809。
④ 《焚书》卷2页45。

过知府,那就一定会陷入无数的邀劝纠缠之中而不可自拔。

　　早在二三十年前,在丧父家居的时候,李贽就已经有了这种经验。当时倭寇犯境,城市中食物奇缺。他虽然只是一个最低级的文官,也不得不接受亲族的拥戴,负起了为三十多人的大家庭寻找饮食的义务①。和他同时的何良俊,《四友斋丛说》的作者,就提到过他在南京为避难的亲族所包围,要求解决吃饭问题。另一位著名的散文家归有光则在信上向朋友诉苦,说他不能避难他迁,因为如果离开昆山,他必须随带"百余口"的族人同行②。

　　这种对宗族的照顾,不是暂时性的责任,也不仅是道德上的义务,而有其深刻的社会经济和历史的背景。

　　我们的帝国不是一个纯粹的"关闭着的社会"——在那样的社会里,各种职业基本上出于世代相承。——然而它所给予人们选择职业的自由仍然是不多的。一个农民家庭如果企图生活稳定并且获得社会声望,唯一的道路是读书做官。然而这条道路漫漫修远,很难只由一个人或一代人的努力就能达到目的。通常的方式是一家之内创业的祖先不断地劳作,自奉俭约,积铢累寸,首先巩固自己耕地的所有权,然后获得别人耕地的抵押权,由此而逐步上升为地主。这一过程常常需要几代的时间。经济条件初步具备,子孙就得到了受教育的机会。这其中,母亲和妻子的自我牺牲,在多数情形之下也为必不可少。所以表面看来,考场内的笔墨,可以使一代清贫立即成为显达,其实幕后的惨淡经营则历时至久③。这种经过多年的奋斗而取得的荣誉,接受者只是一个人或至多几个人,但其基础则为全体家庭。因此,荣誉的获得者必须对家庭负有道义上的全部责任,保持休戚与共的集体观念。

　　这种集体观念还不止限于一个小家庭的范围之内。一个人读书

　　① 《焚书》卷 3 页 84。
　　② 《四友斋丛说摘钞》卷 176 页 2;《归有光全集》页 96。
　　③ 参看何著 *Ladder of Success.*

中举而后成为官员,如果认识到他的成功和几代祖先息息相关,他就不能对他家族中其他成员的福利完全漠视。何况这种关心和帮助也不会全是无偿的支付,因为没有人能够预测自己的子孙在今后不受他们的提携。这种经济上的利害关系被抽象而升华为道德。固然,这种道德观念并不能为全体民众所奉行,从海瑞的文集中可以看到兄弟叔侄间争夺产业以至斗殴致死的事情所在多有①。但这种情形正好从反面说明了教养的重要,有教养的人则决不能以利害义。

在整个社会没有为它的成员开放其他门径的时候,多数像李贽一样的人物,已经不加思考地接受了这种生活方式。如果李贽回泉州,他必定受到全体族人的期望和逼迫。然而当时的李贽,已迭经生活的折磨,同时又研究过佛家和道家的思想,他在重新考虑生命的意义、重建人生观之余不能再墨守成规②。也就是说,他不能把读书、做官、买田这条生活道路视为当然,也亟待摆脱由于血缘关系而产生的集体观念。

对于这样背离传统的行为,他的亲族自然不能善罢甘休。但是亲族的压力越大,他的反抗也越强烈。在给曾继泉的一封信里,李贽说到他之所以落发,“则因家中闲杂人等时时望我归去,又时时不远千里来迫我,以俗事强我,故我剃发以示不归,俗事亦决然不肯与理也”③。所谓闲杂人等,是他的弟兄还是叔侄;俗事,是买田还是建立宗祠宗塾,或者竟是利用势力干预词讼,虽然语焉不详,大体上当不出这些范畴④。最有趣的是,他的家族不顾他的愿望,仍然指定一个侄子作为他

---

① 参看《归有光全集》页 231。
② 朱谦之著《李贽》页 29。
③ 《焚书》卷 2 页 52~53;容肇祖著《李卓吾评传》页 25。
④ 李贽的家族对之施加压力,虽无直接的证据,但从现存的族谱中可以得到一些线索。族谱手稿的笔迹出于多人,最早的在 1606 年,为李贽去世后四年。可见修谱的工作在李贽晚年已经进行,表示了他这个家族为巩固内部团结而做的努力。族谱的发现及情况见《李贽的家世》,载《文物》1975 年 1 期页 34。

的继承人。这件事引起的反抗方式也同样有趣,他有一封遗书,题名为《豫约》,其中就提到他的这个侄子,"李四官若来,叫他勿假哭作好看,汝等亦决不可遣人报我死"①。这封遗书草于1596年,上去他削发为僧已有八年。

李贽所居住的僧院坐落在麻城城外的一座山上,称为"芝佛院"②。它不是正式的寺庙而仅仅是私人的佛堂,但规模却颇为宏大。院中有正殿、左右厢房,还有和尚的宿舍和客人的招待所。李贽自己居住的精舍位于全院的最后山巅之处,极目四望,水光山色尽收眼底。在芝佛院的鼎盛时期,全院有僧侣四十余人,统率众僧的方丈则是李贽的朋友。僧众中有人还带着徒弟、徒孙③。

芝佛院始终没有向政府登记,没有领到正式执照,因之也没有向政府纳税。它不属于任何宗派,也没有董事会的管制。李贽是全院唯一的长老及信托者。其创建和维持的经费,绝大部分来自他一人向外界的募捐。他常常写信给朋友,要求得到"半俸"的援助,或者以"三品之禄,助我一年"。有的朋友,周济他的生活前后达二十年④。他过去没有经历过富裕的生活,但在创建佛院之后,却没有再出现过穷困的迹象。

在李贽被任为姚安知府之前,他已经享有思想家的声望,受到不少文人学者的崇拜⑤。这些崇拜者之中有人后来飞黄腾达,或任尚书侍郎,或任总督巡抚。李贽得到他们的接济,即使不算经常,但也决非

---

① 《焚书》卷 4 页 181。

② 《焚书》卷 1 页 25。

③ 《焚书》卷 2 页 65、卷 4 页 150~153。

④ 《焚书》卷 2 页 16、82,卷 4 页 182,附录卷 2 页 269;《续焚书》卷 1 页 8、11、19、26。

⑤ 李贽在南京时,已与王畿、罗汝芳、焦竑及耿氏兄弟熟识,当已为当代名流之一。参看《焚书》卷 3 页 123、卷 4 页 142。

绝无仅有①。而且这种金钱上的关系还不是单方面的。他的朋友焦竑也是一位著名的学者,不善理财,据说穷得"家徒四壁"。当焦竑的父亲八十寿辰,朋辈称觞聚会,有的竟不远千里而来。李贽是这次盛会的襄助者,他写信告诉与会的人,嘱咐他们"舟中多带柴米"②。

这种方式的金钱周济和往来之不同于一般,在于授受者之间具有共同的思想,或者说共同的目的。从心理学的角度来研究,这种关系还是以道德作为施政方针的副产,因为这种施政方针的思想根据,乃是认为宇宙间的任何事物都息息相关。一个人或一种事物,其所以具有特性或功能,全靠和其他人或其他事物的相互关系。一个人的品质高尚,就因为他的志趣和行为得到别人的赞赏;他的识见深远,就因为他分析理解其他事物的正确。所以人的生活目的,就不能不是合作互助与共同享有。但是,在现实中,为什么所有的人身上都存在或多或少的自私?这个问题使读书明理之人为之不安,而高级官员由于负有治国平天下的重任,其不安尤为严重。按理说,他们所受到的教养,都要求发扬为公众服务的精神;然而一旦接触实际,这种精神常常只是海上神山,或者干脆销声匿迹③。有时他们身上的自私苟且,还远过于不识字的愚氓。这种不安,或者由此发展而来的内心交战,需要有一种适当的方式来缓解排除。志趣相投的研究讨论,可以触发彼此的灵感,深入探索人生的真谛,俾使内心的不安涣然冰释。所以他们来往密切,集会商谈之余,还互相通信,刊印文集。李贽落发为僧以后,仍然经常外出旅行,参加这些活动。在当时,还谈不上旅费必须报销,或者演讲应当收取费用,这些问题,都可以根据习惯,在往来交际之间安排妥帖。以李贽的名望,加上化缘和尚的姿态,他已经用不着再为经

① 李贽的交游中,如刘东星、周思敬、顾养谦、梅国桢、李世达,官居漕抚、侍郎、总督、都御史,见《焚书》卷 2 页 57、66、69、73、77、82。

② 《焚书》卷 3 页 118、123;《续焚书》卷 1 页 29~30、卷 2 页 55~56。

③ de Bary 对这一问题曾有所批判,见 *Self and Society* pp.5~8.

济问题而踌躇①。

他和耿定向的辩论，促成和巩固了他要求个人自由的信念②。多年之后，他仍把这次辩论视为生命中一个重要的转折点。

1580 年，李贽在姚安辞官离任后，就搬到湖广黄安，在耿家充当门客而兼教师。这时耿定向的父亲去世不久，兄弟四人都在家里丁忧守制③。这四个人中，李贽和二兄耿定理的交往特别密切。有人误以为他们两人在思想上比较一致，其实不然。他们之间的差异，较之李贽和长兄耿定向之间的差异还要大得多。耿定理天资聪颖，同时也是一个诚实的人。如果他发现"四书"、"五经"中的理论和他自己的思想有所冲突，他就不能轻易放过、人云亦云。这种矛盾带给他苦恼，也促使他思索，有时候会独自一人在深山穷谷之中徘徊。最后，他终于"豁然贯通"，确认儒家的仁就是无我主义，一个人成为圣人，则是把自我之有化而为无，进入了寂灭的境界，以致"无声无臭"。这种高悬在空中的理想主义，只能深藏于内心，不能应用于现实，并发展而成为伦理和道德的标准。所以在实际生活中，耿定理从来没有应考，也从来没有做官④。然而李贽则认为"穿衣吃饭，即是人伦物理"⑤，这无疑和耿定理的思想判若水火。他们之所以能和睦相处，不在于耿定理学术理论上的弹性，而在于他性格的柔和轻松。他经常以禅宗式的机锋，避开辩论中的正面冲突，而以表面上毫不相关的语言，来表示自己的意见，使辩论的对手在思索之后被迫折服，因为他认为自己所掌握的真理，基于识见渊博；如果坚持片面的执拗，就等于放弃了宽阔的胸襟。

---

①　《焚书》卷 6 页 243。

②　《焚书》卷 4 页 143。

③　《焚书》卷 6 页 229；《续焚书》卷 1 页 17、22～23、41、45；容肇祖著《李卓吾评传》页 11。关于耿氏兄弟的情况，参看《明代名人传》页 718。

④　《明儒学案》卷 35 页 7～8。可参看《明史》卷 221 页 2253。《明史》对李贽的记载多不正确。

⑤　《焚书》卷 1 页 4。

因此,当耿定理在世之日,总是能够用他特有的方式调解他长兄和李贽之间的冲突①。

在思想史上,长兄耿定向最易为历史学家所误解。他的朋友和论敌李贽,把他说成一个伪君子;而黄宗羲的《明儒学案》,也指出他思想上前后不符②。然则很少有人能看到,这位哲学家同样是在竭力地探求一种既有形而上的根据,又能融合于日常生活的真理。他接受佛家和道家的哲理,认为至善至美属于虚无,但另一方面,却又认为任何信条如果不能在愚夫愚妇面前宣讲明白,则不成其为信条。经过多方考虑,他提出,人的理智有深有浅,有粗有细,有的集中,有的分散;在社会生活中,政治与农业不同,农业又与商业不同。基于这样的分析,他已经开始指出了伦理道德的理,应当与物理、地理的理有所区别,因此施政的标准也应当与哲学思想有所区别。这种理论,为当时持一元论的宇宙观者所不能接受。他和李贽的冲突也无可避免,因为两个人都准备把自己的理论体现于行动之中。于是李贽指斥耿定向为不诚实,言行不一;耿定向则指斥李贽以立异为标榜,立异的目的还是立异,所谓放浪形骸,无非是为了博取超凡脱俗的美名。

耿定理在 1584 年去世。同年耿定向被召回北京任左金都御史。他在信里提出李贽迷误耿氏子弟,这种指责促使李贽迁居麻城。多年以后,他还认为这是耿定向有意识地给他以个人侮辱③。

李贽好强喜辩,不肯在言辞上为人所屈,在做官的时候也经常与上司对抗④。和耿定向闹翻之后,他更为重视自己的独立不羁。按本

---

① 容肇祖著《李卓吾评传》页 11;《焚书》卷 4 页 143。

② 《明儒学案》卷 35 页 1~7。明代人把伦理之理和物理之理同称为天理,有如 Joseph Needham 所谓 Law of Nature 和 Natural Law 的混淆不明,见《中国科学技术史》第 2 册页 540~542。简又文认为陈献章似乎已经发现二者不能并为一谈,但又未加彻底见解,见 de Bary, *Self and Society* p.70.

③ 《焚书》卷 1 页 27、37,卷 4 页 150、182~183;《续焚书》卷 1 页 29、卷 2 页 26~27;容肇祖著《李卓吾评传》页 13。

④ 《焚书》卷 2 页 26、卷 3 页 130、卷 4 页 187。

朝的习惯,退休的官员被称为"乡官",也就是意味着他仍然具有官员的身份,要受地方官的节制。地方官可以邀请他协助处理有关的事务,也可以邀请他参与重要的典礼。这种权利和义务,在别人或许会引以为荣,而在李贽则是精神上的压力。他说:"弃官回家,即属本府本县公祖父母管矣。来而迎,去而送;出分金,摆酒席;出轴金,贺寿旦。一毫不谨,失其欢心,则祸患立至。"①剃发为僧,除了避免亲族的纠缠以外,摆脱这些牵制也是一个重要的因素。

李贽虽然身入空门,却没有受戒,也不参加僧众的晬经祈祷。他喜爱清洁成为癖好,衣服一尘不染,经常扫地,以至"数人缚帚不给"。在很多方面,李贽保持着官僚学者的生活方式。例如,即使是短距离的外出,他仍然乘轿;对于书本不愿亲自阅读,而是让助手朗诵以省目力②。

退休以后的十几年,李贽主要的工作是著述。他的著作大部分都在生前刊刻印行,芝佛院中有一间屋子专门堆放书板③。著作的内容非常广泛,包括儒家经典的阐释、历史资料的观察、文学作品的评论以及伦理哲学的发挥,形式则有论文、杂说、诗歌、书信等等。但是涉及面虽然广泛,却并不等于具有多方面的精深造诣。他写作的历史,对史实没有精确的考辨,也没有自成体系的征象。大段文章照史书抄录,所不同的只是按照自己的意见改换章节,编排次序,再加进若干评论。在接触小说的时候,他所着眼的不是作品的艺术价值和创作方法,也就是说,他不去注意作品的主题意义以及故事结构、人物描写、铺陈穿插等等技巧。他离开了文学创作的特点,而专门研究小说中的人物道德是否高尚,行事是否恰当,如同评论真人实事。再则,即使是

---

① 《焚书》卷 4 页 185。参看《四友斋丛说摘钞》卷 176 页 8。
② 《焚书》卷首页 3、卷 1 页 8、卷 4 页 192;容肇祖著《李卓吾评传》页 18。
③ 《续焚书》卷 1 页 11、卷 2 页 59。容肇祖认为李贽在 1582 年后始专心写作,见《李卓吾评传》页 12。

阐述哲学理论,也往往只从片段下手,写成类似小品文,而缺乏有系统的推敲,作为结构谨严的长篇大论。唯其如此,当日的士人,对于"李氏《藏书》、《焚书》人挟一册,以为奇货"①,就大多感到难于理解。

要正确认识此中关系,务需探求李贽的写作目的。他的各式各样的著作,无非异途同归,其着眼在把读书人的私人利益与公众的道德相融合。从这点出发,他的写作,有如使用各种乐器演奏同一支交响曲。公私冲突之中能否设法调和?如果他还没有做出恰当的答案,至少已经提出了这个问题。这是一个迫切的问题,对读书人来说,足以影响他们良心与理智的完整性。李贽自身的经历,使他对问题的认识更为深刻,表达更为有力。所以,他的著作仍能获得读者的欣赏。其中衷曲,在一封写给耿定向的信里发挥得淋漓尽致:

> 试观公之行事,殊无甚异于人者。人尽如此,我亦如此,公亦如此。自朝至暮,自有知识以至今日,均之耕田而求食,买地而求种,架屋而求安,读书而求科第,居官而求尊显,博求风水以求福荫子孙。种种日用,皆为自己身家计虑,无一厘为人谋者。及乎开口谈学,便说尔为自己,我为他人;尔为自私,我欲利他;我怜东家之饥矣,又思西家之寒难可忍也;某等肯上门教人矣,是孔孟之志也;某等不肯会人,是自私自利之徒也;某行虽不谨,而肯与人为善;某等行虽端谨,而好以佛法害人。以此而观,所讲者未必公之所行,所行者又公之所不讲,其与言顾行、行顾言何异乎?以是谓孔圣之训可乎?翻思此等,反不如市井小夫,身履是事,口便说是事,作生意者但说生意,力田者但说力田。凿凿有味,真有德之言,令人听之忘厌倦矣②。

---

① 《涌幢小品》卷16页365。
② 《焚书》卷1页30。

　　李贽的难言之隐在于他强烈地抨击了这些人物以后,他还是不得不依赖这些被抨击者的接济而生活。他们的言行不一是一种普遍的社会现象,耿定向不过是比较显著的例子而已。李贽本人也没有与此绝缘,这就常常使他在对别人作了无情的指责以后,自己感到内疚而稍敛辞锋①。只有当他被别人截击,已经无法退避,他的感情才如长江大河,一发而不可收拾。

　　在同辈的人物中,李贽虽然享有比别人更多的自由,但是他终究没有找到他最企盼的独立地位。这种困难和冲突迫使他继续写作,笔下内容仍然不能越出这一问题的范畴。这种情况,连同情他的袁中道也为之不解:既然由于对官僚政治不满而绝意仕进,那就理当息机忘世,以文墨自娱;可是写来写去,还总是和官僚政治有关,加之名望越来越大,"祸逐名起",这就无怪乎招致杀身之祸了②。

　　李贽和耿定向的争论,基于人性的善恶。这个问题所涉及的方面非常广泛,需要从中国哲学史中找出全面的解答。

　　问题可以追溯到公元前5世纪的春秋时代。孔子没有提到性善或者性恶。他学说中的核心是"仁"。"仁"可以为善,一个君子的生活目的就在合于"仁"的要求。

　　究竟是哪些成分构成了仁,孔子没有明确直接的答复。《论语》一书中,仁字凡六十六见,但从来没有两处的解释相同。一般来说,仁与慈爱、温和、恻隐、以天下为己任等等观念相通。然而在不同的场合,孔子又赋予仁以不同的概念:"己所不欲,勿施于人"的自我克制,言辞谨慎、按照礼仪行事,都可以算作仁或者接近于仁;出于环境的需要,一个人牺牲自己的生命,也叫做"杀身以成仁"。仁是最容易获得的品质,任何人有志于仁,就可以得到仁。但是仁也是最难保持的品质,即在圣贤,例如孔子自己,也难能始终不断地不违反仁。

---

①　《焚书》卷2页50、55、卷3页130、卷4页187、增补卷2页268。

②　《焚书》卷首页7。

后世的读者,必须把这些互不关联的语录再三诵读,再三思索,才有可能理解它的真实内涵。综合来说,温和有礼、慷慨大方是仁的初级阶段。在向更高阶段迈进的过程中,又必须把自己的思想与言行统统纳入它的规范之内,经过不断的积累而可以到达去私,最终到达无我。这样,仁就是一种强迫性的力量、行动的最高准则、超越人世间的品质,也是生活唯一意义之所在,简直和道家的"道"殊途而同归①。

《论语》中这六十六条有关仁的语录,为孔子的学说安排了形而上的根据,成为儒家一元论宇宙观的基础。这种学说虽然没有直接指责自私的不合理,但已属不言而喻,因为所谓"自己",不过是一种观念,不能作为一种物质,可以囤积保存。生命的意义,也无非是用来表示对他人的关心。只有做到这一点,它才有永久的价值。这种理想与印度的婆罗门教和佛教的教义相近。印度的思想家认为"自己"是一种幻影,真正存在于人世间的,只有无数的因果循环。儒家的学说指出,一个人必须不断地和外界接触,离开了这接触,这个人就等于一张白纸。在接触中间,他可能表现自私,也可能去绝自私而克臻于仁。

按照孔子的看法,一个人虽为圣贤,仍然要经常警惕防范不仁的念头,可见性恶来自先天。然而另一方面,既然每个人都有其发扬保持仁的本能,则同样可以认为性善出于天赋。

孔子去世以后约一百五十年,性善说才首次被明确提出。孟子曾经斩钉截铁地说:"人之性善也,犹水之就下也。人无有不善,水无有不下。"孔孟之间的不同论调,反映了社会环境的变化。孔子的目标,在于期望由像他一样的哲学家和教育家来代替当时诸侯小国中世袭的卿大夫。孟子却生活在一个更加动荡的时代里,其时齐楚之间的王国,采取了全民动员的方式互相争战。这种情形不再允许哲学家以悠闲的情调去研究个人生活的舒畅和美。孟子的迫切任务,在于找到一

---

① 参看 Arthur Waley 所译《论语》的介绍,页 28。

个强者,这个强者应当具有统一全国的条件,并且能接受儒家学说作为这一大业的基础。他企图以雄辩的言辞说服他的对象,引导他和他的廷臣回到善良的天性之中,有如引导泛滥的洪水归于大海,以避免一场杀人盈野的浩劫。

孔孟之道战胜了诸子百家的理论,从汉朝开始,就成为统治全国的指导思想。时代愈是往前发展,统治者对它的依赖程度也愈大。到10世纪以后,也就是唐宋两代,中国经历了一次巨大的变化:经济的重心,由华北旱田地带移至华中和华南的水田地带。随之产生的显著后果,则是内部的复杂性相继增加。官僚阶层过去为豪门大族所垄断,至此改变而为与绅士阶层相表里。军队中的将领逐渐失去了左右政治的力量,文官政治确立为统治帝国的原则。这种多方的改变,使集权的中央政府不得不创立新的哲学理论,以维系社会上成千成万的优秀分子,即读书的士人。这些士人就是绅士阶层,和以前的门阀士族比较,人数多,流动性大,生活面和知识面也远为广阔。以此,儒家单独的伦理性格已经不能完全适应时代的需要,而必须掺和理智上的新因素,才能适应于新的环境。

针对这种需要,很多学者不断把孔孟的著述加以新的注释,而把这些注释综合调和以构成一种思想系统的,则是宋代的大儒朱熹。他是孔孟以后儒家学派中最有影响的思想家,死后被尊为贤人。他对儒家经典的论述具有权威性,他的《四书集注》,是明朝、清朝两代士人规定的教科书,也是科举考试的标准答案。

他的治学方法被称为"理智化"、"客观"、"归纳法",有时甚至被认为有"科学"的根据[1]。朱熹对过去的历史和哲学著作熟读深思,进行整理。他的结论是,历史上各个朝代的盛衰兴亡,以及宇宙中的各种自然现象,都有共同的原则,而且彼此印证。其学说的基础,乃是宇

---

[1]　这是胡适的意见,见 MacNair, *China* p.230.参看 de Bary, *Sources of Chinese Tradition* pp.479−502.

宙和人间的各种事物都由"气"构成,通过"理"的不同形式而成为不同的"物"。这所谓"物",包括具体的事物如日月星辰,也包括抽象的伦理如孝悌忠信①。这种把具体和抽象混为一谈的方法,是中国思想家的传统习惯,也合于他们一元论的宇宙观。因为他们认为,一个人看到一件事物,这种事物就不是孤立的,不可能与环境隔离。他们着重于事物的功能。一件事物具有特性,就是因为它和其他事物发生了关系。白色的东西有白色的特质,是因为有光线的反射,见于人眼。这也就是说,凡"物"皆有动作,光线的反射见于人眼是一种动作,为人忠孝也是一种动作。运用这样的观点,朱熹把雷霆和鞭炮看成相似之物,因为两者都是"郁积之气"企图发散。

孔子的仁,孟子的性善论,乃至中国社会传统的组织和习惯,都被朱熹视为"天理"。但是人可能违反天理,因为各人秉气不同,有清有浊。如果浊气抬头,天理就被"人欲"所取代②。补救的办法是"格物",也就是接受事物和观察、研究事物。他说:"所谓致知在格物者,言欲致吾之知,在即物而穷其理也。盖人心之灵,莫不有知,而天下之物,莫不有理。"通过格物,可以使人发现天理。

事实上,朱熹所使用的方法并不是归纳法,也很难说得上科学性。用类比以说明主题,是战国时代的思想家和政治家常常使用的方法。孟子以水之就下比喻人之性善,其实人性与水性并没有联系,所谓相似,不过是存在于孟子的主观之中。朱熹的格物,在方法上也与之相同。在很多场合之下,他假借现实的形态以描写一种抽象的观念。他认为一草一木都包涵了"理",因此他所格的"物"包括自然界③。在他

---

① 参看陈荣捷所译《近思录》的解释,并参看 de Bary, *Sources of Chinese Tradition* pp.479-502.

② 《朱子全书》卷 43 页 2~3。

③ 《近思录》,陈荣捷译英文本页 12、93。

看来,传统的社会习惯,乃是人的天赋性格①。但是他在作出结论时,却总是用自然界之"理"去支持孔孟伦理之"理"。这也就是以类似之处代替逻辑。

对朱熹的思想系统,可以从不同的角度批判。其中重要的一个方面是,假如人之愚顽不肖,如他所说在于气浊,则这种生理性的缺点就应当采取机械性的方式补救,例如着眼于遗传,或者如道家的注重吐纳。然而朱熹反对这样的办法。他认为这些气浊的人应该接受教育,经过不断的努力,才可能接近真理②。这样一来,朱熹之一个全体的、有组织的宇宙,已成问题,即伦理之理有别于物理之理。

大凡高度的概括,总带有想象的成分。尤其是在现代科学尚未发达的时代,哲学家不可能说明宇宙就是这样,而只能假定宇宙就是这样。在这一点上,朱熹和其他哲学家并无区别。既然如此,他所使用的方法就是一种浪费。他的格物,要求别人接触植物、地质、历史和地理等各个学科,但目的不在这些学科的本身上追求真理,因为对任何问题,他的结论已作出于观察之先,而且作出这些结论的也不是他自己,而是孔子和孟子。既然如此,人们就不能不产生疑问:这种博学多闻是否有确切的需要,也就是说,朱熹的成就,是否能和他付出的精力相当③?

朱熹治学的方法可谓"支离"。避免这样的支离,另有捷径。此即以每一个人自己的心理,作为结构宇宙的工具④,而所谓心理,既包括视觉和听觉,也包括直觉和灵感。宇宙的自然法则和社会的伦理道德合为一体,很难获得实证,但在心理上却可以不言自明。宇宙的伟大与完美,无须有赖分析,就可以在个人的心理上引起合群为善的精神,

---

① 中国的道学家通常有这样的误解。笔者在评论倪元璐时曾经指出,见 de Bary, *Self and Society* p.438.

② de Bary, *Self and Society* p.9.

③ 《朱子语类》。

④ de Bary, *Sources of Chinese Tradition* p.9.

从而自然而然地领悟到社会道德的真谛。其最高境界,可以使人摆脱日常生活的忧虑,心灵上达到澄澈超然。持这种看法的人,常说"将发未发之际"也就是杂念冰消、情绪宁静之际,此时视觉、听觉、触觉还没有全部开动,而是凭个人的直觉可以领会到宇宙间一种无可形容的美感。

以这种方法治学是为"心学",和朱熹的"理学"相对。心学派反对理学派累赘的格物致知,提倡直接追求心理的"自然自在";理学派则认为心学派也大有可以非议之处:宇宙的真实性如果存在于人的心中,任何人都可以由于心的开闭而承认或者拒绝这一真实性。这样,世间的真理就失去了客观的价值,儒家所提倡的宇宙的一元化和道家的"道"、释家的"无"也很难再有区别。一个人可以用参禅的方式寻求顿悟,顿悟之后,所获得澄澈超然的乐趣仅止于一身,而对社会的道德伦理则不再负有责任。耿定理的终身不仕就是一例。再则,儒家的经典一贯是士大夫行动的标准和议论的根据,而心学一经风行,各人以直觉为主宰①,全部经典就可以弃置不顾。李贽全凭个人的直觉和见解解释经典又是一例。

如果知识分子放弃了正统的儒家观念,则王朝的安全会立即受到威胁。知识分子在政治上是政府中的各级官员,在经济上是中等以上的地主,因而也是这个社会的真正主人。而正统的儒家观念又是维系他们的纽带,除此而外,再无别的因素足以使他们相聚一堂,和衷共济。所以李贽在晚年被捕入狱,虽然也被指控为行为不检,但审判官在审讯的时候对此并不斤斤计较,所注意的乃是他"惑世诬民"的著作②。李贽本人也早就预感到了这一点。他把他的一部著作题为《焚书》,意思是早晚必将付之一炬;另一部著作题为《藏书》,意思是有干时议,必须藏之名山,等待适当的时机再行传播。

---

① 见《近思录》陈荣捷英译本序言。
② 《焚书》卷首页4~5。

李贽与耿定向决裂以后，随即公布了他写给耿定向的函件，指斥他的虚伪。耿定向以眼还眼，如法炮制，也把他写给另一位朋友的信广为抄传，信上说："昔颜山农（颜钧）于讲学会中忽起就地打滚，曰：'试看我良知！'士友至今传为笑柄。"[1]在这一似乎是漫不经意的开场之后，他跟着就指出，李贽的种种古怪行为，无非是就地打滚之意，目的在于不受拘检，参会禅机。但是耿定向又不无恶意地提到，李贽曾经强迫他的幼弟狎妓，还提到李贽有一次率领僧众，跑到一个寡妇的卧室里化缘。在耿定向看来，这些放荡的行为，也是李贽以良知为主宰、寻求顿悟的方法，与颜山农的就地打滚无异。

李贽在 1587 年对这种攻击作出答辩。除了关于寡妇的事件以外，他对自己的不拘形迹毫不掩饰[2]。最值得注意的是他对"就地打滚"的评论。他说，他从来没有听到过这一故事，如果真有这件事，只能证明颜山农确实参透了"良知真趣"。他又说："世间打滚人何限？日夜无休时。大庭广众之中，谄事权贵人以保一日之荣；暗室屋漏之内，为奴颜婢膝事以幸一时之宠。无人不滚，无时不然，无一刻不打滚。"当一个人真能领悟到打滚的真趣，则另有境界，此即"当打滚时，内不见己，外不见人，无美于中，无丑于外，不背而身不获，行庭而人不见，内外两忘，身心如一。难矣，难矣！"他认为耿定向的耻笑无损于颜山农，"即千笑万笑、百年笑千年笑，山农不理也。何也？佛法原不为庸众说也，原不为不可语上者说也，原不以恐人笑不敢说而止也"。

以上一段公案，可以看作当时心学派反对理学派的一个事例。李贽与耿定向的个性不同，但是他们之间互相嘲讽侮弄，已经超出了个性的冲突。其中的微妙之处，乃是耿定向并不属于正统的理学派，而

---

① 颜钧其人其事，见《明儒学案》卷 32 页 1、卷 34 页 1~2、18、28；de Bary, *Self and Society* pp.178-179, 249-250. 耿定向的信及李贽的复信见《焚书》增补卷 1 页 260~263。

② 《焚书》增补卷 1 页 260~264。

是和李贽同属心学派中的泰州学派①。仅仅在攻击李贽"未信先横"这个问题上,他的立场近似于理学派。

心学的发展在明代进入高潮。由于王阳明的创造发挥,这种思想已经形成一个完整的系统。王阳明原来也属于朱熹的信徒,据他自己说,他曾经按照朱熹的方法格物,坐在竹子之前冥思苦想。但是格来格去,始终没有格出一个所以然,自己反而为此病倒②。这个故事反映了他相信物质之理和道德之理相通,但是他没有接受理学的类比方法。既然此路不通,他就另辟蹊径,最后终于悟出一个道理,即宇宙间各种事物的"有",完全出于个人心理上的反映,比如花开花落,如果不被人所看见,花就与心"同归于寂"。所谓天理,就是先天存在于各人心中的、最高尚的原则。忠孝是天理,也是心中自然而然产生的观念。

王阳明受过佛家思想的影响,他的宇宙观也属于一元论。他的所谓"良知",是自然赋予每一个人的不可缺少的力量。它近似于我们常说的良心。但是良知并不能详尽知悉各种事物的形态功用,具有这种知悉作用的是"意念"。良知只是近似于意念的主宰者,可以立即对意念作出是非善恶的评判③。他的思想系统中还有一个主要方面,就是对因果关系的重视。在他看来,一件白的物体的白色乃是因,在观察者的心中产生了白色的感觉才是果。这种对因果关系的理解推导出了他的"知行合一"说。他认为,知识是一种决断,必定引起一种行动④。一个人见到美色就发生爱慕,闻到臭味就发生厌恶,见和闻是"知",爱慕和厌恶则为行,前者立即产生后者。所以,在王阳明看来,

---

① 《明儒学案》卷32页4。中国的传统观念,常常以师生传授或地理区域等条件作为划分学派的依据,实际上并不能确切表示其学术思想的异同,这一情形在王学中尤为显著。

② de Bary, *Sources of Chinese Tradition* pp.514—526;《明代名人传》页1409。

③ 唐君毅对这一点有详尽的解释,见 de Bary, *Self and Society* pp.103—105,亦见《传习录》陈荣捷英译本。

④ 《传习录》。

"致良知"是很简单的,人可以立时而且自然地"致良知",但是不断地按照良知行事就很困难。这和孔子关于"仁"的学说颇为相似:凡人立志于仁就可以得到仁,但是每日每时都不违背仁,即在圣贤也不易做到。

王阳明并没有为真理而真理的倾向。和朱熹一样,他的目的也在于利用他的思想系统,去证实他从小接受的儒家教条,以求经世致用。他的方法较之朱熹更为直接,然而这里也埋伏着危险。如果一个人把王阳明的学说看成一种单纯的方法,施用于孔孟教条之前,就很可能发生耿定向所说的"未信先横",以为自己的灵感可以为真理的主宰。其后果,则可以由于各人的个性和背景而趋向于泛神主义、浪漫主义、个人主义、自由主义、实用主义,甚至无政府主义。这也就是王学的危险之所在。它存在着鼓励各人以自己的良心指导行动、而不顾习惯的道德标准这一趋向①。1587 年,李贽就走到了这条道路的交叉点。

几个世纪以后,对李贽的缺点,很少有人指斥为过激,而是被认为缺乏前后一致的完整性。他的学说破坏性强而建设性弱。他没有能创造一种思想体系去代替正统的教条,原因不在于他缺乏决心和能力,而在于当时的社会不具备接受改造的条件。和别的思想家一样,当他发现自己的学说没有付诸实施的可能,他就只好把它美术化或神秘化。

李贽的学说一半唯物,一半唯心,这在当时儒家的思想家中并非罕见。这种情形的产生,又可以追究到王阳明。

王阳明所使用的方法简单明白,不像朱熹那样的烦琐累赘。但是在他的体系里,还存在一些关键的问题②,例如良知的内涵是什么?良

---

①　王学的这种缺点已为黄宗羲、顾炎武所指出,现代中外学者如陈荣捷、Charles Hucker、Joseph Levenson 也都有所论述。

②　王阳明对"良知"和"意念"都没有过确切的定义。他只是谈到了二者可能包括的含义,而在文章中又把这些偶取偶舍的含义作为美术化的衬托,致使读者不能确定他是在介绍一种粗线条的观念还是在作精细的分析。这是古代哲学家的一个共同缺点,但在王阳明的学说中为尤甚。

知与意念的关系，是从属还是并行，是调和还是排斥？他应该直接地
说良知是一种无法分析的灵感，有如人类为善的可能性属于生命中的
奥妙。但是王阳明不如此直截了当。他又含糊地说，良知无善无恶，
意念则有善有恶。这些问题，为他的入室弟子王畿作出断然的解答：
一个人企图致良知，就应当摈绝意念①。理由是，人的肉体和思想，都
处于一种流动的状态之下，等于一种幻影，没有绝对的真实性。所以，
意念乃是枝节性的牵缠，良知则是永恒的、不借外力的存在。良知超
越于各种性格，它的存在寓于无形，有如灵魂，既无年龄性别，也无籍
贯个性，更不受生老病死的限制。按照王畿的解释，良知已不再是工
具而成了目的，这在实际上已经越出了儒家伦理的范围，而跨进了释
家神学的领域。李贽在北京担任礼部司务的时候，经常阅读王阳明和
王畿的书，之后他又两度拜访王畿，面聆教益。他对王畿倍加推崇，自
称无岁不读王畿之书，亦无岁不谈王畿之学，后来又主持翻刻了王畿
的《文抄录》，并且为之作序②。

　　按照王畿的学说，一个人就理应集中他的意志，放弃或简化物质
生活，避免环境的干扰，以达到无善无恶的至高境界。然则一切的真
实性既然只存在于心中，则所谓放弃、简化与避免，也无须见诸行动，
而只是存在于精神之中。一个人不存在恶念，他就不会见恶闻恶，更
彻底地说，就是世界上根本不存在恶。基于这样的立场和信念，李贽
对耿定向的攻击不屑一顾。耿定向说他狎妓，李贽就承认他确实在麻
城"出入于花街柳市之间"。但是这种世俗所认为不对的行为在无善

---

　　①　王畿的"良知"与"意念"，可参看《明儒学案》卷12页2、7.对此关系作出确切
阐述的有唐君毅，见 de Bary, *Self and Society* p.114.很多哲学家因为这些观念在个人的思
想系统里具有开辟新门径的作用，可能引起对于人生的新的认识，他们往往用现代的方
法对这些观念继续发挥。本书以明代后期的历史为研究的范围，所以认为这种思想解
放的意义仅限于个人，而就整个社会来说则是逃避现实。这种不同的意见是从不同角
度所作的观察而得出的，而并不等于反对所有对王阳明的肯定性的看法。

　　②　《焚书》卷3页117、123。

无恶的领域中,不足成为指责的根本。在李贽看来,他的行为不过是佛家的"游戏三昧",道家的"和光同尘"①。因之他以"无善无恶"作为标帜,硬是不肯认错示弱。另一方面李贽则并不认为这种自由系每个人都能具有,而只是进入了无善无恶境界的优秀分子的特权。这种优越感,在他的著作中经常流露。

李贽又有他的另一面。当他说到"穿衣吃饭即是人伦物理",他又站到了王艮这一边。王艮是泰州学派的创始人,也是王阳明的信徒。很多历史学家认为,王艮把王阳明的学说推广而成为"群众运动",这可以算得是一种历史的误会。在明代社会里,并不存在以哲学领导群众运动的可能;如果存在这种可能,与之相联系的历史因素势必引起剧烈的变化,但事实上毫无这种迹象。然则王艮确实在比较广泛的范围里传播了王学,他所说的"百姓日用即道"、"百姓日用条理处,即是圣人之条理处",又正是王学的发挥,因为王阳明的知行合一说,其宗旨在于知圣人之道,行圣人之志。李贽虽然渴望自由,然而他不能超然物外,对这样堂皇的旗号无动于衷。因此,以学术的流派而论,他始终被认为属于泰州学派。

在第三位姓王的影响之下,李贽重视物质,也重视功利。他仍然不断地提到"心",但是这已经不是就地打滚、无美于中无丑于外的心,而是考虑到日常需要的心。因为自己有所需要,就推知别人也有同样的需要,这就是孟子所谓"他人有心,予忖度之"②。在这些场合中,他的思想已经脱离了形而上学的挂碍,而是以日用常识作为基础。这种态度在他评论历史时尤为明显。

李贽的历史观大多符合于传统的看法,比如他确认王莽为"篡弑

---

①　《焚书》增补卷1页259。容肇祖著《李卓吾评传》页25亦称李贽狎妓并非毫无根据。

②　《明儒学案》卷32页69~70;de Bary, *Self and Society* pp.162-170, p.165 尤为重要。

盗贼",指斥张角为"妖贼"①。在他看来,历史的治乱,既循环不断,又与"文"、"质"相关联。一代人君如果专注于"文"而使之臻于极致,则已经开了祸乱之基;反之,息乱创业之君,则专注于"质",只求使百姓免于饥寒而不去顾及是否粗粝②。这种认为文化与生活水平和国家安全不能相容的看法,是中国传统历史的产物,也是官僚政治的特点。李贽自然无法理解,用中央集权的方式,以为数众多的官僚治理亿万农民,就要求整齐划一、按部就班,不能鼓励特殊分子或特殊成分发展新的技术或创造新的法则。在他所处的时代,文官集团业已丧失了发展技术的可能,也没有对付新的历史问题的能力。社会物质文明(即李贽所谓"文")往前发展,而国家的法律和组织机构不能随之而改进,势必发生动乱。受到时代的限制,李贽认为历史循环之无法避免,乃是命运的安排,几乎带有神秘的力量,所以也不必再白费心力去寻找任何新的解决方案。这样来看,李贽的唯心论并不彻底,因为他承认了客观的真实性,治乱兴亡并不决定于人的主观,当然更不承认,所谓人心不在,治乱就不成其为治乱这样的理论了。

君主一生事业的成败既为历史循环的后果,李贽对于历代君主的评论,也只是着重在他们适应时代的识见和气魄。对于"天下之重"的责任,李贽则认为应该由宰辅大臣来承担。他所期望于大臣的,是他们执政的功绩而不是道德的言辞。一个奇才卓识的人,在为公众的福利作出贡献的过程中,决不能过于爱惜声名,因而瞻前顾后,拘束了自己的行动。他可以忍辱负重,也可以不择手段以取得事业上的成功③。这种舍小节而顾大局的做法被视为正当,其前提是以公众的利益为归依,而在伦理上的解释则是公众道德不同于私人道德,目的纯正则不妨手段不纯。李贽在这些方面的看法,和欧洲哲学家马基雅弗利

---

① 《藏书》卷3页43、卷57页953。

② 《藏书·世纪总论》页2。

③ 《藏书》卷9页146、156、162、169。耿定向为此书所作序言亦指出这一观念。

（Machiavelli）极其相似。

　　李贽重视历史上对财政经济问题有创造性的执政者。他推崇战国的李悝、汉代的桑弘羊、唐代的杨炎，但是对宋代的王安石却缺乏好感。这当然并非因为王安石在道德上遭到非议，而是因为他的才力不逮他的宏愿，"不知富强之术而必欲富强"①。与上述的论点相联系，李贽更为大胆的结论是一个贪官可以为害至小，一个清官却可以危害至大②。他尊重海瑞，但是也指出海瑞过于拘泥于传统的道德，只是"万年青草"，"可以傲霜雪而不可以任栋梁者"③。对于俞大猷和戚继光，李贽极为倾倒，赞扬说："此二老者，固嘉、隆间赫赫著闻，而为千百世之人物者也。"④在同时代的人物中，他最崇拜张居正，称之为"宰相之杰"，"胆如天大"⑤。张居正死后遭到清算，李贽感到愤愤不平，写信给周思敬责备他不能主持公道，仗义执言，但求保全声名而有负于张居正对他的知遇⑥。

　　李贽和耿定向的冲突，许多当代的哲学史家把原因归之于他们经济地位的不同。李贽属于地主阶级的下层，所以他对传统有反抗的倾向；耿定向是大地主，所以偏于保守⑦。

　　这种论点缺乏事实的根据。耿家在黄安确实是有声望的家族，但是李贽的后半生，却一直依附于这样的家族而得以维持相当优裕的生活。他与耿定向决裂以后，随即投奔麻城周家，依靠周思敬和周思久。

----

① 《藏书》卷 9 页 146、卷 17 页 292~296；《焚书》卷 5 页 217。

② 《焚书》卷 5 页 217。

③ 《焚书》卷 4 页 162。

④ 《续焚书》卷 4 页 99。

⑤ 《焚书》卷 1 页 15。

⑥ 《焚书》卷 2 页 59。

⑦ 研究者的这些看法似与李贽本人的思想不符。李贽所谓"穿衣吃饭"，并不指人民自身具有的生活权利，而是士大夫阶级给予被统治者的安全感。de Bary 就曾提出，如果认为李贽具有现代的平等观念，是一种可疑甚至错误的结论，见 *Self and Society* p. 195, 213. 其他的不同看法，参看朱谦之著《李贽》页 25，容肇祖著《明代思想史》页 250~255；吴泽著《李卓吾》页 32。

这周家作为地主望族,较之耿家毫不逊色,何况两家又是姻家世好。另外还有梅家,其社会地位也与耿、周二家相埒。当年麻城(黄安初属麻城,1563 年始分治)士人进学中举,几乎为这三家包办①。在麻城的时候,李贽还和梅国桢过从甚密,梅国桢后来为《焚书》写作了序言。在晚年,李贽又和漕运总督刘东星有极深的交往。刘东星为沁水人,不仅自己身居高位,而且把女儿嫁给山西阳城的大族王家,成了户部尚书王国光的姻亲②。在盛名之下,甚至连亲藩沈王也对李贽感觉兴趣,邀请他去做客。李贽托言严冬不便就道,辞谢未赴③。他的最后一位居停为马经纶。此人官居御史,家住通州,赀财富有。他特意为李贽修造了一所"假年别馆",并且拨出果园菜圃和另一块土地,雇人耕种,以收入作为其客居的供应之资④。在李贽的朋辈之中,唯有焦竑家道清贫,但却无妨于这一家在上层社会中的地位⑤。总之,李贽所交往的人都属于社会的上层,而且是这个阶层中的优秀分子。

李贽本人的著作以及有关他的传记资料,从来没有表示出他有参加任何群众运动的痕迹或者企图。他对于工业、农业的技术改进和商业的经营管理都毫无兴趣。他的所谓"吃饭穿衣即是人伦物理",不过是要求高级的官僚以其实际的政绩使百姓受惠,而不是去高谈虚伪的道德,崇尚烦琐的礼仪。但这并不表示李贽自己有意于实践,而只能表示他是一个提倡实践的理论家。至于他对女性的看法,也常常被后人误解。他不承认女性的天赋低劣,在他看来,历史上有一些特殊的

---

① 《焚书》卷 1 页 31、卷 2 页 52、59、卷 4 页 134~144;《续焚书》卷 1 页 23。《麻城县志》卷 8 页 17~19、卷 9 页 32 所记尤详。
② 《续焚书》卷 2 页 61。
③ 《续焚书》卷 1 页 42。
④ 《续焚书》卷 4 页 96。
⑤ 《续焚书》卷 1 页 30。

女性甚至比男人还要能干,比如他就屡次称颂武则天为"好后"①。但是赞扬有成就的女性,并不等于提倡男女平权,宣传妇女解放。一个明显的证据是李贽对寡妇的守节,其褒扬仍然不遗余力②。

十分显然,李贽没有创造出一种自成体系的理论,他的片段式的言论,也常有前后矛盾的地方。读者很容易看出他所反对的事物,但不容易看出他所提倡的宗旨。

但是这种前后不一并不能算做李贽最大的缺点。有创造力的思想家,在以大刀阔斧的姿态立论的时候,也不是不能见到自相矛盾的地方。卢梭倡导的个人自由,在他的铺张解说之下,反而成了带有强迫性的为公众服务的精神。李贽的这种矛盾,在古今中外并非罕见。

如果把李贽的优越感和矫饰剔除不计,那么,他的思想面貌还不是难于认识的。他攻击虚伪的伦理道德,也拒绝以传统的历史观作为自己的历史观,但是在更广泛的范围内,他仍然是儒家的信徒③。芝佛院内供有孔子像,他途经山东,也到曲阜拜谒孔庙④。在李贽看来,儒家的"仁"、道家的"道"和佛家的"无"彼此相通,他攻击虚伪的道德,但同样不是背弃道德。

在一种社会形态之中,道德的标准可以历久不变,但把这些标准在生活中付诸实践,则需要与不同的时代、环境相适应而有所通变。李贽和他同时代的人物所遇到的困难,则是当时政府的施政方针和个人的行动完全凭借道德的指导,而它的标准又过于僵化,过于保守,过于简单,过于肤浅,和社会的实际发展不能适应。本朝开国二百年,始

---

① 《藏书》卷 9 页 158 狄仁杰传,但仍称武则天为"唐太宗才人武氏"。李贽又对武则天的自我标榜誉之为"真",并称其"胜高宗十倍中宗万倍",见《藏书》卷 63 页 1049～1050。

② 李贽赞扬寡妇的守节,见《藏书》卷 64 页 1063、1066。相反,对于蔡琰,则称其"流离鄙贱,朝汉暮羌,虽绝世才学,亦何足道",见《续焚书》卷 4 页 95。

③ 《藏书·世纪列传总目前论》页 1。

④ 《续焚书》卷 4 页 94～95、100。参见 de Bary, *Self and Society* pp.210～211.

终以"四书"所确定的道德规范作为法律裁判的根据,而没有使用立法的手段,在伦理道德和日常生活之间建立一个"合法"的缓冲地带,唯有这种缓冲地带,才能为整个社会带来开放的机能,使政府的政治措施得以适合时代的需要,个人独创精神也得以发挥。

这种情况的后果是使社会越来越趋于凝固。两千年前的孔孟之道,在过去曾经是领导和改造社会的力量,至此已成为限制创造的牢笼。在道德的旌旗下,拘谨和雷同被视为高尚的教养,虚伪和欺诈成为官僚生活中不可分离的组成部分,无怪乎李贽要慨乎言之:"其流弊至于今日,阳为道学,阴为富贵!"①

如果李贽在某种程度上表现了言行的一致,那么唯一合理的解释也只是他在追求个性与行动的自由,而不是叛离他衷心皈依的儒家宗旨。李贽弃官不仕,别妇抛雏,创建佛院,从事著作,依赖官僚绅士的资助而生活,一直到他在法官面前坚持说他的著述于圣教有益无损,都不出于这样的原则。

对现状既然如此反感,李贽就对张居正产生了特别的同情。我们无法确知李贽和张居正是否见过面,但是至少也有共同的朋友。李贽的前后居停,耿定向和周思敬,都是张居正的亲信②。耿定向尤为张居正所器重,1578 年出任福建巡抚,主持全省的土地丈量,乃是张居正发动全国丈量的试探和先声③。两年之后,张居正以皇帝的名义发布了核实全国耕地的诏书,意图改革赋税,整理财政。这是张居正执政以来最有胆识的尝试,以他当时的权力和威望,如果不是因为突然去世,这一重大措施很可能获得成功。

张居正少年时代的课业,曾经得到当地一位官员的赏识。此人名

---

① 《续焚书》卷 2 页 76。

② 《张居正书牍》录有致周思敬五缄,见卷 4 页 7、18、21、卷 5 页 3、7,致耿定向八缄,见卷 1 页 1、卷 4 页 26、卷 5 页 1、4、8、18、卷 6 页 5、27。

③ 《神宗实录》页 1651、1732。参看拙著 *Taxation and Governmental Finance* pp.299–301.

李元阳,字中谿。他的一生与李贽极为相似:在中年任职知府以后即告退休,退休以后也以释门弟子而兼儒家学者的姿态出现。据记载,他和李贽曾经见过面①。

由于李元阳的影响,张居正早就对禅宗感到兴趣。这种兴趣促使他在翰林院供职期间就和泰州学派接近,并且阅读过王艮的著作,考虑过这种学术在政治上实用的可能性②。也许,他得出的最后结论是,这一派学说对于政治并不能产生领导作用。也有人指斥张居正因为要避免学术上的歧异而施用政治上的迫害,最显著的例子是把泰州学派中的佼佼者何心隐置于死地,但李贽则力为辩护,认为何心隐之死与张居正无关③。

然则,张居正用什么样的理论来支持自己的胆识和行动?他的施政方针,即便不算偏激,但是要把它付之实现,必须在组织上作部分的调整和改革。而文官集团所奉行的原则,却是严守成宪和社会习惯,遏制个人的特长,以保持政府和社会的整体均衡。张居正在理论上找不到更好的学说,就只能以自己的一身挺立于合理和合法之间,经受来自两方面的压力。他声称己身不复为己有,愿意充当铺地的席子,任人践踏以至尿溺,这正和李贽所说不顾凡夫俗子的浅薄批评相似④。张居正写给李元阳的信,引用了《华严悲智偈》中的"如入火聚,得清凉门"两句偈语,也就是说一旦自己把名誉的全毁置之度外,就如同在烈火之中找到了清凉的门径。这显然又是心学派的解释:对于客观环境,把它看成烈焰则为烈焰,看成清凉则为清凉。

张居正在政治上找不到出路,其情形类似于李贽在哲学上找不到

_____

①　关于李元阳其人,见《国朝献征录》卷89页39;de Bary, *Self and Society* p.397;《明代名人传》页721。李贽提到李元阳,见《焚书》卷3页119~122。

②　《明儒学案》卷32页2、11。

③　《焚书》卷1页15。

④　参见《张居正书牍》卷2页16;朱谦之著《李贽》页33。又,Robert Grawford 也提出过这一问题,见 de Bary, *Self and Society* p.400.

出路。创造一种哲学思想比较容易,因为它是哲学家个人意识活动的产物。但是宣布一种政治思想,以之作为治国的原则,其后果则为立竿见影,它必须在技术上符合现状,才能推行无碍。在本朝的社会中,儒家的仁,类似于宪法的理论基础。全国的读书人相信性善,则他们首先就应该抑制个人的欲望,不去强调个人的权利。扩而大之,他们一旦位列封疆或者职居显要,也就不能强调本地区、本部门的特权。例如东南各省本来可以由海外贸易而获大利,但由于顾全大体,没有坚持这种特别的经济利益,就得以保持全国政治的均衡。在这种以公众利益为前提的条件下,政府中枢才有可能统一管理全国,而无须考虑各地区、各部门以及各个人的特殊需要。这是一种笼统的办法,也是一种技术上简陋和没有出息的办法。

在本书的前面几章中曾不止一处提到,我们的帝国是由几百万个农村聚合而成的社会。数以千万计的农民不能读书识字,全赖乎士绅的领导,村长里甲的督促,他们才会按照规定纳税服役。在法律面前,他们享有名义上的平等,而实际上,他们的得失甚至生死,却常常不决定于真凭实据而决定于审判官的一念之间。本朝的法律也没有维持商业信用、保障商业合同的规定,因此国际贸易无法开放,否则就会引起无法解决的纠纷。各地区按照其特殊需要而立法,更不能受到鼓励,因为会酿成分裂的局面。至于在文官集团内部,也无法通过组织系统集中这两万人的意见,必须假借谐音讽喻、匿名揭帖以及讨论马尾巴等等离奇的方法,混合阴阳,使大家在半信半疑之间渐趋统一。以上种种情况,在长时期里造成了法律和道德的脱节。治理如此庞大的帝国,不依靠公正而周详的法律,就势必依靠道德的信条。而当信条僵化而越来越失去它的实用价值,沦于半瘫痪状态中的法律也当然无法填补这种缺陷。

如果本朝的统治者感到了此路不通,企图改弦易辙,则必然会导致社会成员以自存自利为目的,天赋人权的学说又必然如影随形地兴起,整个社会就将遭到根本性的冲击。但是这种局面,在欧洲的小国里,也要在几百年之后,等市民阶级的力量成熟,才会出现,张居正和李贽正不必为此而焦虑。事实上,他们也不可能看得如此长远,他们企盼的自由,只是优秀分子或者是杰出的大政治家不受习俗限制的自由。

　　张居正是政治家,李贽是哲学家,他们同样追求自由,有志于改革和创造,又同样为时代所扼止。李贽近于马基雅弗利,但是他的环境不容许他像霍布斯和洛克一样,从个人主义和唯物主义出发构成一个新的理论体系。他察觉到自己有自私自利的一面,别人也是如此,但他不能放弃孔子所提倡的仁。这样,他只好在形而上学中找到安慰——世间的矛盾,在"道"的范畴中得到调和而且消失。这在心学中也有类似的理论,即至善则无形,至善之境就是无善无不善。

　　这样的唯心主义已经带上了神秘的色彩,很难成为分析历史现象的有效工具。而另一方面,他思想中唯物主义的部分也并不彻底。这使李贽不可能从根本上放弃以伦理道德为标准的历史观,因之自相矛盾的评论随时会在他笔下出现。比如他赞成寡妇守节殉夫,但对卓文君的私奔,又说是"归凤求凰,安可诬也"①。他斥责王莽、张角,但又原谅了很多历史人物,有如五代史中的冯道。这些人物的所作所为和当时的道德规范不相符合,李贽认为情有可原,因为,从长远来看,他们为国家人民带来了更多的利益。这些以远见卓识指导自己行动的人物,足以称为"上人",而李贽自己能作出这种评论,则成了"上人"之上的"上上人"②。

　　这些在理论上缺乏系统性的观点,集中在他编订的《藏书》之中。李贽对这部书自视甚高,称之为"万世治平之书,经筵当以进读,科场

　　① 《藏书》卷 37 页 624～626。
　　② 《续焚书》卷 2 页 54;《涌潼小品》卷 16 页 365。

当以选士,非漫然也"①,并且预言"千百世后",此书必行。他认识到,他的观点不能见容于他所处的社会,然而这个社会需要如何改造才能承认他的观点,在书中却不着一字。在今天的读者看来,他心目中的"千百世后",皇帝仍然出席经筵,科场仍然根据官方所接受的历史观取士,则仍为一个矫饰的社会。

1601 年初春,芝佛院被一场人为的火灾烧得四大皆空②。据说纵火者乃是当地官吏和缙绅所指使的无赖。这一案情的真相始终未能水落石出,但却肯定与下面的一个重要情节有所关联。

李贽在麻城的支持者梅家,是当地数一数二的大户,家族中的代表人物梅国桢又正掌理西北军事。梅国桢有一个孀居的女儿梅澹然曾拜李贽为师,梅家的其他女眷也和李贽有所接触。这种超越习俗的行动,在当时男女授受不亲的上层社会里,自然引起了众人的侧目而视。但是李贽对舆论不加理睬,反而毫无顾忌地对澹然和她的姐娌大加称赞。他和她们往来通信,探讨学问。他著作中所提到的"澹然大师"、"澄然"、"明因"、"善因菩萨"等等,就是这几位女士。他说:"梅澹然是出世丈夫,虽是女身,然男子未易及之。"又说:"此间澹然固奇,善因、明因等又奇,真出世丈夫也。"③他在著作中,理直气壮地辩解自己和她们的交往完全合于礼法,毫无"男女混杂"之嫌,但是又不伦不类地写下了"山居野处,鹿豕犹以为嬉,何况人乎"这些话。他把澹然比为观世音,并把和这几位女士谈论佛学的文稿刊刻,题为《观音问》。他还有一首题"绣佛精舍"的诗:"闻说澹然此日生,澹然此日却为僧。僧宝世间犹时有,佛宝今看绣佛灯。可笑成男月上女,大惊小怪称奇事。陡然不见舍利佛,男身复隐知谁是? 我劝世人莫浪猜,绣佛精舍是天台。天欲散花愁汝着,龙女成佛今又来!"

---

① 《续焚书》卷 1 页 45;《藏书》刘东星序。
② 朱谦之著《李贽》页 9;《明代名人传》页 813~814。
③ 《焚书》卷 4 页 167、183、184,卷 6 页 229;《续焚书》卷 1 页 5。

写作这些诗文函件的时候，李贽已年近七十，而且不断声称自己正直无邪，但是这些文字中所流露的挑战性，无疑为流俗和舆论所不能容忍。反对者举出十余年前李贽狎妓和出入于孀妇卧室的情节，证明他的行止不端具有一贯性；对这种伤风败俗的举动，圣人之徒都应该鸣鼓而攻之。

事情还有更为深刻和错综的内容。李贽的这种行动，在当时的高级官僚看来，可以视为怪僻而不必和公共道德相联系，但下级地方官则不能漠然置之。他们负责基层的行政机构，和当地绅士密切配合，以传统思想作为社会风气的准则，教化子民。他们的考成也以此为根据。李贽的言行既然有关风化，也就是和官僚绅士的切身利益有关。然而如果把问题仅仅停留在这一点上，也还是皮相之谈。对官僚绅士自己来说，行为不检甚至涉及淫乱，本来是所在多有，毫不足怪。如果他们本人不事声张，旁人也可以心照不宣。李贽究竟无邪还是有邪，可以放在一边不管，关键在于他那毫无忌惮的态度。他公然把这些可以惹是生非的情节著为文字，而且刊刻流传，这就等于对社会公开挑战，其遭到还击也为必然。而且，他的声名愈大，挑战性就愈强烈，地方官和绅士也愈不能容忍，对他进行惩罚已属责无旁贷[1]。这些人雇佣地痞打手焚烧芝佛院，行为可谓卑劣怯弱，但在他们自己看来，则属于卫道。

这次事件已经早有前兆。五年之前，即 1596 年，有一位姓史的道台就想驱逐李贽。仅仅因为李贽的朋友很多，而且大多是上层人物，这位道台才不敢造次，只是放出风声要对他依法处理。李贽对这种恐吓置若罔闻，于是史道台又声称芝佛院的创建没有经过官方批准，理应拆毁。李贽答辩说，芝佛院的性质属于私人佛堂，其创建"又是十方尊贵大人布施俸金，盖以供佛，为国祈福者"[2]。答辩既合情合理，再加

---

① 此即袁中道所谓"祸逐名起"，参见《焚书》卷首页 7。
② 朱谦之著《李贽》页 8；《续焚书》卷 1 页 4、17、18、25。

上知名人士从中疏通,这位道台没有再别生枝节,而李贽则自动作了一次长途旅行,离开麻城前后约计四年。他在山西访刘东星,登长城,然后买舟由大运河南返,在南京刊刻《焚书》,1600年又回到芝佛院①。这次招摇的旅行使当地官绅更为痛心疾首,而尤其糟糕的是,他居然在给梅澹然的信上说麻城是他的葬身之地②。是可忍,孰不可忍,官绅们既想不出更好的办法,只好一把火烧了他的栖身之地。

事变发生以后,马经纶闻讯从通州赶来迎接李贽北上,并且慷慨地供他和随从僧众的生活所需,使李贽的生活得以保持原状。在通州,也经常有朋友和仰慕者的拜访和请益,因此生活并不寂寞③。

在生命中的最后一年里,他致力于《易经》的研究④。这部书历来被认为精微奥妙,在习惯上也是儒家学者一生最后的工作,其传统肇始于孔子。李贽既已削发为僧,他已经了解到,所谓"自己"只是无数因果循环中间的一个幻影;同时,根深蒂固的儒家历史观,又使他深信天道好还,文极必开动乱之机,由乱复归于治,有待于下一代创业之君弃文就质。在1601年,李贽提出这一理论,真可以说切合时宜,也可以说不幸而言中。就在这一年,努尔哈赤创立了他的八旗制度,把他所属的各部落的生产、管理、动员、作战归并为一元,改造为半现代化的军事组织。而也是仅仅两年之前,这个民族才开始有了自己的文字。就凭这些成就,努尔哈赤和他的儿子征服了一个庞大的帝国,实质上是一个单纯的新生力量接替了一个"文极"的王朝。所谓"文极",就是国家社会经济在某些方面的发展,超过了文官制度呆板的管制力量,以致"上下否隔,中外睽携"。努尔哈赤的部落文化水平低下,但同时也就在"质"上保持着纯真。舍此就彼,泰否剥复,也似乎合于

---

① 容肇祖著《明代思想史》页232;《焚书》卷3页126、卷6页228;《续焚书》卷2页61、卷4页98。

② 《焚书》卷2页79。

③ 《续焚书》卷2页68、卷4页95、卷5页118。

④ 《焚书》卷首页4。

《易经》的原则。

　　然而在这易代的前夕，李贽又如何为自己打算呢？即使其时李贽还不是古稀的高龄，他也用不着考虑这个问题了，因为问题已经为礼科给事中张问达所解决。张问达递上了一本奏疏，参劾李贽邪说惑众，罪大恶极。其罗织的罪状，有的属于事实，有的出于风传，有的有李贽的著作可以作证，有的则纯出于想当然。其中最为耸人听闻的一段话是："尤可恨者，寄居麻城，肆行不简，与无良辈游庵院，挟妓女，白昼同浴，勾引士人妻女入庵讲法，至有携衾枕而宿者，一境如狂。又作《观音问》一书，所谓观音者，皆士人妻女也。"①接着，给事中提醒万历皇帝，这种使人放荡的邪说必将带来严重的后果："后生小子喜其猖狂放肆，相率煽惑，至于明劫人财，强搂人妇，同于禽兽而不足恤。"此外，由于李贽妄言欺世，以致佛教流传，儒学被排挤，其情形已极为可怕："迩来缙绅士大夫，亦有噂咒念佛，奉僧膜拜，手持数珠，以为律戒，室悬妙像，以为皈依，不知遵孔子家法而溺意于禅教沙门者，往往出矣。"而最为现实的危险，还是在于李贽已经"移至通州。通州距都下仅四十里，倘一入都门，招致蛊惑，又为麻城之续"。

　　皇帝看罢奏疏之后批示：李贽应由锦衣卫捉拿治罪，他的著作应一律销毁。

　　在多数文官看来，李贽自然是罪有应得，然而又不免暗中别扭。本朝以儒学治天下，排斥异端固然是应有的宗旨，但这一宗旨并没有经常地付诸实施。李贽被捕之日，天主教传教士、意大利人利玛窦（此人和李贽也有交往）早已在朝廷中活动，以后他还要继续传教，使一些大学士尚书乃至皇帝的妃嫔成为上帝的信徒。而万历皇帝和母亲慈圣太后则对佛教感觉兴趣。虽说在1587年曾经因为礼部的奏请，皇帝下令禁止士人在科举考试的试卷中引用佛经，但是在1599年，即李

---

①　张问达疏见《神宗实录》页6917～6919。《实录》称李贽惧罪绝食而死，或是当时向万历报告中的措辞。

贽被捕前三年,他却告诉文渊阁的各位大学士,他正在精研"道藏"和"佛藏"①。这还有行动可以作为证明:皇帝经常对京城内外的佛寺捐款施舍,又屡次派出宦官到各处名山巨刹进香求福,而好几次大赦的诏书中,更充满了佛家慈悲为本的语气。所以,要把提倡异端的罪魁祸首加之于李贽,毕竟不能算做理直气壮。

但是另一方面,李贽之所以罪有应得,则在于张问达的奏疏具有煽动的力量,而他使用的"罗织"方法,也把一些单独看来不成其为罪状的过失贯穿一气,使人觉得头头是道。何况把可能的后果作为现实的罪行,也是本朝司法中由来已久的习惯。而全部问题,说到底,还在于它牵涉到了道德的根本。

从各种有关的文字记载来看,李贽在监狱里没有受到折磨,照样能读书写字。审讯完毕以后,镇抚司建议不必判处重刑,只需要押解回籍了事。根据成例,这种处罚实际上就是假释,犯人应当终身受到地方官的监视。但不知何故,这项建议送达御前,皇帝却久久不作批示。

一天,李贽要侍者为他剃头。乘侍者离开的间隙,他用剃刀自刎,但是一时并没有断气。侍者看到他鲜血淋漓,还和李贽作了一次简单的对话。当时李贽已不能出声,他用手指在侍者掌心中写字作了回答:

问:"和尚痛否?"

答:"不痛。"

问:"和尚何自割?"

答:"七十老翁何所求!"②

据说,袁中道的记载,在自刎两天以后,李贽才脱离苦海。然而东厂锦衣卫写给皇帝的报告,则称李贽"不食而死"。

---

① 1587 年万历应礼部请禁止士子在考试试卷中引用佛经,见《神宗实录》页 3415、3455、3548。1599 年万历自称研读佛藏道藏,见《神宗实录》页 6107~6108。

② 《焚书》卷首页 4~5。

从个人的角度来讲,李贽的不幸,在于他活的时间太长。如果他在 1587 年即万历十五年,也就是在他剃度为僧的前一年离开人世,四百年以后,很少再会有人知道还有一个姚安知府名叫李贽,一名李载贽,字宏父,号卓吾,别号百泉居士,又被人尊称为李温陵者其事其人。在历史上默默无闻,在自身则可以省却了多少苦恼。李贽生命中的最后两天,是在和创伤血污的挣扎中度过的。这也许可以看成是他十五年余生的一个缩影。他挣扎,奋斗,却并没有得到实际的成果。虽然他的《焚书》和《藏书》一印再印,然而作者意在把这些书作为经筵的讲章、取士的标准,则无疑是一个永远的幻梦。

我们再三考虑,则又觉得当日李贽的不幸,又未必不是今天研究者的幸运。他给我们留下了一份详尽的记录,使我们有机会充分地了解当时思想界的苦闷。没有这些著作,我们无法揣测这苦闷的深度。此外,孔孟思想的影响,朱熹和王阳明的是非长短,由于李贽的剖析争辩而更加明显;即使是万历皇帝、张居正、申时行、海瑞和戚继光,他们的生活和理想,也因为有李贽的著作,使我们得到从另一个角度观察的机会。

当一个人口众多的国家,各人行动全凭儒家简单粗浅而又无法固定的原则所限制,而法律又缺乏创造性,则其社会发展的程度,必然受到限制。即便是宗旨善良,也不能补助技术之不及。1587 年,是为万历十五年,次岁丁亥,表面上似乎是四海升平,无事可记,实际上我们的大明帝国却已经走到了它发展的尽头。在这个时候,皇帝的励精图治或者宴安耽乐,首辅的独裁或者调和,高级将领的富于创造或者习于苟安,文官的廉洁奉公或者贪污舞弊,思想家的极端进步或者绝对保守,最后的结果,都是无分善恶,统统不能在事业上取得有意义的发展,有的身败,有的名裂,还有的人则身败而兼名裂。

因此我们的故事只好在这里作悲剧性的结束。万历丁亥年的年鉴,是为历史上一部失败的总记录。

参考书目

此书目不是作者执笔前全部参考资料的汇集,而仅限于在注释中提到的文献。排列次序以 Wade Giles 拼音为序,以便与英文版并行。也有若干书籍在英文版中引用而本书未加引用,则不列在本书目内。

陈荣捷　Chan Wing-tsit 英译《传习录》(*Instructions for Practical Living*,纽约 1963 版)

陈荣捷　英译《近思录》(*Reflections On Things at Hand*,纽约 1967 版)

《张居正书牍》(上海群学书社 1917 版)

张　瀚　《松窗梦语》(《武林往哲遗著本》)

陈洪谟　《继世纪闻》(《纪录汇编》本)

陈洪谟　《治世余闻》(《纪录汇编》本)

陈文石　《明洪武嘉靖间的海禁政策》(台北 1966 版)

郑　晓　《今言》(《纪录汇编》本)

郑　茂　《靖海记略》(并装于《倭变事略》,台北广文书局 1964 版)

程宽正　《戚继光》(重庆 1943 版)

焦　竑　《国朝献征录》(台北学生书局 1965 版)

焦　兹　《澹园集》(金陵丛书本)

钱　穆　《国史大纲》第十版(台北 1966 版)

戚继光　《纪效新书》(1841 版)

戚继光　《止止堂集》(山东书局 1888 版)

戚继光　《练兵实纪》(上海商务印书馆 1937 版)

《金华府志》(美国国会图书馆胶卷 1578 版)

周玄暐　《泾林续记》(《涵芬楼秘笈》本)

周　暐　《中国兵器史稿》(北京 1957 版)

朱谦之　《李贽：十六世纪中国反封建思想的先驱者》(武汉 1956 版)

朱　熹　《朱子全书》(《四部丛刊本》)

朱　熹　《朱子语类》(长沙商务 1937 版)

朱国桢　《涌幢小品》(北京中华书局 1959 版)

朱东润　《张居正大传》(武汉 1957 版)

朱元璋　《皇明祖训》(辑于《明朝开国文献》内，台北学生书局 1966 版)

朱元璋　《大诰》(同上，台北学生书局 1966 版)

瞿同祖　Ch'üT'ung-tsu : *Local Government in China under the Ch'ing* (Cambridge, Mass, 1962 版)

de Bary, w.T., *Self and Society in Ming Thought*(纽约 1970 版)

de Bary, W.T., *Sources of Chinese Tradition*(纽约 1964 版)

D'Elia, Pasquale M., *Fonti Ricciane*(罗马 1942 及 1949 版)

傅衣凌　《明清时代商人及商业资本》(北京 1956 版)

富路特　Goodrich, L.Carrington 及房兆楹 Fang, Chaoying.《明代名人传》(*Dictionary of Ming Biography*,纽约 1976 版)

Gouveia, de Antonio.*Journal*,富路特供给之未刊英译本

海　瑞　《海瑞集》(北京 1962 版)

贺仲轼 《两宫鼎建记》(《丛书集成》本)

何良俊 《四友斋丛说摘抄》(《纪录汇编》本)

何良臣 《阵纪》(《丛书集成》本)

何炳棣 Ho, Ping-ti: *The Ladder of Success in Imperial China: Aspects of Social Mobility*, 1368～1911(纽约 1962 版)

席书、朱家相 《漕船志》(《玄览堂丛书》本)

《熹宗实录》(台北 1967 版)

项梦原 《冬官纪事》(《丛书集成》本)

萧公权 Hsiao, Kung-Ch'üan: *Rural China: Imperial Control in the Nineteenth Century*(西雅图 1960 版)

《孝宗实录》 (台北 1965 版)

谢承仁、宁可 《戚继光》(上海 1961 版)

谢国桢 《明清之际党社运动考》(上海 1935 版)

《宪宗实录》(台北 1964 版)

《新中国考古的收获》(北京 1962 版)

徐孚远等辑 《皇明经世文编》(台北国风出版社 1964 版)

徐学聚 《嘉靖东南平倭通录》(辑于《倭变事略》,台北 1964 版)

《宣宗实录》(台北 1964 版)

黄仁宇 Huang, Ray "Military Expenditure in Sixteenth-Century Ming China" *Driens Extremus* 17(1970):1～2.

黄仁宇 Huang, Ray: *Taxation and Governmental Finance in Sixteenth Century Ming China*(剑桥 1974 版)

黄训辑 《皇明名臣经济录》(1551 版)

黄宗羲 《明儒学案》(《四部备要》本)

黄 晔 《蓬窗类纪》(《涵芬楼秘笈》本)

贺 凯 Hucker, Charles O: "Governmental Organization of the Ming Dynasty" *Harvard Journal of Asiatic Studies* 21(1958)

贺 凯 Hucker, Charles O: *The Censorial System of Ming China*（史丹福 1966 版）

贺 凯 Hucker, Charles O: *The Traditional Chinese State in Ming Times*, 1368~1644（Tucson 1961 版）

Hummel, A.W. *Eminent Chinese of the Ch'ing Period*（华盛顿 1943 及 1944 版）

任苍厂 《戚继光》（上海 1947 版）

容肇祖 《李卓吾评传》（台北《人人文库》本）

容肇祖 《明代思想史》（上海 1941 版）

高 拱 《病榻遗言》（《纪录汇编》本）

Kierman, Frank A., Jr., and Fairbank, John K. *Chinese Ways in Warfare*（Cambridge, Mass., 1974 版）

《考古》 1959:7

《考古通讯》1958:7

顾炎武 《日知录集释》（《万有文库》本）

顾炎武 《天下郡国利病书》（《四部丛刊》本）

谷应泰 《明史纪事本末》（台北三民书局 1956 版）

《光宗实录》（台北 1966 版）

归有光 《归有光全集》（台北自力出版社 1959 版）

Kuno, Y.S. *Japanese Expansion On the Asiatic Continent*（Berkeley, Calif., 1937 及 1940 版）

李 贽 《焚书》及《续焚书》（北京中华书局 1975 合订本）

李 贽 《藏书》（北京中华书局 1974 版）

黎光明 《嘉靖御倭江浙主客军考》（北京 1933 版）

黎东方 《细说明朝》（台北 1964 版）

刘若愚 《酌中志》（《丛书集成》本）

陆 容 《菽园杂记》（《纪录汇编》本）

鹿善继 《认真草》(《丛书集成》本)

《麻城县志》(1935 版)

Mac Nair, H.F.*China*(Berkeley, Calif., 1946 版)

茅元仪 《武备志》(康熙版)

《明人传记资料索引》(台北 1966 版)

《明史》 (台北国防研究院 1963 版)

孟 森 《明代史》(台北 1957 版)

《穆宗实录》(台北 1966 版)

李约瑟 Needham, Joseph: *Science and Civilisation in China*(剑桥 1954 及以后各册版)

李约瑟 Needham, Joseph 及黄仁宇 Huang, Ray "The Nature of Chinese Society: A Technical Interpretation" *Journal Of Oriental Studies*(香港)

12:1~2 (1974); 此文亦刊载于 *East and West* (罗马) 24:3~4 (1974)

倪会鼎 《倪文正公年谱》(《粤雅堂丛书》本)

欧阳祖经 《谭襄敏公年谱》(上海 1936 版)

潘季驯 《河防一览》(台北学生书局 1966 版)

彭信威 《中国货币史》(上海 1954 版)

彭 时 《彭文宪笔记》(《纪录汇编》本)

Reischauer, Edwin O., 及 Fairbank, John K.*East Asia: The Great Tradition*(波士顿 1958 版)

利玛窦 Ricci, Matteo: *China in the Sixteenth Century: The Journals of Matthew Ricci*, 1583~1610(纽约 1953 版)

Samedo, C.Alvarez, *The History of That Great and Renowned Monarchy of China*(伦敦 1655 英译本)

Sansom, G.B., *A History of Japan*(史丹福 1958 及以后各册版)

沈　榜　《宛署杂记》(北京 1961 版)

申时行　《赐闲堂集》(美国国会图书馆胶片)

申时行　《召对录》(丛书集成本)

沈德符　《野获编》(扶荔山房 1869 版)

《神宗实录》(台北 1966 版)

《世宗实录》(台北 1965 版)

《顺德县志》(1585 版)

《四库全书总目提要》(1930 版)

苏同炳　《明代驿递制度》(台北 1969 版)

孙承泽　《春明梦余录》(香港龙门书局 1965 版)

宋应星　《天工开物》(《人人文库》本)

《大明会典》(台北 1963 版)

《太祖实录》(台北 1962 版)

《太宗实录》(台北 1963 版)

邓之诚　《中华二千年史》(香港 1964 版)

丁　易　《明代特务政治》(北京 1950 版)

采九德　《倭变事略》(台北 1964 版)

岑仲勉　《黄河变迁史》(北京 1957 版)

《东昌府志》(1600 版)

《万历邸抄》(台北 1968 版)

王　鏊　《震泽长语》(《纪录汇编》本)

王世贞　《嘉靖以来内阁首辅传》(台北 1967 版)

王世贞　《弇州山人四部稿》(世纪堂刻本)

王世贞　《弇州山人续集》(世经堂刻本)

王世贞　《弇州史料后辑》(台北 1965 版)

韦庆远　《明代黄册制度》(北京 1961 版)

魏　焕　《皇明九边考》(北京 1936 版)

文　秉　《先拨志始》(《丛书集成》本)

《文物》　1975年:1

吴　晗　《朱元璋传》(香港传记文学社翻本)

吴　晗　《明代的军兵》(《中国社会经济史集刊》5:2,1937)

吴　泽　《儒教叛徒李卓吾》(上海1949版)

《武宗实录》(台北1965版)

《英宗实录》(台北1964版)

俞大猷　《正气堂集》(1884版)

附录一

《神宗实录》一

万历皇帝于 1590 年 8 月 25 日与申时行等召对记录。全文照《神宗实录》卷二二五排印。

是日,上御门毕,召辅臣时行等见于皇极门煖阁。

上出陕西巡抚赵可怀奏报虏情本手授时行曰:"朕近览陕西总督抚梅友松等所奏。说虏王引兵过河,侵犯内地,这事情如何?"时行等对:"近日洮州失事,杀将损军,臣等正切忧虑,伏蒙圣问,臣等敢以略节具陈:洮河边外,都是番族。番族有两样。中茶纳马的是熟番,其余的是生番。先年虏骑不到,只是防备番贼,所以武备单虚,仓猝不能堵遏。如今虏王过河,是被火落赤勾引,多为抢番,又恐中国救护,故声言内犯。然虏情狡诈,不可不防。"上曰:"番人也是朕之赤子。番人地方都是祖宗开拓的封疆。督抚官奉有敕书,受朝廷委托,平日所干何事?既不能预先防范,到虏酋过河,才来奏报。可见边备废弛。皇祖时各边失事,督抚官都拿来重处。朝廷自有法度。"时行等对:"皇上责备督抚不能修举边务,仰见圣明英断,边臣亦当心服。如今正要责成他选将练兵,及时整理。"

上曰："近时督抚等官平日把将官凌虐牵制，不得展布，有事却才用他。且如各边，但有功劳，督抚有升有赏，认做己功。及失事，便推与将官，虚文搪塞。"时行等对："各边文武将吏，各有职掌，如总督巡抚，只是督率调度。若临战阵定用武官，自总兵以下，有副总兵、有参将、游击、守备，各分信地，如有失事，自当论罪。"上曰："古文臣如杜预，身不跨鞍，射不穿札，诸葛亮纶巾羽扇，都能将兵立功，何必定是武臣？"时行等对："此两名臣，古来绝少。人才难得，臣等即当传与兵部，转谕督抚诸臣，尽心经理，以纾皇上宵旰之忧。"

上曰："将官必要谋勇兼全，曾经战阵方好。"时行等对："将材难得。自款贡以来，边将经战者亦少。"上曰："重赏之下，必有勇夫。只是不善用之，虽有关张之勇，亦不济事。"时行等对："近日科道建言，要推举将材，臣等曾语兵部，及早题复。今九卿科道会同推举。"上曰："前日有御史荐两将官。"时行等对："所荐将官一是王化熙，曾提督巡捕，臣等亲见，亦是中才，只宜腹里总兵。一是尹秉衡，曾称良将，今老矣。"上曰："不论年老。赵充国岂非老将？只要有谋。"时行等对："将在谋不在勇，圣见高明，非臣等所及。"

上又曰："朕在九重之内，边事不能悉知。卿等为朕股肱，宜用心分理。如今边备废弛，不止陕西。或差有风力的科道或九卿大臣前去。如军伍有该补足，钱粮有该设处，着一一整顿。书云：事事有备无患。须趁如今收拾，往后大坏愈难。"时行等对："当初许虏款贡，原为内修守备，外示羁縻。只为人情偷安，日渐废弛。所以三年阅视，或差科臣，或差彼处巡按御史。"上曰："三年阅视是常差。如今要特差。"时行等对："臣等在阁中商议，要推大臣一员前去经略，且重其事权，使各边声势联络，庶便行事。容臣等撰拟传帖，恭请圣裁。"上曰："还拟两人来行。"

已，复言款贡事。上称："皇考圣断者再。"时行等言："自俺答献逆求封，赖皇考神谟独断，许通款贡，已二十年，各边保全生灵何止百万。"上曰："款贡亦不可久恃。宋事可鉴。"时行等对："我朝与宋事不同。宋时中国弱，夷狄强，原是敌国。今北虏称臣纳款，中国之体自尊，但不可因而忘备耳。"上曰："虽是不同，然亦不可媚虏。虏心骄意大，岂有厌足？须自家修整武备，保守封疆。"时行等对："今日边事既未可轻于决战，又不可专于主抚。只是保守封疆，据险守隘，坚壁清野，使虏不得肆掠，乃是万全之策。皇上庙谟弘远，边臣庶有所持循。至于失事有大小，情事有轻重。若失事本小而论罪过重，则边臣观望退缩，虏酋反得挟以为重，又非所以激励人心。自今尤望皇上宽文法，核功罪。"上曰："如今失事却也不轻。"时行等对："圣恩从宽处分，容臣传示边臣，使感恩图报。"

上复问次辅病安否，何如。时行等对："臣锡爵实病，屡疏求去，情非得已。"上曰："如今有事时，正宜竭忠赞襄，如何要去？"时行等对："皇上注念锡爵是优厚辅臣至意，臣等亦知感激。但锡爵病势果系缠绵。臣等亲至其卧内，见其形体赢瘦，神思愁苦，亦不能强留。"上曰："着从容调理，痊可即出。"

时行等唯唯，因叩头奏："臣等半月不睹天颜，今日视朝，仰知圣体万安，不胜忻慰。"上曰："朕尚头眩臂痛，步履不便。今日特为边事，出与卿等商议。"时行等叩头奏："伏望皇上万分保重。"上又曰："闻山西五台一路多有矿贼，啸聚劫掠，地方官如何隐匿不报？"时行等奏："近闻河南嵩县等处，聚有矿贼，巡抚官发兵驱逐，业已解散。"上曰："是山西地方五台，因释氏故知之。"上恐时行等误以为失事也。复曰："释氏是佛家，曾遣人进香耳。"时行等对："地方既有盗贼啸聚，地方官隐匿不报，其罪不止疏玩而已。"

《神宗实录》二

万历皇帝于1590年2月5日与申时行等召对记录。全文照《神宗实录》卷二一九排印。

上御毓德宫,召辅臣申时行、许国、王锡爵、王家屏入见于西室。

御榻东向,时行等西向跪,至(致)词贺元旦新春。又以不瞻睹天颜,叩头候起居。上曰:"朕之疾已痊矣。"时行等对曰:"皇上春秋鼎盛,神气充盈,但能加意调摄,自然勿药有喜,不必过虑。"上曰:"朕昨年为心肝二经之火,时常举发,头目眩晕,胃膈胀满,近调理稍可。又为雒于仁奏本,肆口妄言,触起朕怒,以致肝火复发,至今未愈。"时行等奏:"圣躬关系最重,无知小臣狂戆轻率,不足以动圣意。"上以雒于仁本手授申时行云:"先生每看这本,说朕酒色财气,试为朕一评。"

时行方展疏,未及对。上遽云:"他说朕好酒。谁人不饮酒?若酒后持刀舞剑,非帝王举动,岂有是事!又说朕好色,偏宠贵妃郑氏。朕只因郑氏勤劳,朕每至一宫,他必相随,朝夕间小心侍奉勤劳。如恭妃王氏,他有长子,朕着他调护照管,母子相依,所以不能朝夕侍奉,何尝有偏?他说朕贪财,因受张鲸贿赂,所以用他。昨年李沂也这等说。朕为天子,富有四海,天下之财,皆朕之财,朕若贪张鲸之财,何不抄没了他?又说朕尚气。古云少时戒之在色,壮时戒之在斗,斗即是气。朕岂不知?但人孰无气?且如先生每也有童仆家人,难道更不责治?如今内侍宫人等或有触犯及失误差使的,也曾杖责,然亦有疾疫死者,如何说都是杖死?先生每将这本去票拟重处!"时行等对曰:"此无知小臣,误听道路之言,轻率渎奏。"上曰:"他还是出位沽名!"时行等对曰:"他既沽名,皇上若重处之,适成其名,反损皇上圣德。唯宽容不较,乃见圣德之盛。"复以其疏缴置御前。上沉吟答曰:"这也说的是。

到不事(是)损了朕德,却损了朕度。"时行等对曰:"圣上圣度如天地,何所不容。"

上复取其疏再授时行,使详阅之。时行稍阅大意。上连语曰:"朕气他不过,必须重处!"时行云:"此本原是轻信讹传,若票拟处分,传之四方,反以为实。臣等愚见,皇上宜照旧留中为是。容臣等载之史书,传之万世。使万世颂皇上为尧舜之君。"复以其疏送御前。上复云:"如何设法处他?"时行等云:"此本既不可发出,亦无他法处之。还望皇上宽宥。臣等传语本寺堂官,使之去任可也。"上首肯,天颜稍和:"因先生每是亲近之臣。朕有举动,先生每还知道些。安有是事?"时行对曰:"九重深邃,宫闱秘密,臣等也不能详知。何况疏远小臣。"

上曰:"人臣事君,该知道理。如今没个尊卑上下,信口胡说。先年御史党杰,也曾奚落我,我也容了。如今雒于仁亦然,因不曾惩创,所以如此。"时行等曰:"人臣进言,虽出忠爱,然须从容和婉。臣等常时惟事体不得不言者,方敢陈奏。臣等岂敢不与皇上同心?如此小臣,臣等亦岂敢回护?只是以圣德圣躬为重。"上曰:"先生每尚知尊卑上下。他每小臣却这等放肆。近来只见议论纷纷,以正为邪,以邪为正。一本论的还未及览,又有一本辩的,使朕应接不暇。朕如今张灯后看字,不甚分明。如何能一一遍览?这等殊不成个朝纲!先生每为朕股肱,也要做个主张。"时行等对曰:"臣等财(才)薄望轻。因鉴人前覆辙,一应事体,上则禀皇上之独断,下则付外廷之公论。所以不敢擅自主张。"上曰:"不然。朕就是心,先生每是股肱。心非股肱,安能运动?朕既委任先生每,有何畏避?还要替朕主张,任劳任怨,不要推诿!"时行等叩头谢曰:"皇上以腹心股肱,优待臣等。臣等敢不尽心图报?任劳任怨四字,臣等当书之座右,朝夕服膺。"

语毕,时行复进曰:"皇上近来进药否?"上曰:"朕日每进药二次。"时行等云:"皇上须慎重拣选良药。"上曰:"医书朕也常看,脉理朕都知道。"时行等云:"皇上宜以保养圣躬为重,清心寡欲,戒怒平情,圣体自然康豫矣。"时行等又云："臣等久不瞻睹天颜。今日幸蒙宣召，刍荛之见，敢不一一倾吐？近来皇上朝讲稀疏，外廷日切悬望。今圣体常欲静摄，臣等亦不敢数数烦劳起居。但一月之间，或三四次，间一临朝，亦足以慰群情之瞻仰。"上曰："朕疾愈岂不欲出？即如祖宗庙祀大典，也要亲行。圣母生身大恩，也要时常定省。只是腰痛脚软，行走不便。"

时行等又云："册立东宫，系宗社大计，望皇上早定。"上曰："朕知之。朕无嫡子，长幼自有定序。郑妃再三陈请，恐外间有疑，但长子犹弱，欲俟其壮健使出就外才放心。"时行等又云："皇长子年已九龄，蒙养豫教正在今日，宜令出阁读书。"上曰："人资性不同，或生而知之，或学而知之，或困而知之。也要生来自然聪明。安能一一教训？"时行等对曰："资禀赋于天，学问成于人，虽有睿哲之资，未有不教而能成者，须及时豫教，乃能成德。"上曰："朕已知之，先生每回阁去罢。"仍命各赐酒饭。时行等叩头谢，遂出去宫门数千武。

上复命司礼监内臣追止之。云："且少俟。皇上已令人宣长哥来着先生每一见。"时行等复还至宫门内，立待良久。上令内臣觇视申阁老等，闻召长哥亦喜否？时行等语内臣云："我等得见睿容，便如睹景星庆云，真是不胜之喜。"内臣入奏，上微哂颔之。有顷上命司礼监二太监谓时行等："可唤张鲸来，先生每责训他。"时行等云："张鲸乃左右近臣。皇上既已责训，何须臣等？"司礼监入奏。上复令传谕云："此朕命，不可不遵。"有顷，张鲸至，向上跪。时行等传上意云："尔受上厚恩，宜尽心图报，奉公守法。"鲸自称："以多言得罪。"时行等云："臣事君犹子事父。子不可不孝，臣不可不忠。"鲸呼万岁者三，乃退。司礼入奏。上曰："这才是不辱君命。"

久之，司礼监太监传言："皇长子至矣。"皇三子亦至。但不能离乳保。遂复引入西室，至御榻前。则皇长子在榻右，上手携之。皇三子旁立，一乳母拥其后。时行等既见，因贺上云："皇长子龙姿凤目，岐嶷非凡。仰见皇上昌后之仁,齐天之福!"上欣然曰:"此祖宗德泽,圣母恩庇,朕何敢当?"时行等奏:"皇长子春秋渐长,正当读书进学。"上曰:"已令内侍授书诵读矣。"时行云:"皇上正位东宫时年方九龄,即已读书。皇长子读书已晚矣。"上曰:"朕五岁即能读书。"复指皇三子:"是儿亦五岁,尚不能离乳母,且数病。"时行等稍前熟视皇长子。上手引皇长子,向明正立。时行等注视良久。因奏云:"皇上有此美玉,何不早加琢磨,使之成器?愿皇上早定大计,宗社幸甚!"乃叩头出,随具疏谢。

是日时行等以传免朝贺,特诣会极门行礼。忽闻宣召,急趋而入,历禁门数重,乃至毓德宫。从来阁臣召见未有至此者,且天语谆复,圣容和晬(睟),蔼然如家人父子,累朝以来所未有也。

附录二

1619 年的辽东战役 *

　　1618 年至 1619 年(明万历四十六年至四十七年)的辽东战役是明代生死存亡关头的一个重要的转折点。几度损兵折将之后,明帝国在东北地区的藩篱尽失,自此再也无法获取主动,以后增兵增饷、计亩加派再也无法遏止。内部则农民暴动,朝中党争愈烈。至朝代覆亡为止,当中只有每况愈下,从兹更无复兴的趋向。

　　努尔哈赤逝世,庙号清太祖(明人则斥之为"奴酋")有远谋深见。他远在 1587 年(万历十五年)即在辽河流域扩大地盘,侵蚀其他部落,引起巡抚顾养谦提议征剿以免养虎遗患,但监察御史王绒主抚,两方争执之后,其他监察御史亦参劾顾养谦,称其"贪功徼赏"。以后《明实录》即未提及下文,想已不了了之。注意此事发生于辽东战役前三十二年。努尔哈赤之有机缘创建千秋大业,首先即得助于明廷文武官僚不能和谐,他仍在此事之后,于 1590 年及 1593 年亲来北京纳贡。建州最后一次贡使于 1615 年始离北京。从以后发表的谈话看来,他已尽知中国虚实。当时明廷饬令所有机密军事文件不得辗转传抄,看来此也是徒有具文,通令只表示机密经常外泄,包括上述主剿、主抚的争执。

　　1618 年他发难时首先计取抚顺城。当年五月八日传闻有建州夷

---

　　* 此文原载于《历史月刊》131 期(1998 年 12 月),页 112~120。——编者注

人(建州为永乐帝赋予之名号,满人用"满洲"名号始自 1635 年)三千名即来抚顺城外互市。当居民纷往城郊之际,努即乘机挥军入城,并杀死明军千户。总兵张承胤提兵往剿,建州军即退出抚顺,但张追击时努又回师反扑,使总兵及随从兵马一时俱没。至此努尔哈赤方始发布其"七大恨",其实恼恨虽称七宗,要旨不外三点:一为先年明军杀害其父及祖,年幼时其父及祖为明军内应,但在明军讨平各部落时被误杀;次之此时明方已割分建州疆界,但汉人不守承诺,仍往其领域耕种渔猎;三则中国人惯用以夷制夷之计,并干预各部酋长之婚姻。当时努已统一女真各部落,只有叶赫及海西两部尚受明方庇荫,染指于此两部势必与明帝国全面冲突。看来努尔哈赤已下此决心,"七大恨"无异于宣战文书,但明廷如欲避免战争,努传话可用和平方式解决,其条件包括割地赔款,赔款部分包括金银绢布如传统"岁币"模样。此等要求预计明廷无法接受,所以自 1618 年夏季始,明帝国与未来之清朝开始长期斗争状态。

当时明廷认为奴酋"务期歼灭,以奠封疆"已义无反顾。杨镐以兵部左侍郎兼右佥都御史经略辽东,军中宿将尽指派于其麾下。增援兵马抽自西北宣府、大同、延绥、甘肃各镇,又调集云贵各土司,募兵及于浙江、四川,亦即全国总动员,对外宣称总兵力四十七万。所有经费统由新设之辽东饷司专理。其征派除贵州外及于全国田土,概在正赋外,每亩加征银三厘五毫,预计可得银二百万两。仍由各地库房将现存款项扫数解饷司,以后征得垫补。1618 年冬至 1619 年春季诸事准备停当,即本文承续检讨此转折点之展开。

(一) 双方兵力概况及战略指导

杨镐兵力四十七万全系向努尔哈赤恫吓之辞。1619 年战事前夕明兵部尚书黄嘉善言,辽东所有官兵共二十万人,此数仍不可靠。所谓二十万人,系在辽东镇原额九万之外又加由关内新调往十一万。辽东编制数九万四千六百九十三员名载在《大明会典》系国初底数,16及17世纪曾未如额。即张居正执政时代经过极端整顿,时人谓之为"搭克",犹只能维持至八万三千人,况至此又已四十年,又承新败之后,即不可能接近此数字。内地遣往之十一万人亦多虚员。当明军刚一与满军接触,杜松立即惨败之际,大学士方从哲即向万历帝建言:奴酋之兵据阵上共见约有十万,宜以十二三万方可当之,而昨之主客出口者仅七万余,岂能相敌?

但满洲资料因袭明方传言,亦谓对方有兵力二十万。彼方以弱敌强,以寡胜多,即照一般习惯亦乐意夸张敌方兵数。萨尔浒战役,满方称杜松率众六万,但当时明廷派往该路之监军御史呈奏杜松所领只二万五千余员名。如以同样比率加诸所谓二十万,则杨镐所率兵只八万三千人。即再加朝鲜所派兵及叶赫一部参战兵员,其总数亦只能在十万上下,不可能接近二十万。

努尔哈赤亦自称八旗兵马十万骑。以后杨镐各路兵败之后,满军于当年七月攻占开原,用兵四万,此为满军首作攻城战,系全力以赴,此四万数可以表现其兵力概况。又在击败杨镐军后,努曾以犒赏加诸二百二十个"牛录"(骑兵连)。按每一牛录有编制数三百名,二百二十牛录应共有最大之战斗力六万六千人。萨尔浒战役展开时满军仓促动员,兵马到达时随即加入战斗。所以从以上情形看来:在战斗最高潮时,可能投入五万至六万人,但并非经常如此。所以在纯粹数字上,明军仍占优势,但不如外传之甚。

以下尚要说明:在战场上满人集中兵力,常保持局部数量上之优势,但其记录经常高度估计对方兵力,而低估本方兵力,大概炫耀战功,不能放弃以寡敌众之立场。

杨镐之攻略计划,自北至南兵分四路,马林、杜松、李如柏及刘綎各称"主将",出边各有出发城堡地点,但未指明每路之攻击目标,只称其任务分别为"攻奴酋之北面"、"攻奴酋之南面"等。马林原定由三岔儿堡出边，经彼呈请改由靖安堡出，但攻击发动之前夕，马又请求仍依原案由三岔儿堡出，亦经批准，因此日后马林两路遇敌时，彼此相去不过数公里，但为浑河阻隔，杨镐未派前锋，未控制总预备队。但明军后方重镇如辽阳、广宁仍有专将专兵把守。

从军事眼光看来，杨镐之攻略计划甚鲜成功希望；统帅未遣派搜索部队，敌情始终不明；亦未指明左翼主攻、右翼辅助，而系平行并进，四路主将各不相属，战线广袤三百公里；自部队开进后主帅即失去掌握，至兵败之后，杨镐始悉部队已与敌军接触。

明军攻势可谓"外线作战"，显然以敌都赫特阿拉为目标。此时努尔哈赤如采取被动，明军可望合围，否则即集中兵力兼程猛进，不顾对方野战军之出处，先以雷霆万钧之力夺取此牙城，亦或仍可奏肤公。再不然则依赖数量上之优势，不计时日，各路稳打稳扎，一面以守作攻，逐渐缩小其包围圈，亦应向各主将剀切表明统帅企图，指定中间预定之到达线。倘或其目的不在攻城，而在捕捉、歼灭敌之野战军，更当加强纵深配备，注意侧翼行动，不能赋予某路任务为攻奴酋之某一面。

看来明军缺乏参谋业务，只依袭故智，一面夸张兵力，一面构成张布罗网、四面合围之形象，希望对方未战先怯，望风瓦解。但努尔哈赤久经征战，非杨应龙可比拟，亦非丰臣秀吉手下诸将所能比拟。

满洲资料表示，努尔哈赤见到明军燃点火炬，夜间行军到达攻击准备地点，即利用满军骑兵之机动性，无时无地不造成局部的及暂时的数量上之优势，遂行各个击破，实际以攻作守。终全战役，其都城以极少之守军防御，有时无守兵。

明军纠集之兵员出自五花八门，来自南北，征派者有之，雇募者有之，此在统御经理上发生无数问题，况又千里裹粮，先已尽极劳惫。从其装备看来，此远征军准备以诸兵种协同之姿态作战，但从战役过程中之记录看来，其兵员甚少如是之训练。杜松与刘綎均以个人之武艺驰名，所恃者"家丁"。可见得其未放弃传统战法：主将出阵，家丁护卫。其他兵卒胜则蜂拥上前,败则部队瓦解。当刘綎到达辽东战场时,携有家丁七百三十六人,最后与之同殉难者有"养子"。

北京政局亦影响杨镐之决心。此时万历帝已多年不临朝,奏折留中(即拂意者不加批答),六部堂上官遇缺不补,内阁大学士只有方从哲一人,此人成为众怨之尤,被攻击指摘无余力,希望迅速图功。传统历史学家谓其"发红旗日趣杨镐进兵",想系事实。

杨镐之攻略计划见本书第 237 页。*

满方将领亦亲临前线,但彼等专恃骑兵,组织单纯。从满洲资料看来,不仅努尔哈赤亲率坐骑一千独当一面,而且子洪台吉(皇太极)、安巴贝勒(大贝勒)、侄阿敏台吉均为高级将领,宜其在战场上指挥如意。

(二)杜松之覆没

杜松有勇无谋,为人暴躁鲁莽,他曾遇事不如意即自毁甲胄,声称准备削发为僧,努尔哈赤称之"杜疯子"。

他于 4 月 14 日在苏子河汇入浑河附近渡河。当时浑河水势湍激,随从之炮车营未及渡河,他亦未察觉。渡河之后,明军连克满人所设栅寨二处,俘敌十四名,尚在继续前进中突然遇伏。仓促之间将士拟占据当地山巅,不料清兵亦于附近设伏,因此失去主动,双方鏖战之后,此路主将及副贰人众等全军覆没。

以后杨镐至北京之报告将"违律丧师"之责任完全推付于杜松本人,称其冒险贪功。《明史》亦根据官方解释,谓其行军"日驰百余里"。渡浑河时水深流急,"松醉趣之,将士多溺河中"。

杨镐给予各路之通令,尚存《明实录》中,内称"各地信地距奴地城寨计道远近定出兵日期。如违日期,明系逗留,主将以下领兵官皆

---

* 此处所标页码为台湾联经出版事业公司的版本页码,即本册第 267 页。——编者注

斩"。当官兵于3月26日在辽阳集合誓师时,即推出去年作战"在阵先逃"之指挥一人(有如今之旅长)当众枭首,所以统帅之行动先已造成迫不及待之气氛。杜松所授予之行军日期为4月14日。所部于13日夜间启程,翌日军覆。所以《明实录》编者加注"师期已泄,奴备我矣。先期与如期皆败道也"。至于浑河水急,"将士多溺河中",则当日此路全军数万人均已涉渡,作战于浑河之南。

杜松亦被指摘将炮车置放于浑河之北而背水作战,但日后调查时即炮车营长亦自承将炮车置放北岸系彼决心。因炮车无法徒涉,火药必被浸湿。但杜松疏忽于派遣斥候,侦察地形,本人随先行部队到达南岸,未注意后续部队,亦未指定副贰管制渡口必为事实。

满方文件对战役报道比较详确。当杜松渡过浑河时,满军在萨尔浒者为步兵一万五千人,其装备不全,正在筑构工事。及见敌军来临,即迅速避入苏子河东之吉林峰,不久他们即为明军两万人包围。但满军尚有骑兵四百人藏匿于谷地深处,他们出敌不意,于界藩附近突袭明军之背,且立即与吉林峰之步兵会合。当日午前又仍与步兵协同,向敌方攻击一次,斩获约一百人。此时行动并无决定性之效果,但已能争取时间,使努尔哈赤从容调度。

资料未叙明当日清晨努之出处,但称此时南北同时告警。努之判断:南方刘𨝯一路实系佯动,只派骑兵五百人前往监视。此与日后朝鲜文件之报告吻合。正午或稍迟时,努尔哈赤即已到达萨尔浒战场。满军部队亦陆续到达,他们至前线接触约十里处开始批御盔甲。此时萨尔浒一带山地亦为明军占领。

满军首一行动在解吉林峰步兵之围。为节省兵力,只用骑兵一千人从侧翼投入。他们不久即达成任务,已与作工之步兵会合。

当时努与部下将领集议,众意以八旗兵对分:四旗用于苏子河东,四旗用于河西,但努决心以五旗兵力先消灭萨尔浒之明军,东岸三旗暂取守势。所以从叙述看来:萨尔浒战役实为典型的遭遇战。明人未料及对方可能以全力出击,才称杜松一被制于埋伏,又再受害于埋伏。

满军人数迄未见于任何文件。只因其八旗俱在,又准备生死存亡在此一战,必具数量上之优势,且除原所谓"作工"之部队外,增援者全系骑兵。

苏子河西满人冲锋系由山麓至山巅,如此时明军纪律严明,阵容齐整,似仍可将之击退。我们可以想见杜松一军见满洲铁骑漫山遍野而来,早已心寒,记录未提及杜松之出处,只称其中箭多处。以此人之好勇,想必在东岸,亦即最初明军取攻势企图围击满兵处。满军提及明军曾以"炮"抵御。杜松之炮车既留浑河之北,此间满人所谓炮,可能为明军使用的一种原始型之手榴弹,以竹管内置炭硝,点火向敌掷去,其爆音能震骇对方人马,但杀伤力微。再则亦可能为朝鲜派出之鸟铳手。朝鲜曾派鸟铳手三千人,隶属于本军参与刘𫄨一路,又因杨镐征派,另遣鸟铳手三百人,于役杜松军中,他们多于此役罹难,日后极少幸存返韩。

关于战斗行动,满文所载至为简短。"我们跑马向他们阵地中去,一路箭射刀砍。"萨尔浒之明军逃避至硕钦山。苏子河东部分,三面被围,一面背水,又承受全部满人八旗之杀戮,其处境必更凄惨。

萨尔浒战役之战况图见本书第 238 页。*

(三) 马林之被击溃

继杜松之后,马林之一路亦于翌日(4 月 15 日)被击破。明军统帅部自巡逻后方之士卒及一逃回之传令兵始获悉马林兵败,因此《明实录》载:杜松全军覆没消息,当夜传入马林军中,以致军士震恐,主将提兵后撤,独有监军文官潘宗颜等挺身杀贼,鏖战之后殒身。

看来此项记载亦系文官推卸战斗指导之失误,而将战败责任卸及

---

* 此处所标页码为台湾联经出版事业公司的版本页码,即本册第 268 页。——编者注

武将之辞。满文记载当日清晨马林一军四万人尚以堂堂阵容应战,迄至黄昏方始溃败,潘宗颜之死亦经查出箭由背入。此间值得注意者:马林兵败之后,径北撤扼守开原,明廷对之仍须倚重。但三个月后努尔哈赤攻占此城,马林死难,其情形亦如杜松,生前行止已无可分辨。

满文记载,四月间其部队被击溃之地区为尚间崖。当两军相遇时,马林行军向东。努尔哈赤之部队于 14 日夜渡过浑河,置杜松之炮车队未问,军行向北,两纵队成 T 字形。但马部发现满军北上,立即西撤,据占昨夜宿营之地,排成正方队形,四面有三道壕沟,沟前有鸟铳手,后携有火炮。壕沟后之骑兵,则已下马准备作徒步战。满军正考虑行动中又发现另有明军一机动部队,处于其营地之南、满军之西,其兵力判断为一万人。明军主力之后,又有另一方阵,两方阵相去约两公里,其兵力亦判断为一万人。

似此努尔哈赤估计马林一路之总兵力六万人,无疑已高度夸大。本文根据明廷内部文件判断,杨镐之总兵力无逾十万人,则马林不可能掌握六万,且侧翼之机动部队亦不宜多至万人。至于后方之方阵,似为潘宗颜所辖。

我们判断马林兵力亦如杜松部,应在两万人至三万人间。努尔哈赤在萨尔浒之损失有限,应仍在数量上占显然之优势。

两军近接时,努尔哈赤亲率一千骑应付马林之机动部队。此时明军已将藤牌车辆等构成障碍物。满方骑兵则分作两部,一部五百人下马拆除障碍,此任务完毕后,另部五百人立即冲锋。满文资料仍保持其一贯作风,对战斗经过之细部详情,甚少缕述,只称明军侧翼机动部队经此冲击已不复存在,正午之前,明军给予满军之侧翼威胁即已扫除。

努尔哈赤冲锋之后,正重新收拾其兵马,预备聚集于附近一小山岗,得以将骑兵由上坡至下坡之冲力再度予敌打击。但明军主力亦开始移动,并变更队形,壕沟后之徒步骑兵亦已向前推进。

安巴贝勒以时机紧迫,在战场上大声呼叫,促使乃父注意,勿为敌方所乘,本人即立率两旗兵力,冲向正在移动之明军,其他六旗又立即构成第二道攻击波,使敌方无暇整顿。如是马林所部溃不成军,被驱入附近一沼泽地区,容战胜之满军从容宰割。至此,对付明军后卫更不成问题。

以后满方文件坚称他们以骑兵一万人击灭明军六万。明方虽承认战败,但称有一万骑终能退出战场回归原部队。满人认为,其成功得自较优势骑术及弓箭术与安巴贝勒之领导力量。

(四) 刘𬘩殉国之谜

经过整二日无休歇的战斗之后,努尔哈赤至此已能轻松地呼吸。杨镐之所谓四十七万人总攻击已被凿穿,北方之两路兵马业已击溃或消灭,自此他可以从容将事。4 月 16 日满军休息整顿,努本人在尚间崖宰牛祭天,感谢上帝恩德。对付南路敌人,他先遣派蒙古部队,15 日他已遣去四千人,16 日又遣一千人,缘在此数日满人与杜松、马林激战时,赫特阿拉防御空虚,人心惶恐。至 16 日夜,努尔哈赤始决定自己率骑四千防御都城,以备万一李如柏乘机扑入,从此终全战役他不再往前方。南路刘𬘩之敌由子侄安巴贝勒等应付。满军主力自北行军向南,四日后与刘𬘩部接触。据此他们与刘𬘩交锋时,最早应为 4 月20 日。

杨镐之四路中,李如柏之直线距离去敌牙城最短,但山势险阻,古木葱翳(据说今日已不复如此),行军不便。努尔哈赤只派二百骑前往监视,终战役两军亦未在此路接触,是亦杨镐不知兵之明证。他的攻略计划无重点配备,以致紧要关头大部兵员与武器闲置。

刘𬘩一路去赫特阿拉最远,其部队指定 4 月 9 日出发,称三万人,实际可能远低于此数。姜弘立率领之朝鲜军一万三千人于 4 月 5 日渡鸭绿江。两方集合后,自宽甸与怀仁间北进,不久遇敌,刘𬘩给予杨镐唯一喜讯,他之塘报云:"斩获真夷八十五级,生擒夷汉八十八名。"
明军一游击亦云:"夷贼精兵五百余骑,直逼对山应战,连诱连退。"此
节与满洲文件吻合。当时努尔哈赤派往之部队,为五百骑,其任务为
迟滞刘綎之进展。此五百骑中牛录三人(此处"牛录"用作官名,有如
连长),两人战死,当时满军后方空虚,如中、韩军兼程急进,甚可能改
变战局,至少亦当迫使努尔哈赤同时两方应战。此战机逸失,联军之
不能和谐,可能为一大主因。

双方文件看来:彼此推诿责任。朝鲜人尊北京为"天朝",称明军
为"天兵"。但除此外貌之尊敬外,实际对之轻蔑鄙视。文中指出明军
大量缺员,兵器窳朽。姜弘立奏光海君云:明人轻重器械全无,纯赖韩
国军实。罗荣邦教授之《刘綎传》引用中文资料则又称韩军装备低劣,
一部藤牌纸甲。李民之《栅中日录》则称道路泥泞,朝鲜步兵无法跟踪
明方骑兵,而且在国境之外作战,粮秣仍须本国供应,不时运输不及,
将士饥馁。韩人又称明军抢掠居民,争割敌尸首级请赏,因之行动淹
迟。

刘綎与安巴贝勒决战之处为阿布达哩山,但以附近之牛毛砦著
称,去赫特阿拉约六十公里。当杜松与马林两路兵败后,杨镐曾以令
箭制止李如柏及刘綎继续前进。杨致万历帝之奏疏载在《明实录》,内
称李如柏已遵令回师,但刘綎仍与满兵交锋。以后北京传闻:此令箭
为努尔哈赤所得,他即令军官乔装杜松军使,持令箭邀刘綎迅速北进
会师。刘綎不悉杜松已战死,于是轻装急进,于山谷中遇伏死,罗著
《刘綎传》即采用此说。

但《满文老档》对两军交锋情形叙述较详:当时明军取防御态势,
盛陈火器;八旗兵攻击数次,未显功效。于是安巴贝勒占领东部山岗,
又派出支队抄袭明阵地之西南角。蒙古部队则渗入敌方前、后部队之
间遮断其交通,至此刘綎军始见动摇。随之洪台吉又攻其东北角,最
后安巴贝勒遂行中央突破。至此明军三面被围,才全面地溃乱。满人

并称刘綎并非战死,而系被俘后被满人斩杀。《老档》不动声色地述及:"将他杀了。"

但后方之明军及朝鲜军仍继续抵抗,他们的火炮及鸟铳排列具有纵深,文件未提及持续时间,但最后天候干预。大风突起吹向防御者之阵容,火器全部不能使用,此部队估计为两万人才因之被歼。后列之朝鲜步兵至此投降,他们并将明兵捆缚交满洲军。

朝鲜文件称此中、韩联军分作三部。前列明军由刘綎亲自指挥;中层为韩国部队,内有鸟铳手三千人;后卫则为朝鲜步兵,由姜弘立控制。最后姜与其部下四千人降。文件证实满方所谓大风突起火器失效。

韩方对刘綎之殒身另有说法:他见局势已无可如何,乃与部下将领数人点燃火药自爆焚死。

中国编修《明史》时已在康熙年间,内中《刘綎传》关于牛毛砦战役一段大致摘自《满文老档》,但不称被杀,而系"战死"。

刘綎死事日期所叙亦有差异。韩国文件称4月17日,《满文老档》未具月日,但从安巴贝勒行军日程看来,应为4月20日或21日。安巴贝勒于4月15日尚活跃于尚间崖战场,16日应已参与努尔哈赤之宰牛祭天,不可能又于17日奋战于二百公里外之牛毛砦。

今日事隔三百八十年,无人能断然地坚持何说为真。我们只能比较消息来源之可信度。当中以明方资料最差。其官场文字经过吏员修饰,上供御览,下避监察官纠弹,即难能存真。战败之后,其原始资料得自逃归之士卒,亦不能使读者综览全局。所以一军惨败,动辄即谓遇伏,可能撰史者亦如当事人,始终暗中摸索,才用此种粗率说法。

韩国资料大概根据李民。因他除私人著有《日录》外,尚为姜弘立之幕僚,其文墨亦可能见诸官方文牍。从朝鲜资料看来,其症结在韩国君臣对明人无信心,只因奉明正朔,且二十年前日本关白丰臣秀吉犯境又赖杨镐、刘綎等人撑持,所以勉强从事。姜弘立已渡鸭绿江,犹且向国王光海提出辞呈,即表示对战事前途怀疑。外间盛传努尔哈赤赠光海貂皮五百张,彼此先有默契。四年后光海君被废,新朝廷公布其本身宗旨在拨乱反正,至缕述光海无人君资望时,当中一端即为辜负明廷,为人不忠。有了这些复杂背景,则在各人作见证时,亦影响其左右取舍。

韩人对姜弘立之降满不能无介于怀。李民在《栅中日录》提及当时他竭力反对,及见事实无可挽回即准备自尽,只因长刀短刃同被爱倅与忠仆夺去。但即《光海君日记》亦指斥其不实。《日记》指出李民为唯一可以左右姜之决心,事实上他赞成投降。

此种背景如何影响史料?虽说此端尽属臆度,但外传刘綎行军迟缓坐失战机乃朝鲜军拖延之故,则将交战日期提前或可避免此种指责。“天兵”主将如战死或被满人杀戮,韩人见死不救为可耻,则称其自尽,至少可以稍释罪咎。

满文资料亦有不能尽信之处。其夸张八旗战功逾越常情,例如全战役双方参与者逾十万,又鏖战南北,苦斗镇日,而满方战死者“不及二百人”。满方高度估计对方兵员数,既为以寡敌众,又能包围对方。但除此类瑕疵外,其战史以胜者姿态写出,努尔哈赤及安巴贝勒之口语,无官僚集团之忌顾,无责任问题之推诿,亦无不可告人之阴私。其所叙战场情景虽仍不能符合现代要求,但提及部队投入程序、重点主义、中央突破、侧翼迂回已较对方之所提供,职业化多矣。

(五)战役之后果

杜松与刘綎已在当年 4 月死于战场,马林亦于三个月后捐躯,明军主将四人已失其三,仅有李如柏始终未遇敌,但在战役之后数日即为监察官纠劾。缘李如柏之父李成梁绾兵符于辽左时,努尔哈赤之父及祖为明军误杀。成梁以努年幼,视之如子侄,给予赡养,是以努与如柏兄弟“有香火情”。“何以三路之兵俱败? 何以如柏独全?”至此已有通敌嫌疑。当时万历帝仍未置可否。又一年半后辽事更坏,此事再被提及,李如柏自杀以明志。

杨镐兵败之后立即引咎辞职。明廷仍"姑令策励供职,极力整顿以图再举"。但旋踵之间既失开原又失铁岭,杨镐终被拘押。此人在狱十年,不死于万历朝,亦不死于泰昌天启朝,而于1629年崇祯帝治下弃世。以后继杨为经略者二人死罪,一人死于战场。死罪之中之熊廷弼不仅咎在主持辽东军事,而且因其地位,触发而加紧明末北京之党争。

萨尔浒、尚间崖及牛毛砦战事失利消息传至北京,都城米价立即陡涨,识者已预料围城。虽说以大明帝国尚能挣扎四分之一个世纪,虽说努尔哈赤蔑视火器,以后尚要在宁远战场负伤死,明朝之厄运已无可挽回,我们可以肯定地说,1619年它已度过生死存亡中的一个转折点。从以上简短的叙述看来:明朝不能发挥本身力量,不能引用军事科技非只表现于一时一事,而有官僚组织及社会状态为背景,积习已成,1619年无非一朝弱点无情的暴露。

附：黄仁宇手绘图

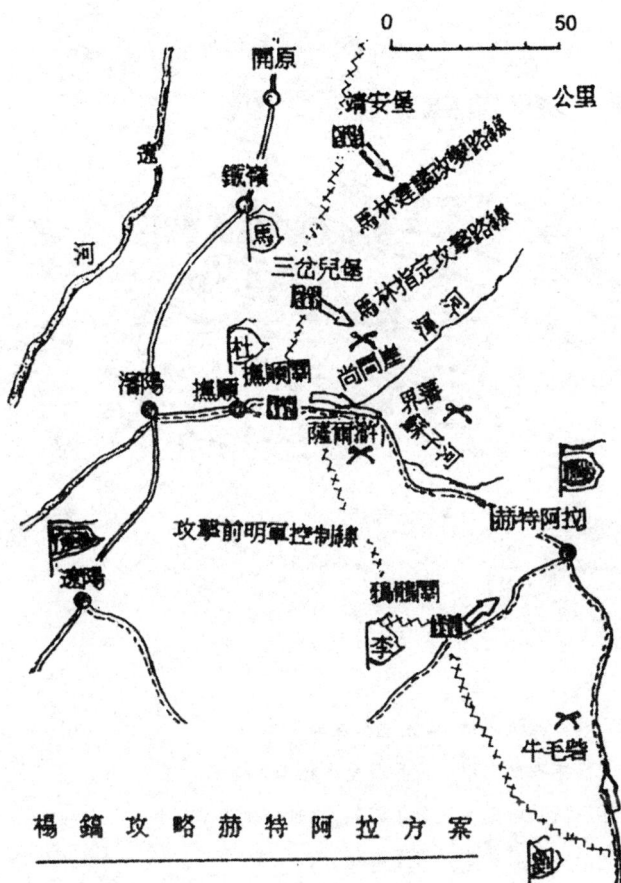

杨镐攻略赫特阿拉方案(根据杨镐攻击命令处为战斗实际发生地点)

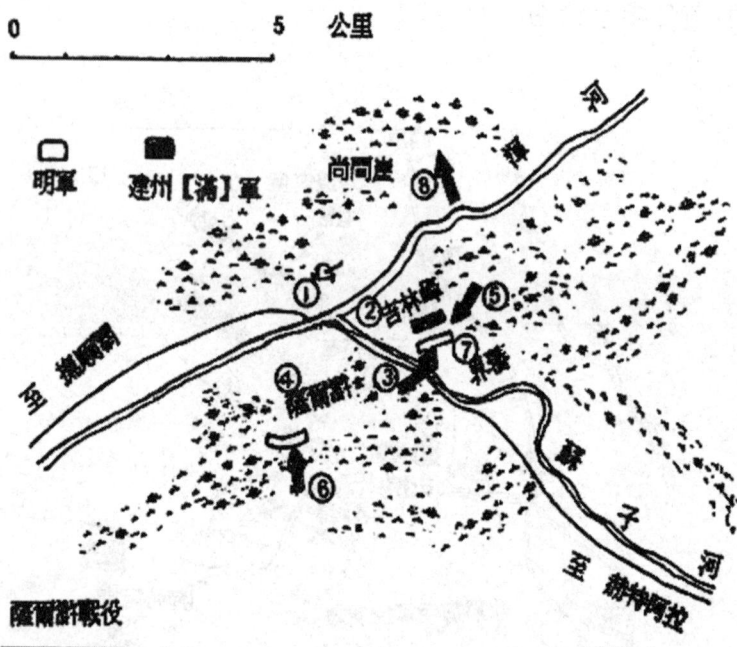

萨尔浒战役

① 杜松渡过浑河,留置炮车在后。

② 满军在萨尔浒之步兵避登吉林峰为明军包围。

③ 满骑兵四百人藏匿于深谷,此时突袭明军之背。

④ 萨尔浒高地亦为明军占领。

⑤ 努尔哈赤以一千骑先解吉林峰之围。

⑥ 满军攻击开始,先击破萨尔浒明军。

⑦ 努尔哈赤以全力对付界藩附近明军。

⑧ 满军继续北进打击吉林一路。

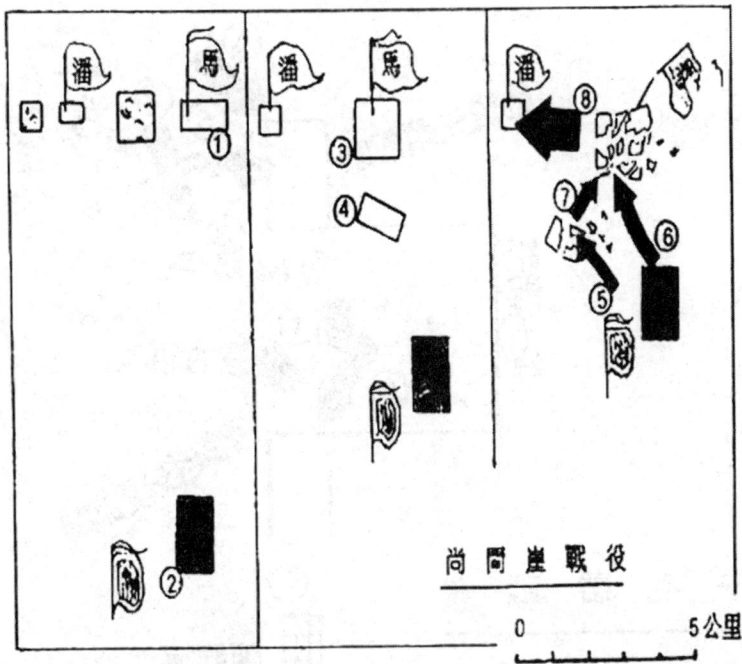

尚间崖战役(根据满文资料)

① 马林向东行军,潘宗颜殿后。

② 满军北进双方队伍成 T 字形。

③ 明军发觉满军,迅速退回昨夜宿营地点保持方形阵容。

④ 马林派出侧翼机动部队。

⑤ 努尔哈赤亲率一千骑击破明军机动部队。

⑥ 安巴贝勒攻击马林之主力。

⑦ 努尔哈赤加入攻击。

⑧ 击破马林后,满军续攻潘宗颜之后。

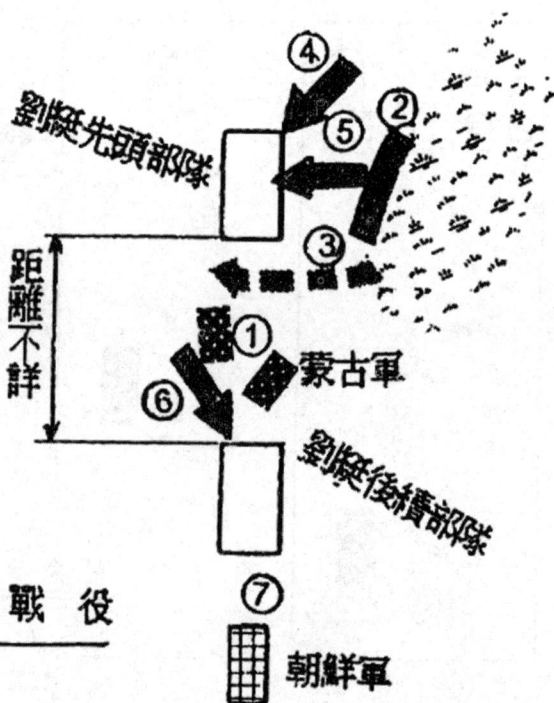

牛毛砦战役(根据满文资料,参照朝鲜资料)

① 蒙古军渗入刘绖前后部队之间。

② 安巴贝勒占领东部高地。

③ 满军迂回至明军西南角。

④ 洪台吉攻明军东北角。

⑤ 安巴贝勒执行中央突破。

⑥ 满军继续攻击明军后续部队,大风突起中朝联军之火器无法使用。

⑦ 姜弘立之朝鲜步兵降满。

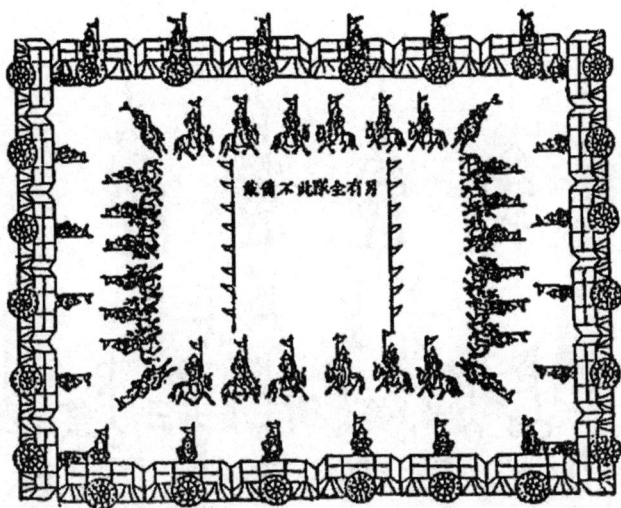

《练兵实纪》中之方阵(根据戚继光)

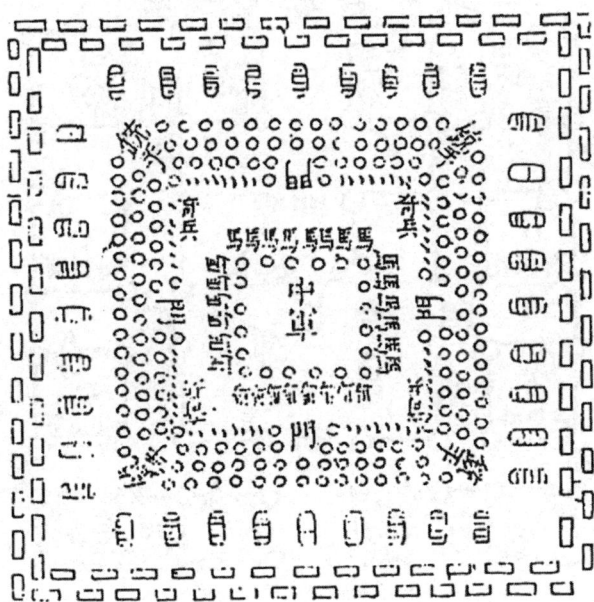

《武备志》中之方阵图(根据茅元仪)

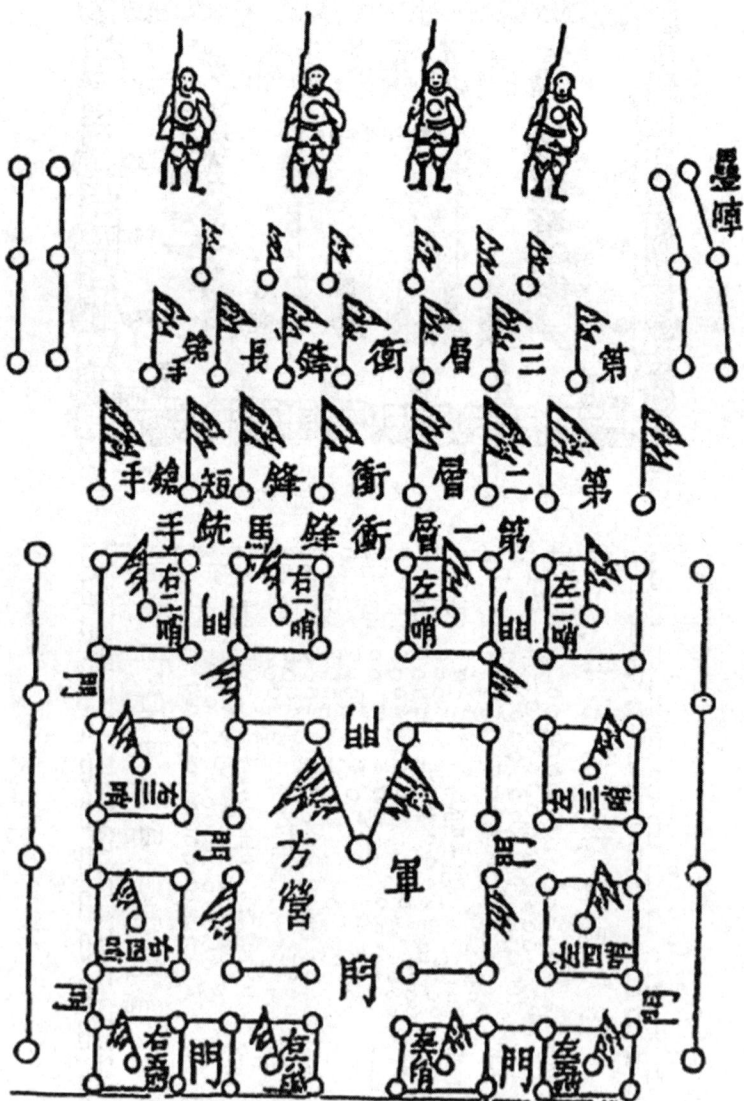

《海忠介公集》中之方阵图（根据海瑞）

附录三

《万历十五年》和我的"大"历史观

《万历十五年》英文版书名为 *1587, A Year of No Significance*，法文版为 *1587: Le Déclin de La Dynastie des Ming*. 此外，尚有德文版、日文版及中文繁体字版，均筹备已久，都可望于今年夏秋间成书。

此书初稿完成于 1976 年夏季，仍在"四人帮"执政时代，当然不能盼望在中国出版。即使是英文版，也经过无数挫折。美国出版界，对商业性和学术性的分野极为严格。商业性的出版，以电视及广告作开路先锋，以短期大量行销、迅速结束为原则，否则书籍堆积于库房，妨碍资金的流通，迟滞今后业务。学术界的出版，由各大学的出版社负责，对经济方面的顾虑比较达观，可是又要顾虑学校的信誉与地位。况且美国之研究汉学，也有他们独到的地方。一般风格，注重分析，不注重综合。各大学执教的，都是专家，因为他们分工详尽，所以培养了无数青年学者，都戴上了显微镜的目光，对望远镜的观点，倒很少人注意；而且对学术的名目及形式，非常尊重。《万历十五年》在各方面讲，都在两者之间。所以商业性质的书局说，你的文章提及宫廷生活、妃嫔间恩怨，虽有一定兴趣，但是又因海瑞，牵涉明朝财政；因为李贽，提到中国思想，应属学术著作。大学出版社则认为这书既不像断代史，也不像专题论文，又缺乏分析与解剖，实在是不伦不类，也不愿承印。所以兹后于 1979 年耶鲁大学出版社毅然排除成见答应出版，北京中华书局在"四人帮"虽倒而国内情况仍在青黄不接的期间接受中文版，都要有相当的识见与度量，值得作者钦仰。

现在《万历十五年》既有这样多的版本，英文本又在美国若干大学采用为教科书，已出三版，并且经过当代文坛巨子欧蒲台（John Updike）在著名杂志上作文推荐。中文本初版近三万册，也已售罄，并且准备再版，而且出精装本。这都是使作者感奋的事。

但是这本书仍只代表作者的一部分意见，不是全部历史的观点。作者在中文版《自序》中提及：此书"说明 16 世纪中国社会的传统的历史背景，也就是尚未与世界潮流冲突的侧面形态。有了这样一个历史的大失败，就可以保证冲突既开，恢复故态决无可能，因之而给中国留了一个翻天覆地、彻底创造历史的机缘"。很显然，《万历十五年》虽有这样积极的表示，书中所写仍以暴露中国传统的弱点为主。即欧蒲台的书评，也觉得指斥中国不好的地方，应和指斥西方和美国不好的地方相提并论。而且中文版的读者，还看不到的则是英法文版有富路特（Dr. L. Carrington Goodrich）先生作序。此公现年九十岁，其父母在中国传教，葬在通州。他自己曾在中国青年会工作，注重提倡儿童体育，又在第一次大战时，领导中国在法的劳工。后来又在纽约哥伦比亚大学任教多年。去年尚与其夫人打网球。其胸襟开阔，当代少有。他常常提醒我们，不要认为目前的偃塞，忽视中国伟大的地方。《万历十五年》英文本富序有下面一段：

Historians may reexamine the mistakes of the past in the hope of providing warnings for the future, but at the same time caution their readers to preserve what is of value. Presumably, for China the experiences of both East and West must be drawn upon. It is essential that the historian lay everything on the table.

法文则称：

Les historiens peuvent soumettre les erreurs du passé a un nouvel examen dans l'espoir d'y trouver des avertissements pour l'avenir, mais ils peuvent en même temps recommander a leurs lecteurs de conserver ce qui a de la valeur.La Chine a sans doute beaucoup a tirer des expériences de l'Orient comme de l'Occident.Il est essentiel que l'historien ne cache rien de ce qu'il salt.

译为中文则为：历史学家检讨过去的错误，以作将来的警戒。但同时也要忠告读者，保全有价值的事物。据此猜想，今后中国极需采取东西两方的经验。因之作历史的人，务必将所有资料，全盘托出。

序内又说明："检察中国的官僚制度，不是否认中国全部文化。"可见作者、序者、书评都表示谈论有不尽的地方，应留作日后交代。可是一本书，到底也有它的范围。况且《万历十五年》的初步立意，至今十年，世界局势已有相当变化。也就是我们在写作历史及欣赏历史的时候，身处其境的历史事物，也有了更动。十年以前尚不能全盘托出的资料，而今则能。有了这种机缘，作者才能不顾忌讳，更不拘形式地与编者及读者作漫谈。

《万历十五年》中文本作者姓名前，有一[美]字，表示我现在为美国公民。这在表彰事实之余，也很符合目前需要。因我之所谓"大历史"(macro-history)观，必须有国际性。我很希望以四海为家的精神，增进东方与西方的了解，化除成见。这不是一件简单的事，即使在海外，也仍是一个容易惹起是非的题目。

中国以道德代替法律，我已经批评得很透彻。但是现下仍有很多的西方人士，以为西方的法律，即是道德的根源。这种误解，也待指摘。比如西方所谓"自由"及"民主"，都是抽象的观念。务必透过每一个国家的地理及历史上的因素，才行得通。英国之民主，即不可能与日本之民主相同，而法国的自由也和美国的自由有差别。现在我虽作这种论调，仍是个人见解，不足代表美国时下的趋向。以这种见解看中国，更要胸襟开阔才能容纳。所以我一方面坚信美国立国精神有伟大的正义感，只待将两者之间的差别解释明白，很多误会即会冰释。

另一方面在中国发表文章,尤其要强调道德非万能。大历史的观点,亦即是从"技术上的角度看历史"(technical interpretation of history)。至于将道德放在什么地方,这也是一个严重的问题。容我渐次论及。

首先要解释明白的则是大历史观不是单独在书本上可以看到的,尤其不仅是个人的聪明才智可以领悟获得的。我的经验,是几十年遍游各地,听到不同的解说,再因为生活的折磨和煎逼,才体现出来的。我小时候读书,很受太史公马迁的影响,满头脑充满着传奇性的希望和想法。抗战第二年,即辍学从军。所从的乃是国民党办的成都军校,毕业后在驻云南边境的国军十四师当过排长。后来也去过驻印军,在郑洞国将军麾下当过参谋,曾随此公由缅甸前线去上海而入东北。也目击杜聿明将军指挥作战的情形。我自己没有卷入内战,实系侥幸,乃因在东北三个月即被送来美国人陆军参谋大学。以后在东京驻日代表团,随朱世明将军解职而退伍。可是在抗战初期国共合作时代又认识了当日很多左倾名流,如作国歌的田汉先生寿昌,在我则为田伯伯。他曾告诉我年轻时无数吃苦奋斗的经过。他的长子田海男,在我则为海男弟,也同我去成都,也同在十四师服务,也同去过日军占领的越北作过斥候,也同在驻印军工作。我也和他有过一度的竞争,所争的不是党派问题,也不是名位,而是到步兵前线做观察员的机会。事载1944年6月12日重庆《大公报》。也真料不到,他抗战一结束,即自动加入人民解放军,对装甲兵及炮兵的训练作过实质上的贡献,又去过朝鲜前线。而当日同我们一同起居办报的廖沫沙兄,则为日后三家村硕果仅存的元老。在武汉时代范长江兄则是无党无派,任《大公报》记者。他原名希天,北伐时从军,部队被打散。他曾亲自告诉我,一时贫病交迫,跳水自杀,被救后改名长江。曾几何时,他又做了新华社和人民日报的负责人,以后在"文革"期间,在确山身故。这些事情,今日回顾有如梦寐。

因为我有了这些经验,开始立场就复杂,乃不能对一般人所作的近代史的观点雷同。况且二次来美后,囊空如洗,在餐店洗碗碟,在堆栈做小工。整日劳动后退居斗室,无人对谈,耳内嗡嗡有声。深感风卷云消后,我自己已入中年,自此学历史已有探询人生意义的趋向。这还不过是初步。以后更结识了诸多的名流,遍阅诸家著作,泛游各地。受过被裁失业、与家人一起感受经济危机和被人歧视的景况,才越来越把眼光放大,才知道个人能力有限,生命的真意义,要在历史上获得,而历史的规律性,有时在短时间尚不能看清,而须要在长时间内大开眼界,才看得出来。

中国的革命,好像一个长隧道,须要一百零一年才可以通过。我们的生命纵长也难过九十九岁。以短衡长,只是我们个人对历史的反应,不足为大历史。将历史的基点推后三五百年才能摄入大历史的轮廓。《万历十五年》已经初步采取这种做法。所以叙事不妨细致,但是结论却要看远不顾近,例如郑贵妃是否掩袖工谗,她到底是否国家妖孽,和今人的关系至微。明代人之所以要在这些地方做文章,可见他们道德的观念过于窄狭,技术无法开展。我的书也已给欧美学生作教本,那些教师,当然不会在考试时要求学生在试卷上说明明代衰亡乃因泰昌皇帝朱常洛并非郑妃所生,而系恭妃王氏所出。他们从大历史的眼光观察,应该在读我书时看出中国传统社会晚期的结构,有如今日美国的"潜水艇夹肉面包"(submarine sandwich),上面是一块长面包,大而无当,此乃文官集团;下面也是一块长面包,也没有有效的组织,此乃成千上万的农民。其中三个基本的组织原则,此即尊卑男女老幼,没有一个涉及经济及法治和人权,也没有一个可以改造利用。万历十五年公元为1587年,去鸦片战争尚有二百五十三年,但是中央集权,技术不能展开,财政无法核实,军备只能以效能最低的因素作标准,则前后相同。如我们今日读英人魏黎(Arthur Waley)所作《中国人眼里的鸦片战争》(*The Opium War Through the Chinese Eye*),可见1840年,其情形仍与1587年相去无几。而我自己所作的《1619年的辽东战役》也有小历史的情节。例如刘綎,中国方面的资料说他战死;满洲档案说他被俘后处死;朝鲜方面的资料则说他点燃火药自爆身死。文载联邦德国《远东杂志》(*Orient Exeremus*)。从大历史的观点看,则方从哲、杨镐当年丧师折将,有其背后政治、经济、社会多方的原因,和1894—1895年的中日战争情形极相似。是以痛责琦善、耆英及道光帝,于事无补,即咒骂光绪帝、李鸿章、丁汝昌也只能与咒骂郑贵妃和福王常洵相同,都仍不出长隧道内的观感。

从大历史的观点看来,即这潜水艇夹肉面包的结构,也有其根源。由明朝可以向后倒推到其他各朝。主要原因还是受亚洲大陆天候地理关系的影响。在这方面,我曾和英国的汉学家李约瑟博士(Dr. Joseph Needham)作文阐述。现在我仍在做个别方面的研究工作。其主要重点,则系历史上有长期性的重要发展,牵涉很多事物的时候,很难是少数人的贤愚得失所能概括。必有其背面、侧面,即我们自己还没有看清楚的因素,此是后话。现在即从明朝末年,贯穿有清二百六十八年到民国初年,也可以从潜水艇夹肉面包的基点看到:

◎ 中国传统社会无法局部改造。过去政府与民间的联系着重于尊卑男女长幼,纯靠科举制度做主。1905年停止科举之后,上层机构(superstructure)与下层机构(infrastructure)更为脱节,满清之覆亡,更无可避免。

◎民国肇造后,军阀割据,也是当然趋势。新的力量还没有产生,过渡期间,只能由私人军事势力撑持。这私人军事势力,限于交通通信等等条件的束缚,也只能在一两个省区里有效。省区外的竞争,更酿成混战局面。

◎国民党专政期间,创造了一个高层机构,总算结束了军阀混战,但是全靠城市经济维持。

◎ 共产党的土地革命,在农村中创造了一个新的低层机构。现在中国当前的任务,则是在高层机构和低层机构间敷设有制度性的联系

（institutional links），才能从上至下，能够以经济及法治的方法管理，脱离官僚政治的垄断。

这不是说整个一个世纪所有的人物毫无贤愚得失，只是他们的贤愚得失不足以更改上述历史发展的程序。大历史的着眼注重群众运动对社会上的长期贡献。要不是有这些积极的因素，中国1980年间也仍会和1910年间一样，不可能生存至今。我这样解释历史，超越党派的分别，也超越国际的界限，即对重洋远隔的师长同学，以及在内战期间丧生的亡友灵前，才都讲得过去。

我们小时候读历史，常有中国不如别人之感，何以日本明治维新，几十年内就凡事做得头头是道，而中国似乎越做越糟。现在才看得明白，中国文化是亚洲大陆地理的产物，欧美和日本的物质文明，有他们海洋性国家的经验；况且每个国家发展，也有他们先后程序，而其中最大的差别，则是现代先进的国家以商业的法律作高层机构及低层机构的联系，落后的国家以旧式农村的习惯及结构作为行政的基础。

我们今日一提到这问题，首先还没有把问题掌握清楚，就先要被质问，作者是否站在资本主义的立场。可是最近根据法国历史学家鲍德尔（Fernand Braudel）考证，"资本主义"（capitalism）这一名词还是19世纪后期的产物，而仅在20世纪内广泛使用。马克思虽称"资本家"（capitalists）及"资本家的时代"（capitalist era），并未引用"资本主义"这一名词。今日我们公认为最先的资本主义思想家，实为史密斯（Adam Smith）。他自己也不知道资本主义为何物，他著的《原富》在民国初年即在中国行销。而他在18世纪著书时仅称商业的管制办法优胜于农业的管制办法。在研究大历史的立场，这种分析方法最能表现每个国家先后发展的程序，也才不会用抽象的道德观念，抹杀了实际上技术的作用及成效。今日中国主张实事求是，我觉得更应当收集未曾被滥用的资料，将历史的基点推后好几个世纪，以原始的眼光重新检讨很多国家由落后到先进的程序。

这样看来,以"资本主义"形态在欧洲作先锋者,实为意大利的自由城市,其中翘楚则为威尼斯,这城市在大陆所占有的农业地区经济力量有限,而市内碱水也不便制造,在教皇及神圣罗马帝国(其本身不在意大利而在德奥)争权,两不相让之间,取得独立地位。其最大的方便则是地方小,内部组织简单。13 世纪之后,其全部国家有如一个大都市,也如一个大公司,所有民法即全部为商法,所以也不顾天主教的教义,建设海军,竭力经商,为欧洲最先进的国家。

继威尼斯而兴起,则为荷兰,荷兰正式国名为"内德兰王国"(Koninkrijk der Neder-landen),历史上也称 The Dutch Republic,或 U-nited Netherlands。荷兰(Holland)不过为联邦内七个省之一省(今则十一省)。但是这个国家 17 世纪初独立时,荷兰人口占全国三分之二。又供应联邦经费四分之三。尼德兰因抵抗西班牙政府及参加宗教革命才联合全体荷民成为独立国家。过去无统一国家及社会的经验,经济发展尤参差不齐。显然荷兰虽工商业先进,内德兰境内也有很多省份保持中世纪形态,为落后的农村机构,不能以同一的法律在全境施行,于是乃行联邦制,大事由联邦决定,其他各省自理,开现代国家双层政治的先河。初时荷兰还坚持它有独立外交的主权,联邦的海军也是由五个海军单位拼成。虽然全国皈依新教的卡尔文派(Calvinists),初独立时很多教徒对这派教义所谓"定命论"(Predestination)者作特殊的解释,以便支持他们个别的政治活动。但内德兰国终因对外经济的激烈竞争及本身高度经济的发展,使其内部矛盾逐渐解除而成为世界富强国家之一。

在荷兰之后,商业资本高速发展的则为英国。英吉利及苏格兰称"联合王国",大于荷兰五倍至六倍之间。我们今日看来面积小,在 18 世纪之前的欧洲则为大国,也有坚实的农业基础。这国家商业组织没有展开之前,常为各先进国家掣肘。如银行业,即为意大利人垄断,以后保险业也为荷兰人操纵。意大利人在伦敦的市街称为仑巴德街

(Lombard Street)，他们也享有领事裁判权。英国输出以羊毛为主。意大利人即先垫款于畜牧的农村，将羊毛预先收买，又掌握其海外市场。

英国的整个 17 世纪可称多难之秋。起先英皇与议会冲突，财政税收成为争执的焦点，又有宗教问题的扰攘，司法权也成问题，对外关系又发生疑忌，也有内战、弑君，革新为民国，政治独裁制、复辟，行第二次革命的大变化，又产生了暗杀，排斥异教徒，发传单及英皇受外国津贴的情节，而其人口又不过四百万至六百万，其与本世纪初中国之不能治理，情形也大同小异。当然这段历史可以产生很多不同的解释。不仅不同的历史家著书争执，有时同一的作者所著书也前后解释不同。

我极想向中国读者提及的，则是对中国的大历史而言，英国 1689 年的经验，深足借镜。这年代之前，英国为一个"不能在数目上管理的国家"（mathematically unmanageable），法律既有不同的见解，法庭也有三四种不同的种类。所谓普通法（common law）者，乃中世纪遗物，绝对地尊重成例，凡以前没有做的事都不能做；对地产注重使用权，对所有权倒弄不清楚；缺乏适当的辞章，足以解释动产的继承权；不动产的押当，也不符合社会需现款的情况，也没有将地租按时价调整的办法；农作物只能推销于本地，限于历史上有基础的市场。其他如组织公司、宣告破产等全未提及。简言之，这种法律以旧时代的习惯作倚衬，无意改革。一到 17 世纪初期，大批白银由西半球输入，物价陡涨，英国内地也受国际贸易及国际战争的影响，整个社会动摇。地主则不能保持自己的产业，商人则不愿付额外之税，皇室则因军备增加而无法筹饷，一般贫民及小市民也为生活所逼，有时感情冲动。宗教上教义中抽象之处更给他们火上加油。其所谓君权、民权的争执，两方都有理由，其困难之处则是问题的范围已经超过成例。

1689 年不流血的革命之后，即无此征象。以前的问题掀动了半个世纪，到此渐渐销声敛迹。宗教之派别的冲突也好像被遗忘了。其中最大关键,则是兵戈扰攘之后,农村组织已有变化。英国17世纪,当然谈不上平均地权,所改革的是内部规律化。以前地主不知道自己产业在何处,种田的人不知道自己是赁户还是半个业主的糊涂情形也慢慢地被肃清。以前地界不明的情形至此渐渐规律化。而普通法的法庭能接受公平法(equity)也是一种进步的征象。公平法本身非法律,而不过是一种法律观念,等于习俗所说"照天理良心办事"。在英国初行时,只限于英皇所控制的若干法庭,有额外开恩之意。17世纪中叶后,普通法的法庭处于时势的需要,对这种观念让步一二,也是迫于事实。结果是积少成多,妥协的办法也认为成例。1689年革命后,普通法的法庭,更受首席法官的指示。以后与商人有关的案子,照商业习惯办理。这样一来,英国的内地及滨海、农村与工商业中心距离缩短,资金对流,实物经济变为金融经济,可以交换的条件(interchangeability)增多,分工较前繁复,所以整个国家可以以数目字管理。同时英国传统上又有司法独立及议会政治的沿革。这样一来,其高层机构及低层之间可以以最灵活的商业原则作联系。一时控制经济力量之雄厚及其效率之高大,世无其匹。大英帝国因之称霸世界有好几个世纪。

所以,商业资本作国家组织的基础,都是由小而大,从没有农业根底的国家逐渐传播到小有农业基础的国家,而更波及农业基础甚高的国家。由易至难都有历史上一定的法则。这程序今日不容易看清,因为美国及日本已经发生过两个例外的情形。

美国独立时,已距英国的1689年革命八十七年。所以一开始,法律上就没有农业社会和工商业社会的隔阂,又能够以新社会的组织在一个空旷地区上展开,其人口也随着领域扩大而增加。迟至1862年,国会通过"自耕农屋地法案"(homestead act),还能够让普通公民以最廉价购买耕地一百六十英亩,等于明卖暗送。这种情形实为特殊,但是还是因为南北社会组织不同,发生内战,经过四年之久。此外又因为银行、货币,联邦内之商业、工会组织,防止独霸市场(anti-trust)、筹谋劳工福利及退休金等等情事,发生很多争执。美国的好处是这些问题在国富继续增进的情形下容易用数目字的方式解决。这样一来,美国政治社会经济都有它的特色,不能以"资本主义"四个字轻率代表,更不能用它表彰的民主与自由当作是资本主义之所赐予。前面轻轻提及每一个国家所标榜的道德观念,都要透过它的历史地理才行得通,这在美国的情形为尤然。

传统日本好像很受中国儒家学说及佛教的影响,但是因为它国家地处重洋,对外安全,无须中央集权,与中国的结构相差至大。它在德川幕府的末期,国内组织已经商业化。例如各大名都有替他们在城市里贩卖农作物的"藏元",所谓"回船"也等于定期航线,也有他们互相保险的办法。商会的组织则称"诸仲间",批发商则称"问屋"。明治维新只要给它加一个新的高层机构,则所有商业管制的办法都行得通。所以表面上好像是短期突进,其实则是长时间的演变,最后出头露面而已。况且明治维新专注重工商业的发达,将农民的生活置诸脑后,一般学者都认为这是第二次世界大战以前日本政局受"军阀"及"财阀"互相垄断的主因。这农村问题还要等到战后,在麦克阿瑟的政令下解决。所以也不是没有付出沉重的代价。

从以上情形观察,以中国历史一百年或两百年的立场作基点,不能和世界历史衔接。如果要坚持短期历史的观点,则不仅威斯俾及(Respighi)的音乐不能听,即孔子的仁民爱物也是反动。假使我们把中西历史都推后三五百年,才可以看到,因为世界工商业技术的退步,所有国家都要从以前闭关自守的形势,将社会生活方法做彻底的改造,以期适应新的世界金融经济,中外无可避免。西方的民主与自由,以"市民特权"(municipal franchise)为基点,和日本的大名政权,授权于藏元的情形类似,所以改造比较容易。中国立国向来以贫农及小自耕农的经济立场作基础,农村内部复杂的情形不可爬梳。所以要经过很多流血惨剧,才能造成可以用数目字管理的形势。据我揣测,只能用这样的解释,才能渐渐促使当日曾受内战影响、今日处于台湾海峡两岸的两方同胞客观地接受。

今日中国所称"一国两制",骤看起来好像是一种宣传工具,但是荷兰初成的联邦制也实际上是"一国两制"的表现。英国以两种完全不同的法律思想作司法的基础,利用司法制度不声不响地使社会融合,也是渐渐由"一国两制"造成一国一制。但是"一国两制"不是没有危险的,美国开国时以保障人权为前提,却又因为联邦制在南方姑息奴隶制度,终发生内战。日本在19世纪尽量学西欧,对农民生活则不顾及,也可以算做一国两制,而引起滔天战祸的悲剧。一国两制的精神需要彼此将眼光放远,在长久的历史中,找到合作的逻辑,而且今后也只有使两方更为接近,不致越来越远。

在技术方面讲,这一国两制的实行在今日中国必有很多困难,但是不是不可能的。六七十年前孙中山先生著三民主义就提到,一方面既要限制私人资本,一方面又要扶植私人资本。骤看起来,也是自相矛盾,孙先生也被批评为不切实际,今日看来,实在是世界一般趋势。况且美国虽称资本主义国家,也并没有放弃限制私人资本的立场。而最令我们存信心的,则是世界上任何国家以任何"主义"解决问题都不可能是依样画葫芦,都是要处在绝境与"柳暗花明"之中突过难关,创造出一种新环境。英国实行民主,还保存一千年来一脉相承的皇室,日本的美浓部博士在第二次世界大战前作"天皇机关说",大有离经叛道的意思,今日其学说即已为事实印证。中国过去在汉朝以儒家笼括法家、道家及阴阳家的思想,在隋唐时代又笼括了佛家的思想,都是在矛盾中得到统一。可见时势需要,即不可能亦成为可能。

这样解释历史,和很多人所说的"历史主义"(historicism)相近。粗看起来好像应该发生的事情都会发生,不应该发生的事情不能发生,伦理道德没有真实的意义,再强调说优胜劣败,"力量即是正义"(Might is right),但是这种社会天演论(Social Darwinism),乃前世纪遗物,也不是我读书的经验。

《万历十五年》指出道德非万能,不能代替技术,尤不可代替法律,但是从没有说道德可以全部不要,只是道德的观点应当远大。凡能先用法律及技术解决的问题,不要先就扯上了一个道德问题。道德是一切意义的根源,不能分割,也不便妥协,如果道德上的争执持久不能解决,双方的距离越来越远,则迟早必导致战争。今日全世界处于原子武器的威胁下,我们讲学不得不特别谨慎。

在这种情形下看来,一国两制不仅是上天给中国人的一种难题,也是给中国的一种测验。道德虽高于法律及技术,但是要提出作争论的根据时,则要在法律及技术之后提出,不能经常提出,也不能在细枝末节内提出。我写《万历十五年》的时候和富路特先生作序的时候,还没有听到一国两制的说法,所以富先生还只说"极需要采取东西两方的经验"。而今日中国立即准备在十多年后收回香港,势必为大陆文化及海洋文化中的居间人。我在书中自序里说及"给中国留了一个翻天覆地彻底创造历史的机缘",至此已经更现实化,其期待也更迫切。

我离开中国已经三十六年,于1974年入美国籍。在个人讲,能在有生之日看到中国能在国际场合中发扬传统的"继绝世,举废国,柔远人,来百工"的精神;并且我自己能够在文字之间,稍尽绵力,增进各方的了解,也是以前没有料到的好事。写《万历十五年》的目的,当然不是以让中国"丢丑"为目的,反对狭义的道德观念也是对中外一体而言,因为我自己生活的经验觉得中外两方不是没有正义感,但是正义感放在局部的场合下使用,可能与初心相违。人世间很多残酷的事都用道德的名义去施行,也是中外古今一律。这篇文章以发扬积极性的精神为主,也用不着再一一举例驳正。

我这几十年在海外得到的一个重要经验，则是西方文化有一个重要长处，即是在犹太教及基督教传统里面承认人类有经常做错事的根源，其称为"original sin"，也不能说它就是"性恶论"，和儒家的"性善说"相反。孔子说："观过，斯知仁矣。"孟子说："羞恶之心，人皆有之。"也都是不待外间逼迫，自己承认过失。有这种认错的精神，也就表示人类有向善的趋向。这中外共通之点，我觉得今日很可以做广义道德观念的基础，也可以做世界历史的中心思想。狭义的道德观念基于狭义的宇宙观，就是武断地说出世界的根源如是，它的结局也必如是。这往往明为真理，实际带有自私的见解，并且预先摆下了一个蛮不认错的想法，其容易走极端，可以以希特勒的人种学说窥见之。

我现在所说大历史的观点，一方面从小历史方面积结而来，一方面也受了德国思想家康德(Immanuel Kant)的影响，已经在1982年于上海出版的李约瑟博士八十寿辰论文集稍稍提及。如果用图解，则下面图中实线部分代表我们可以以经验证实的知识，即我自己所称大历史，虽包括中国商周到人民共和国已三千多年，在人类历史上讲，仍不过长弧线上的一个小段落。我们所认为的真理，也是在这小范围切身直觉而成。我们也还不能够知道宇宙结构的真原因和真目的，也很难预知今后的真结局与真趋势。用虚线表示这弧线的过去和未来，也仅仅是凭实线作根据，揣测而成。社会科学和自然科学一样，都只能假定自然法规(natural law)会要逐渐展开。下一代的人证实我们的发现，也可能检讨我们的错误，也就等于我们看到前一代的错误一样。

本书P287图上向外的箭头表示我们的道德观念，都有突出环境，创造新环境的征象。可是我们又无法脱离站住脚跟的基点。况且我们自己也有继续做错事的根性。这根性以向内的箭头表示之。所以我们所走的路线也只能在内外之间，亦即希望与现实之中的弧形路线，半出于我们的志愿，半由于其他条件推演而成。只是因为今日科技发展之故，旅行于弧线形的速率越来越快。我们只好把向外的箭头

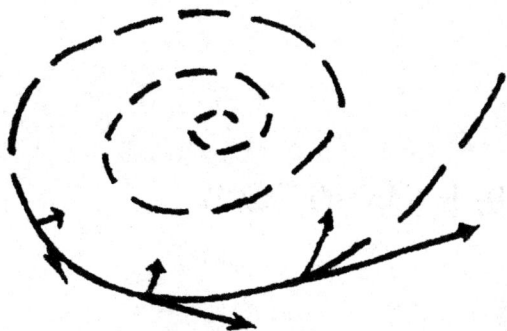

画长。这也是本文的宗旨,所以不惮再三解说,要把道德的范畴放得远大,历史观点代表人生哲学,不能受短时间的政策所掩蔽,尤其不能闭户造车,不顾外间情势地单独决定。

这一篇已经写得很长,我感谢编者及读者的耐性,知道我所谓大历史包含一种大而化之的精神,作者无意自高自大,或是大而无当,或是尾大不掉。这文章今日能在中国发表,即是中国革命业已成功,全国已经能在数目字上管理。如果中国历史过去全靠自辟门径,今后则可以像太空的人造卫星一样,和其他人造卫星在空间联系,虽有所谓资本主义及社会主义的差别,也无妨大局。

我个人方面,不但希望中国与西方各国家有这样的联系,也仍希望把中国历史开诚布公地写好,可以促进与其他社会主义国家的了解。据中猜想,今日很多国家外间称之为独裁或极权,其实其内部都还有很多不能在数目字上管理的原因。历史学家虽不能解决他们的问题,从侧面分析,至少可以逐渐窥测这些问题的真貌。我因为有了这些宏愿,才胆敢自称为大历史观。"登高自卑",《万历十五年》英文版书名中译则为《无关紧要的1587年》,也可以说是实行愚志的第一步。

附录四

关于《万历十五年》的三数事*

二十年前时为 1974 年。我得到学院休假，再度去欧洲。所著《十六世纪明代的财政与税收》在剑桥大学出版社筹备多年，临排印时又遇到意外之耽搁，但终于是年出版。有了新书的支持才敢于向哥根汉基金申请一年的奖学金，题为中国晚明的一个年头，旨在勾画出当日朝政与社会相吊连中之一个剖面。基金鼓励创造，我的立案与一般不同，符合应征的重要条件，所以申请幸运的顺利通过。所收获则是五年后方始成书的《万历十五年》，今已有五种文字的六种版本。

以一年多的时间写这样一册小书，读时亦不过二三日即可阅完，看来也无足为奇，然则既不重辩论而重叙述，当中却也真是万绪千头。到处都待考证。例如神宗万历帝之恭妃，亦即光宗生母，后封孝靖王太后。《明史》后妃传有关于她的一段记载："初为慈宁宫人，年长矣，帝周慈宁私幸之有身。"这样甚可能给人一个将近中年的宫女，引诱年轻皇帝的印象。幸亏定陵于 1956 年被发掘，内中碑文出土详载各人生卒年月日，文中证实当日她与万历邂逅，时年十六，皇帝则十八岁。《明史》在康熙年间修撰，去此已约百年，传闻已失实如此。书中提及仪礼之处又因原始资料行文简捷，亦不便照抄，只能一读再读，参照平行的资料，还希望找到图解或地图，叙述方有把握。明人所说"廷仗"，

---

*　此文原载于《大历史不会萎缩》，台湾联经出版事业公司 2004 年 9 月版。——编者注

我们总以为既为"仗",则是用大竹板在庭前打屁股。根据《明史》刑法志,才知道"笞"与"仗"同用荆条施行,只是罪有轻重,荆条圆径有大小,才区分为笞、杖。数十年前朱东润作《张居正大传》,他以为明代田赋账目凡提及万历年代的地亩数,即是 1580 年张居正举行全国丈量之成果。我起先也以为如此,后来恳请芝加哥大学何炳棣教授复印得他们图书馆珍藏的《万历会计录》胶卷,才能确定 1580 年丈量的地亩数从未被明廷接受,后为我书中要题之一。所以从事实上考证,已是极为费时的工作。

若非预先我对明史尤其 16 世纪的后期有一段最基本的认识,也绝不敢尝试提供如此一个剖面。因为我参加《明代名人传》的工作,曾自写当中人物传记十八篇,又修改旁人所作两篇。此后作《财政与税收》时前后七年。内中二年余除一面教书外,曾将《明实录》翻阅一遍。虽说走马看花,总算一百三十三册看完,当时专注财政与税收,眼角里却对宫阙内幕和反映的社会状态感到兴趣。这样也预先伏下了以后写《万历十五年》之动机。

因著修《名人传》我也熟识了不少美国明史专家。像贺凯教授(Charles O.Hucker)之研究明代官衙组织及监察制度和狄百瑞教授(Wm.Teodore de Bary)之研究明代思想,均是终生勤奋的工作。我作《万历十五年》时特别要感谢的乃是房兆楹先生。他夫妇早岁作二十四史内的引得工作,以后参与明清两代名人传记集体之筹划。在技术方面精微之处,他的明察举世无双。我现有的几部书尚是他所赠的。有一日他在不意之间买到民国六年上海版的《张居正书牍》,立即乘兴亲开车送我。

自备书有一种好处:即是供反复把玩,床头饭边,不必珍惜,无所计挂。我的一部《明实录》在 1968 年购齐,共费美金五百余元,当日可算相当数量的一笔投资。只是我只要争取时间,批注卷页,毫未顾及书之折旧。我有次借房公书,也同样不加爱惜,及至还书时确给他相当的不快。"你看，"他说着，"你借去的时候是三本全新的书，现在弄得这般糟，纸张也磨坏，书又卷角！"

我完全忘记了他的书并不是我自己的书，正在支吾尚不知如何道歉时，房先生已突然改口，他说："算了，本来要这样，有书就要读，书不用摆在那里即是全新又算甚么！"可惜他没有看到《万历十五年》之成书。此次别后不久，他返大陆，几十年此为首次，不幸噩耗传来，房公已去世于北京。

我书布局也经过一度折磨。作初稿时，我虽照致哥根汉的申请书做去，力图改变铺陈历史的方式，但是到底，仍不能完全摆脱学院圈格。第一章叙皇帝权能，第二章叙内阁大学士职责，若有指授。及提及财政税收，又是洋洋论文十余页。几经徘徊挣扎，才进入现今局面，原有的两章析为四章，以后再加海瑞、戚继光和李贽三章，分别处理地方民政军队组织和哲学思想及于文士习惯。不作开场白，不另辟一章为结论，记事有时转回重叙。

本来今逢中国长期革命成功之日(这点只能在其他地方畅谈)，所有历史都要重写，在选择题材及运用组织方法时，作史者不难引用不同风格。可是即如此，《万历十五年》书成拟出版时仍遇到相当困难。大学出版社则说：此系大众读物，应找一般出版商。后者却又推说：此系学术性质之专题著作，仍应问津于前者。即是至今书出十余年，既已畅销，又经中外采用为课本及必读参考书，若干方面之成见未改。不时有人说及："黄仁宇著书缺乏历史的严肃性。"他们没有想到我经过一段奋斗才摒除了所谓严肃性。

倒有美国文坛巨子厄普代克(John Updike)独具慧眼。他在《纽约客》杂志作书评时，即说《万历十五年》有超现实的幻影之特质(surrealist visionary quality)，检核传统中国官僚组织，以仪礼代行政，有时强黑为白，只要在本身组织之内逻辑上讲得过去可以对外不负责。此情景构成他所说超现实的幻影色彩。在我看来中国之不能在数目字上管理肇源于此。及至 20 世纪整个国家与社会组织免不了一段整个破坏之后重造,亦溯源于是。

此书现已发行于海内外,如果能将上说在两岸三方读者心目中造成共识,作者及侧背对本书尽力的人士应当引为快事。

附录五

万历皇帝:长期荒废政事与消极对抗[*]

　　黄仁宇的《1587:无关紧要的一年》(*1587, A Year of No Signifi-cance*,耶鲁出版,定价为 19.95 元美金)是一本非常奇特的书,引人入胜、发人深省,然而又有一股说不出的平淡气息,就像是构成本书基本题材的明朝官僚体系的成员。版权页显示这本书在中国也有出版,书名叫做 *Wan-li Shih-wu nien*(《万历十五年》),由"Chung-hua shu-chu, Peking"(北京,中华书局)发行——要是比较喜欢中华人民共和国的文化主管所核定的新(古怪)音译法,那就叫做 Wanli Shiwunian,出版者是:"Zhonghua Shuju, Beijing"。黄教授生于中国大陆,目前已归化为美国公民,在我国各大学及学院教授中国历史长达十六年,虽然他的书一开始就按照美国学术出版品友善的文体,来一阵令人窝心的开场白——包括献词"献给格尔"、用一页半让作者对他"非常非常感激"的种种协助表达谢意、以及《明代名人传》(*Dictionary of Ming Biog-raphy*)的编者之一富路特教授(Professor L. CarringtonGoodrich)所写的一篇明快活泼的序言——但作品本身却让读者一头栽进了明朝的世界里,仿佛读者已经知道什么叫做"四书"、文渊阁和锦衣卫如何运作。当然,还有最后推翻明朝的满州酋长就叫做努尔哈赤。黄先生习惯称

---

　　* 本文原为 John Updike 所著 "The Long and Reluctant Stasis of Wan-Li",原载 *The New Yorker*, October 5, 1981, pp.182-191.由台湾的杨惠君翻译成中文。——编者注

"我们的"帝国,有时候甚至还说"本朝历史",让人看得满头雾水。他心目中的读者似乎是中国人,恐怕也难怪他要很费心说明西方及现代的类似的事物是什么。在序言里,富特路教授恐怕也是对同样的影子读者突然保证说"我们绝对不能因为这些叙述就相信,不管当时或以后,全体中国人民所受的苦难,都是一个巨大的错误——从现在开始,中国必须扬弃过去所有的经验,用尽一切可能的方法来模仿西方,藉此弥补浪费的光阴。"

这个反面的保证——黄先生着重于六个历史人物,藉此描绘明朝衰败中的一刻——形成一种控诉,而控诉的项目——简单地说,是帝国官僚体系对传统和稳定的坚持扼杀了开创性,也造成了不公平——显示出对于西方文献中的美国宪法所体现之个人自由和法律程序的理想,有一种深表赞许的熟悉。社会弥漫着泛道德的儒家原则,他的分析以此为背景,来对比法制和私利:

> 纵然充满了道德的口吻,这个体系永远摆脱不了它权威主义的特质,因为社会压力取代了正义,总是由上而下运作。他们理所当然地认为任何人只要能背诵"四书"里的诗文,就比一个以私利为动机的人更开明……由于政府采取了激烈的手段来实施罚则,对于维持民法却毫无兴趣,因此村庄的领袖只在乎礼节和社会地位,村民事实上根本得不到任何法律服务。从来没有任何人清楚说明他们应有的权利。

对于这个令人遗憾的情况,他提出了清楚明确的理由:

仁学附带着对亲属关系和仪式的投入,作为中国社会统一的力量,随着社会在文化水平上的进步,已经变得越来越沉重了。我们在看待仁学的长期发展时,必须根据下面这个事实:因为帝国几乎是在青铜器时代以后,马上就统一了,因此地方制度和风俗习惯一直没有机会发展成为民法。

简单地说,是成功毁了中国;"个人的角色彻底受限的一个高度形式化的社会"太快速成形。黄先生以传记来达成这些结论;他引述一个文官政府所留下的庞大档案资料(这个体系下没有丞相,因此皇帝的首席文学侍从,或称为"首辅",是实际上的国家领导者),叙述精英阶级中少数几个才气纵横的人,是如何和文官体系内在的局限挣扎对抗。一代名将戚继光在万历十五年末过世,他生前把帝国数量庞大但其实积弱不振的军队重新振兴起来、独力制定军事程序、发明新的队形和技术、战胜沿海的倭寇和北方蒙古的骑兵部队,使军心大振;然而由于鼎力支持他的张居正过世,死后又遭到清算,这位伟大的战士也被贬官,最后终于遭到参劾而被免职,死时贫病交迫。武官——一个几乎完全世袭的阶级——被认为是仅仅是技术人员,得不到"以中庸之道为处世的原则"的文官所信任。在帝国官僚体系以外的权力基础都必须加以缩减,虽然"阳历1588年1月17日清晨,将星西殒之际,我们这个古老的帝国业已失去重整军备的最好良机"。同样在万历十五年过世的,还有传奇性的人物海瑞,一位正直到近乎狂热的官僚,他胆敢公开上奏疏(这个字的意思类似备忘录),指责嘉庆皇帝"虚荣、残忍、自私、多疑和愚蠢。"海瑞身处在一个表面虚伪矫情,其实贪污纳贿的阶级里,在担任南直隶巡抚时,强制实施俭朴,甚至要求废除公文在文后的留白。然而他的锐意改革,使他很快就和农业的保守主义有所抵触,被迫辞官赋闲十五年,后来终于再度复起,却只是担任一个清闲的官职。"接近1587年年底,亦即万历十五年丁亥的岁暮,海瑞的死讯传出,无疑使北京负责人事的官员大大地松了一口气,因为他们再也用不着去为这位大众心目中的英雄——到处惹是生非的人物去操心作安排了。"第三位无法在这个体系中找到出路的造反者是哲学家李贽,他对经典做出长篇大论与"反复无常"批评,其中暗暗显示出平等主义的思想,他和中国当下的统治者在这方面的志趣相投,但他并没有真正打破将他陶冶成人的精英及儒家思想根据。黄先生认为，"他的著作留下了一份详尽的记录，使我们有机会充分地了解当时思想界的苦闷。没有这些著作，我们无法揣测这苦闷的深度。"其他对于苦闷的研究则是以张居正及申时行这两位内阁大学士的为官生涯为题材，他们试图管理一个庞大的中央集权而过度扩张的帝国的种种繁杂事务，却处处受制于超自然教育的礼仪；两人基本的职务是让"本朝按照圣经贤传的教导办事"：

统治我们这个庞大帝国，专靠严刑峻法是不可能的，其秘诀在于运用伦理道德的力量使卑下者服从尊上，女人听男人的吩咐，而未受教育的愚民则以读书识字的人作为楷模。而这一切都需要朝廷以自身的行动为天下做出表率。

描绘最生动的莫过于神宗皇帝本人，在书中以其年号称为万历，注定要成为明代历时最长的一朝，可是在 1587 年，不到九岁就登基的他还是个二十四岁的年轻人。万历是个早熟而有责任感的孩子，对于皇帝在义务上必须进行的繁文缛节，他总是甘之如饴，同时还要学习书法、历史和经书。除了像亲耕、祭天地、把祖庙以及向全国臣民颁行日历之类的季节性仪式之外，每日的早朝更需要皇帝出现才行。最后这种仪式乃高度形式化，而且天不亮就开始举行，过去的皇帝一直深以为苦，而万历之前的几任皇帝，包括他那位对朝会毫无兴趣的父亲隆庆皇帝在内，往往不当一回事。万历成年以后，早朝已经省简不少，但即使如此，他也觉得太过沉闷无聊。从小就穿上龙袍的他，一直没什么玩伴，也没玩过什么游戏；十岁那年，他已经培养出对书法的爱好，但却受到抑制。他的老师，也就是首辅张居正，劝诫他说陛下的书法已经取得很大的成就。"书法总是末节小技。自古以来的圣君明主以德行治理天下，艺术的精湛，对苍生并无补益。"后来万历又喜欢上骑马、饮酒和"女色"，文官集团也表示反对，不过此时皇帝已经比较不受管束。万历在十四岁大婚，十八岁（因为妃子）做了父亲，他又爱上了另外一位妃子，这个十四岁的少女郑妃机智聪明，万历一心想立郑妃的儿子而非皇长子为太子，导致他和臣僚疏离了几十年。他拒绝举行早朝或任命官员，整个国家也就慢慢陷入混乱。

御宇之初，他就显示出积极创造的征兆，以及对统治真正的兴趣。1585年发生干旱，万历"命令各个地方官求雨无效"之后，决定亲自在距离宫门四英里的天坛举行祈雨仪式，并且徒步前往，而不坐轿。北京"这些幸运的居民得到了一生中唯一的机会，亲眼看到了当今天子。"老天终于降下甘霖，虽然已经过了一个月。在这段期间，万历亲自操练兵马，而且四度带着声势浩大的队伍到北京近郊视察自己的预筑陵墓所在地。这些皇帝冒险精神的展现，惊动了文官们，他的一举一动都受到规劝性的议论，"本来应该是很愉快的小事游憩已经全无乐趣之可言。"在明朝年间，"皇位成为一个高度形式化的制度，任何一个有思考性的人，在龙椅上都会坐立不安。"作为一个吸引天命的避雷针，这个政府的最顶端基本上必须一动也不动。早朝后举行漫长的经筵日讲中，如果皇帝在讲课时偶然把一条腿放在另外一条腿上，讲官就会停止讲授，问道："为人君者，可不敬哉？"像这样的责难不断重复，直到皇帝恢复端坐的姿势为止。皇帝会饮宴作乐、无心政事，其实不足为怪；尽管一心想要在皇帝的角色上表现魄力，却受到系统性的压抑，万历会消极怠工。又有耳语说他整日和郑妃一同吸鸦片，也就没什么可惊奇的了。

在这种强调文化内省的时代，我们应该感激黄先生提供一份对衰败的研究。如果由可替代的细胞所构成的有机组织为什么会由衰败迈向死亡，都还不清楚到底是怎么回事，那国家和文明为什么会衰亡，就更是无法解释了。照理说，人类每一代的基因才能应该是平等的；梅尔维尔说过："相信我，朋友，这一天在俄亥俄河两岸出生的人，不会比莎士比亚差到哪里去。"没错，有些皇室血统是天生的衰弱，梅罗文加王朝就是一个例子；但是万历皇帝或他的内阁大学士都不是无能之辈,这些大学士几乎完全是靠学术上的表现才能被延揽进入内阁——这是知识阶层所构成的文官集团,以精英领导集团有史以来最严格的标准筛选出来。因此他们的瘫痪具有超乎其本身的因素,问题在于他们所极力维系的文化有机组织。国家和个人不同的地方在于,因应其产生环境中的某些因素演化之后,国家本身就成为一个环境,任何进一步的调整,都会受到抑制。

黄先生告诉我们,明朝主要的特征是"仰赖意识形态来作为统治工具,无论在强度和规模上,这在许多方面都是前所未有的。"在中国历史上,动乱的时代总是和稳定及停滞的年代丝毫不差地交互轮替,马可波罗友善的东主忽必烈汗所建立的蒙古王朝寿命甚短,在经历一段时期的动乱以后,由明朝取而代之,号称是要恢复中国农业社会固有的俭朴风气。建立明朝的洪武皇帝"大规模地打击各省的大地主和大家族,整个帝国形成了一个以中小地主及自耕农为主的社会。朝廷又三令五申,力崇俭朴,要求文官成为人民的公仆。"无论在任何一个层次上,都必须把私利和公共道德之间的差距减到最低。文官集团的人数大幅缩减,每一个乡村都要进行自治,内设"申明亭"和"旌善亭"各一座,"前者为村中耆老仲裁产业、婚姻、争斗等纠纷的场所,后者则用以表扬村民中为人所钦佩的善行。"内阁大学士的职务原本是把皇帝的诏诰重新改写为优雅的文体,但本朝仅有的三位丞相都为太祖洪武皇帝所杀,政策的决定就落到了大学士身上。到了1587年,明朝开国已经过了两百年,开国时所提倡的风气渐渐消退,帝国相当乌托邦的体制也沦为虚妄;皇帝被他本身的角色神秘、启迪人心而又非个人的面向弄得动弹不得;文官集团满脑子只想贪贿和靠顺从来自保;国家在战争行为与和平执政上的革新,就算不是全然不可能,也受到谨慎和惰性的拖累,最多只能算是昙花一现的插曲。现状的逻辑是抗拒科技(即使中国可能是火药的发明者,但在明朝16世纪末期的战事中,火药只是一个次要的因素)和国际贸易;岁入和补给在国内的流通和交换,是以最低程度和最短距离的运送为主,这种简单粗浅的原则根本无法应付整个帝国不断变化的复杂事务。两个无情的因素——人口的累积和革命时刻的倒退——让这个开国的意识型态变得十分沉重,黄仁宇最后表示,到了这个时候,"皇帝的励精图治或晏安耽乐……文官的廉洁奉公或者贪污舞弊",都无关紧要了。

虽然美国的读者可能会想象明朝的理想——一个无私的文官体系、一群自律的臣民、一个透过讲话来统治的完美领袖——和毛泽东所统治的中国有哪些雷同之处,但黄先生并没有提到明朝和现代中国有哪些相似的地方。我们还没看到这个古老国家目前的政府,要如何调和首辅申时行所谓政府"公认的道德理想"的阳,和"不能告人的私欲"的阴,这也是世界舞台的一个大问题。回过头来,我们自己这个革命性、最初以清教徒精神的农业立国的国家,开国也已经两百年了,公认的道德理想再度成为显学,温文有礼地召唤我们重新回到亚当·斯密的俭朴精神。我国的开国元勋表示,开明的自私会产生一个国家,这种开明与明朝在调和折衷的精神下造成的那种由国家所支持的开明及实际上的权力分散,差别在于重点的不同,而非种类的相异。每一份社会契约的核心,多少都存在着一些私有善和公共善之间的拉锯,无论如何去化解,都只是暂时性的。美国的个人主义的恶果,似乎已经出现在我国乱丢垃圾、破坏公物、任意掠夺,和各大城市贪婪的建筑,还有城市与城市之间戛然中断、破败荒芜、难登大雅之堂的不规则蔓延。目前显然是需要做一点泥土粘补来加以调和。至于明朝,黄先生本来可以怀着比较大的同情,把他们的衰亡的原因归咎于周而复始的浩瀚历史,以及在全球独树一帜的文化延续性。和蒙古人一样从北方南侵的满州人,推翻了明朝;他们可以强制人民留发辫,却不能说服汉人停止给女人裹小脚,而且——在苟延残喘多年之后,终于在 1911年走到了终点——还被汉人同化。《万历十五年》尽管是一部严谨的学术著作,却有着卡夫卡超现实的梦幻特质,宛如他那篇美丽而令人苦闷的短篇小说故事(《中国长城建造时》)。书中描述长城是一段一段盖起来的,谣传说无边无际的长城还留了不少缺口,而奄奄一息的皇帝派出了使者,虽然日夜兼程,却永远到不了最外头的大门。"就这样,"卡夫卡笔下无名的叙述者说,"我们的人民对皇帝既绝望又充满了希望。他们不知道是哪个皇帝当朝,甚至连朝代的名称是什么,也还存着疑问。"

附录六

陶希圣读后记——君主集权制之末路[*]

黄仁宇博士这本书,以万历十五年为定点,选择几个人物与几件公案,随意随笔,边叙边议,将有明一代的社会、政治、经济、思想,好像一串串念珠一样,连锁起来,让读者从头到尾,一颗颗数下去,不忍放手。无怪乎这本篇幅不大的英语著作,连同几种语文译本,成为今日文史学畅销一时的读物。

中文版由食货出版社印行。著者函属希圣"加一两行文字或题签于卷首"。希圣既得先睹校稿为快,自当有以应著者之请,乃亦随意随笔,写下读后记。

一、孔子门庭之史学

孔子自称:

> 吾之于人也,谁毁谁誉?如有所誉,其有所试矣。斯民也,三代之所直道而行也。

人民是三代以来的人民,而三代的典章制度递有变革,社会政治

---

* 此文原载于《万历十五年》,台湾食货出版社 1985 年 4 月繁体字版。——编者注

300

迭有盛衰与兴亡。孔子门庭以"其有所试"的精神,下学而上达的方法,考证其象数,抽绎其义理,由此发现历史法则,建立伦理哲学系统,传之于后世。今分述三个要点如下:

(一) 一代盛衰之理

> 子曰:圣人吾不得而见之矣,得见君子者斯可矣。子曰:善人吾不得而见之矣,得见有恒者斯可矣。无而为有,虚而为盈,约而为泰,难乎有恒矣。

《论语》这一章,一般注家似乎求不得其本旨。如考其实,圣人,君子,善人,有恒者,是为政者的四个层级,亦即是创业垂统的四个阶段。若以周代为例:文武以圣人剪商创业,成康以君子保大定功,修己安民,昭宣以善人为政,尚能胜残去杀,若厉王幽王则盛极而衰以至于败亡。这不就是无而为有,虚而为盈,约而为泰,盛极而衰,难乎有恒之四个阶段吗?

(二) 三代文质之递变

> 子曰:周监于二代,郁郁乎文哉!吾从周。
>
> 又曰:先进于礼乐,野人也;后进于礼乐,君子也。若用之,则吾从先进。

社会进化是由简陋进于繁华;政治奢靡则返于朴实。这个文与质递变的历史法则,春秋公羊学大事发挥为孔子门庭微言大义之一条目。

(三) 百世可知之通义

> 子曰:殷因于夏礼,所损益可知也;周因于殷礼,所损益可知

也。其或继周者,虽百世可知也。

孔子门庭之学是从三代礼乐递相损益之中,寻绎百世可知之道。这个道,乃是制礼,议礼,与礼治之通则与通义。礼乐又是什么? 孟子说道:

> 仁之实,事亲是也;义之实,从兄是也。智之实,知斯二者弗去是也。礼之实,节文斯二者是也。乐之实,乐斯二者,乐则生矣,生则恶可已也,恶可已也则不知足之蹈之,手之舞之。

《礼记》之乐记篇说明制礼、议礼与礼治的原理与通则:

> 知礼乐之情者能作,识礼乐之文者能述。作者之谓圣,述者之谓明。

礼乐之情是为仁义;仁义之文是为礼乐。仁义就是制礼、议礼与礼治之通则,亦就是百世可知与可行的通义。

二、王道与霸道,仁政与暴政

战国时期有王道与霸道之辨,仁政与暴政之分。

(一) 王道与霸道

孟荀皆倡导王者大一统之说,而论点不同,分述如下:
1. 孟子:

> 王者之迹熄而诗亡,诗亡然后春秋作。晋之乘,楚之梼杌,

鲁之春秋，一也。其事则齐桓晋文，其文则史。孔子曰：其义则丘窃取之矣。

春秋之义即是王者之事，亦就是王道。孟子说道：

> 霸者必有大国，王不待大。汤以七十里，文王百里，〔而为政于天下〕。
>
> 王者由仁义行，非行仁义。
>
> 尧舜性之也，五伯假之也。
>
> 五霸者，三王之罪人也；今之诸侯，五霸之罪人也；今之大夫，诸侯之罪人也。

2. 荀子：

> 汤以亳，武王以鄗，皆百里之地也，天下为一，诸侯为臣，通达之属莫不臣服，无他故焉，以齐义矣。是谓义立而王也。
>
> 兵劲城固，敌国畏之；国一綦明，与国信之；虽在僻陋之国，威动天下，五霸是也……无他故焉，略信也。是谓信立而霸也。
>
> 挈国以呼功利，不务张其义，齐其信，唯利是求。内不惮诈其民而求小利焉，外不惮诈其与而求大利焉。内不修正其所以有，然常欲人之有；如是则臣下百姓莫不以诈心待其上矣。上诈其下，下诈其上，则是上下析也。如是则敌国轻之，与国疑之，权谋日行而国不免危削，綦之而亡；齐闵、薛公是也……是无他故焉，唯其不由礼义而由权谋也。

荀子的结论是："故用国者，义立而王，信立而霸，权谋立而亡。"

(二)仁政与暴政之分

孟子倡导仁政,指斥暴政,事理至为明析。今略如下:

1. 孟子与"王制"

孟子指出"王者之迹"在于诗。哪些诗是王者之迹?我们读大雅"生民之什",豳风"七月"之诗,那才是周代王业之本。农夫"八口之家,五亩宅,百亩田",实为中国社会组织与政治制度建立的根柢。家制与田制之变动与改革,带动兵制、税制,相随演变。同样的,税制与兵制之变动与改革,亦牵连家制与田制,随之变革。

《孟子》与《礼记》"王制"原来是今文经学之传教。《周官》书晚出,我们不可误认其为周公或周代的文献。

2. 耕者九一之田制

我们深信《孟子》,因为《孟子》是秦火未烧,"信而好古"的孔门传下来的论著。

孟子说"耕者九一,国人什一供自赋",就是说农家耕地应交什一给公家。城市人民另纳什一之赋。至于农家耕地之什一,至少有两个方式:其一是耕地分九份自种,是为私田,其一份由九家共同耕种,是为公田;其二是耕地全部归农家分种,只纳收获物之什一给公家。

详细情形,《孟子》亦不全知。《周官》书作者便收集所见所闻,把所传闻的资料整编起来,却将耕者九一的原则漏掉了。

3. 仁政与暴政之辨

孟子指明:"仁政必自经界始"。经界的主旨在于每一农家有一份田地可以耕种,各得其所,各遂其生。故仁政必正其经界,暴政必慢其经界。正其经界则天下平;慢其经界则天下乱。

孟子之前,文献缺失,不足以证明此点;孟子之后,二千二百年来,天下之治乱,国家的兴亡,无不溯其源于家制与田制、兵制与税制之演变与改革,亦就无不为孟子作证。

三、封建与郡县

(一)原始封建制之瓦解

农夫"八口之家,五亩宅,百亩田",以什一或九一缴纳公家。公家就是公侯卿大夫。孟子说得清楚:

> 得乎天子为诸侯,得乎诸侯为大夫。

这就是原始封建制,实质上亦就是一种田制,同时又是兵制。由春秋至战国时期,原始封建制瓦解,其瓦解的层次也是很清楚的。首先是西周危亡,王室东迁,诸侯专征;其次是各国之公室瓦解,大夫专政;又次是大夫之家亦瓦解,陪臣执国命;最后便是处士横议。

战国就是公侯卿大夫次第没落,士庶兴起,以三端为生涯的时代。三端者,文士笔端,辩士舌端,武士锋端是已。

(二)郡县制之根柢

老子的理想社会是小国寡民之自然状态,儒家的理想寄托于井田。但在原始封建制瓦解的时代,便是法家兴起的时代。

孔子之后,一百二十年,商鞅佐秦孝公下变法令(公元前359)将秦国夫妇分居而父子同室之社会组织,改变为妻从夫居而父子异居之家族制,民有二男以上,强制分家。

商鞅破井田,开阡陌,以农为兵,以战功受田,其田自由买卖,招三晋之民为佃户,秦民则以武力相尚,以战功相长。吴起为楚国变法,竟为贵族所杀;商鞅为秦变法,却告成功。

于是氏族社会及原始封建制由此瓦解,一般人民皆是五口之家,私有土田。至秦始皇征服六国,严刑峻法再加整编,是为齐民编户,亦即是郡县制之基础。

(三)郡县制之二阶段

自三代至秦二千年,而封建变为郡县制。二千年又可分二阶段,其一是汉唐,其二是宋明。大略分论如下。

四、三代与汉唐之分辨

南宋一代有"三代"与"汉唐"的争论。道学家主张三代之治,经世学者主张汉唐之治。即如朱子(熹)指斥汉唐之治为"智力",为"利欲";"尧、舜、禹、汤、文、武以来转相授受之心不明于天下,其明君良臣亦不过是暗合于王道天理而已"。陈同父(亮)则率直指出汉唐为无天理,岂不是三代以下,一千五百年之间,天地亦是架漏过时,人心亦是牵补度日?

至明朝,道学家对经世之学,仍持反对论。张居正说道:

> 吴旺湖与人言曰:"吾辈谓张公柄国,当行帝王之道;今观其议论,不过富国强兵而已,殊使人失望。"仆(居正自称)闻而笑曰:旺湖过誉我矣,吾安能使国富兵强哉?孔子论政,开口便说"足食足兵",周公立政,"其克诘尔戎兵",何尝不欲国之富且强哉?后世学术不明,高谈无实;剽窃仁义,谓之王道,才涉富强,便云霸术。不知王霸之辨,义利之间,在心不在迹,奚必仁义之为王,富强之为霸也。

五、汉唐与宋明之对比

明代有汉唐与宋明对比之议。

张居正提出这个议论。他说道：

> 天下之事，极则必变，变则反始，此造化自然之理也……历夏商至周而靡敝已极矣，天下日趋于多事。周，王道之穷也，其势必变而为秦：举前代之文制一切划除之，而独持之以法，此反治之会也。然秦不能有而汉承之。西汉之治简严近古，实赖秦为之驱除，而贡、薛、韦、匡之流乃犹取周文之糟粕用之于元成衰弱之时，此不达世变者也。

> 历汉唐至宋而文敝已甚，天下日趋于矫伪。宋，溃靡之极也，其势必变而为元：取先王之礼制一举荡灭之，而独治之以简，此复古之会也。然元不能久而本朝承之。国朝之治简严质朴，实藉元以为之驱除。而近时迂腐之流乃犹祖晚宋之敝习而妄议我祖宗之所建立，不识治理者也。

黄梨洲、顾亭林、王船山诸大儒，在国破家亡，隐匿流窜之余，就汉唐之所以强，宋明之所以弱，全盘检讨，提出两个原则。

（甲）权在下则民强而国亦强；

（乙）权在上则国弱而民亦敝。

汉代以农为兵。朝廷有事，以虎符，令州郡太守发兵，由都尉率领至指定地点集合，交给朝廷指派的将，指挥其行军作战。农耕地区的兵为步兵，或为运输；畜牧地区的兵为骑射；江河区域的兵为水师，各以其所能者参加战斗。战事既毕，亦即各回乡里，各安生业。

唐代亦是以农为兵，虽似汉制，但在均田制之下，官兵计户口受田，且蔽占民田。由府兵而旷骑，更趋召募。其所谓牙兵之类的重装甲兵遂演成藩镇之祸。

汉唐的君权下达州郡，兵权在州郡，州郡可以说是自治体制。州郡可以拱卫朝廷，亦足以各自为政，各自作战。士风与民力之强，国族之声威亦盛。

宋明则行募兵制,农民纳税,国家养兵。不但兵与民分,兵民相制,京师之内外相制,朝廷与州郡亦相制。州郡的军、民、财、刑又分立相制。于是权力集中于君王,州郡的军、民、财、刑四权分立,一旦外患侵凌,内乱蜂起,朝廷不得不授权军将,增援作战,而大将屯兵,只要钱不打仗,募兵制之流弊至于此极。

汉唐之亡只是瓦解;宋明之亡却是土崩。

六、人民之自由与权力

我们读王船山的孤秦陋宋论,可以想见君权与民权对立之形与消长之势。

中国广土众民,各地区、各民族、各宗教,人情风俗,经济文化,彼此参差,互相倚存,即以语文而论,语言不通而文字一体。

中国的伦理法律只持大纲,涵容末节。朝廷的政令下达,汉唐时代止于州郡,宋明时代渐次伸张,由道而府而县。

就有明一代来说,明朝承袭元朝的政治体制,虽以府为地方行政区,朝廷特派巡按或五府,或八府,尚无一定的范围。太祖注重县政,更进而赋予乡官以权力。州县官一经被检举以贪污,便处严刑;有所谓"剥皮囊草"或"皮场设庙"者,尤为可怖。成祖以后稍为宽放,锦衣卫仍然是阴森恐怖的崖谷。

巡按以太学生员六部见习者任之,年轻官小而权重,行险幸进,前程远大。巡按所至,苛察峻严,树德立威。

州县官之下,乡社市镇,以家族制为典型,建立自治体制。乡官,便是乡社的父老,国法以严刑重罚,保障父老的权威。国法不入家门,人民亦以不入官府为幸事。

在地方自治体制之下,人民除纳税外,享有自由,尤其是土地买卖的自由,家产的均分继承制。有豪商地主兼并之举,却又无百年长盛之家。

人民有自由,无权力,亦无何等政治责任。耕读之家的子弟们一心一意做举业,进科场,求功名,入仕途。

有明一代,政潮起伏,大狱株连,一反宋朝"不杀士大夫"之传统,宫奴专政,以蹂躏士大夫为能事。所谓三年大计,六年京察,就是立派系、相倾轧之定期课程。大案大议冤冤相报,以至于家亡国破,尚未已也。

一切权力归君主,君主孤立于宫庭之内,外朝不设宰相,内廷的司礼监才是实际的宰相。黄梨洲说道:

> 或谓(废宰相之后)入阁办事,无宰相之名,有宰相之实也。曰:不然。入阁办事者职在批答,犹开府之书记也。其事既轻,而批答之意又必自内授之而后拟之,可谓有其实乎?

张居正执政十余年,还是依赖冯保为内应。外朝百官已是侧目而视,伺机反击。梨洲说道:

> 万历初,神宗之待张居正,其礼稍优,比于古之师傅未能百一。当时论者骇然居正之受,无人臣礼。

明朝设通政使司,为朝廷一切公文之总收发与交通部,朝廷与地方之间,公文往来,皆由其所属六科给事中加以审查,然后通行。如此朝廷蔽塞聪明,已陷孤立,而君主又孤立于内廷。《明夷待访录》指出君主集权制悲惨的末路。

> (天下之大),君既以产业视之,人之欲得产业,谁不如我。摄

缄縢,固扃镭,一人之智力不能胜天下欲得之者之众。远者数世,近者及身,其血肉之崩溃在子孙矣。昔人愿世世无生帝王家,而毅宗之语公主,亦曰:"若何为生我家?"痛哉斯言。

甲申煤山之变,崇祯皇帝以身殉国,天下土崩。这不就是君主集权制的末路么?

七、君权没落民权论起

(一) 自由意志说

宋室的家训"不杀士大夫"。至明代,士大夫委屈于科场与刑场夹道之间。天下之是非一出于朝廷,而朝廷的幕后又是汉儒所谓"刑余之人不足比较"之宫奴。此辈荣之则群趋以为是,此辈辱之则群摘以为非。科场与刑场皆是宫奴宰制士大夫的工具。

于是王伯安(守仁)冲抉科场的藩篱,突破刑场的恐怖,倡良知说。他自称"某于此良知之说,从百死千难中得来,不得已与人一口说尽"。这个自由意志说的思潮,激荡士林,冲洗民间,至明末清初,民权论起。

(二) 由民本至民权

1. 舜禹登庸与汤武革命

顾亭林"与友人论易书"说道:

> 且以九四或跃之爻论之:舜禹之登庸,伊尹之五就,周公之居摄,孔子之历聘,皆可以当之;而汤武特其一义。又不可连比四五之爻,为一时之事,而谓有飞龙在天之君,必无汤武革命之臣也。

《日知录》"改命吉"条说得更明白:

　　革之九四与乾之九四，诸侯而进乎天子，汤武革命之爻也，故曰"改命吉"。成汤放桀于南巢，惟有惭德，是有悔也；天下信之，其悔亡矣。四海之内皆曰非富天下也，为匹夫匹妇复雠也，故曰信之也。

舜禹与汤武皆是以圣为王，则孔子周游列国，有"吾其为东周"之志，亦同是革命。

2. 天下兴亡与国家兴亡

顾亭林将天下与国家分开。《日知录》"论历代风俗"诸条有深意在。他说：

　　有亡国，有亡天下。亡国与亡天下奚辨？曰：易姓改号谓之亡国；仁义充塞而至于率兽食人，人将相食，谓之亡天下……知保天下然后知保其国。保国者，其君其臣肉食者谋之；保天下者，匹夫之贱，与有责焉耳。

此所谓匹夫，即孟子所谓"天民"或"丘民"。匹夫去之，桀纣便失天下；匹夫从之，汤武便得天下。匹夫有责，亦就是民权的意思。

3. 天下为主，君为客

黄梨洲批判君主集权政治，指君主为天下之大害，斥无所逃命论，至为痛切。他说：

　　然则为天下之大害者，君而已矣……而小儒规规焉以君臣之义，无所逃于天地之间；至桀纣之暴，犹谓汤武不当诛之。岂天地之大，于兆民万姓之中，独私其一人一姓乎？

还有更加醒豁的论点,可资以辨别仁政与暴政:

> 三代之法,藏天下于天下……后世之法,藏天下于筐箧……天下之人共知其筐箧之所在,吾(指君主)亦鳃鳃然日唯筐箧之是虞,故其法不得不密,法愈密而天下之乱即生于法之中。(此)所谓非法之法,前王不胜其利欲之私以创之,后王或不胜其利欲之私以坏之。坏之者固足以害天下,其创之者亦未始非害天下者也。

宋明集权于君上以弱天下之弊害,遂致中国一属于女真,再亡于蒙古,三亡于满洲。

4. 夷夏之防与君臣之义

王船山《黄书》就这一点上,说得更加激烈。他说道:

> 宋以藩臣暴与鼎祚,意表所授,不寐而惊。于是削节镇,领宿卫,改易藩武,建置文弱,孤立于强虏之侧,亭亭然无十世之谋。一传而弱,再传而靡,城下受盟,金缯岁益……降及南渡,犹祖前谋,卒使中枢趋靡,形势能散,一折而入于女真,再折入于鞑靼。生民未有之祸,秦开之而宋成之也。

我们可以加一句,一折入于女真,再折入于鞑靼,三折入于满洲,秦开之,宋成之,明承之也。

黄书慨然憬然,提起一个论点,中国要当以"保其类者为之长,卫其群者为之邱。可禅,可继,可革,而不可以异类间之"。

船山这夷夏之防大于君臣之义的论点,对于宋明的君权天理论,不啻当头棒喝。

5. 儒者之统与王者之统

荀子只说到"可以窃国,不可以窃天下,可以窃天下,不可以有天下"。王船山《读通鉴论》深进一层提起：

> 天下有极重而不可窃者二：天子之位也，是为治统；圣人之教
> 也，是为道统。

又说到治统可以断，道统不可绝。他说：

> 儒者之统与帝王之统并行于天下而互为兴替。其合也，天下
> 以道为治，道以天子而明。及其衰而帝王之统绝，儒者犹保其道
> 以孤行而无所待，以人存道而道不亡。

《读通鉴论》称道南北朝时代，北方之儒比南方之儒为醇正；称道隋唐之际，王通开唐代的文教；尤其称道河西儒者以一隅而存天下之废绪。他就这些历史事实，指出治统可乱可绝，儒者不可背弃其保持道统的责任。

黄、顾、王三先生在国破家亡之际，孤行无所待，以人存道，历二百六十年，而民族与民权之大义，经世致用之实学，由蕴积而发扬，以会乎当世之变局，荟为国民革命，开创亚洲第一个民主国家。

海外中华学人著作出版工程

徐复观全集

（全二十六册）

简　介

　　《徐复观全集》共二十六册，收录徐复观先生已刊及未刊之学术专著、散篇论文以及译著，涵盖政治、思想、艺术、文学等众多门类。读者可由此概观先生治学一生之思想演变，研治思想史、艺术、文学之学人也可借此领略先生之治学门径。

定价：1790.00 元

书　目

《中国人之思维方法》

《诗的原理》

《学术与政治之间》

《中国思想史论集》

《中国人性论史·先秦篇》

《中国艺术精神》

《石涛之一研究》

《中国文学论集》

《两汉思想史》（全三册）

《中国文学论集续篇》

《中国经学史的基础》

《周官成立之时代及其思想性格》

《中国思想史论集续篇》

《儒家思想与现代社会》

《论智识分子》

《论文化》（全两册）

《青年与教育》

《论文学》

《论艺术》

《偶思与随笔》

《学术与政治之间续篇》（全三册）

《无惭尺布裹头归·生平》

《无惭尺布裹头归·交往集》

《追怀》

海外中华学人著作出版工程

《**钱穆先生全集**》[新校本]

作者：钱穆

书号：第一辑 978-7-5108-0917-0　定价：1196.00 元

第二辑 978-7-5108-1272-9　定价：1328.00 元

第三辑 978-7-5108-1273-6　定价：1276.00 元

定价：3800.00 元

《**钱穆先生全集**》[新校本]（精装）

作者：钱穆

书号：978-7-5108-2511-8

定价：16800.00 元

《**黄仁宇全集**》（精装·第二版）

作者：黄仁宇

书号：ISBN 978-7-5108-1226-2

定价：980.00 元

《**王云五全集**》

作者：王云五

书号：ISBN 978-7-5108-1848-6

定价：2980.00 元

《**吴稚晖全集**》

作者：吴稚晖

书号：ISBN 978-7-5108-1497-6

定价：2480.00 元

《**新编唐君毅全集**》（待出）

作者：唐君毅